湖北省学术著作
Hubei Special Funds for Academic Publications 出版专项资金

中国学术档案大系

主编　陈文新

东林党学术档案

周　群　高晓敏　主编

WUHAN UNIVERSITY PRESS
武汉大学出版社

图书在版编目(CIP)数据

东林党学术档案/周群，高晓敏主编.—武汉：武汉大学出版社，2019.2

中国学术档案大系/陈文新主编

湖北省学术著作出版专项资金资助项目

ISBN 978-7-307-20353-2

Ⅰ.东… Ⅱ.①周… ②高… Ⅲ.东林党—研究 Ⅳ.K248.305

中国版本图书馆 CIP 数据核字(2018)第 145590 号

责任编辑:陈 帆　　责任校对:汪欣怡　　版式设计:汪冰滢

出版发行：武汉大学出版社 （430072 武昌 珞珈山）

（电子邮件：cbs22@ whu.edu.cn 网址：www.wdp. com.cn）

印刷:湖北恒泰印务有限公司

开本:720×1000 1/16　印张:15　字数:223 千字　插页:1

版次:2019 年 2 月第 1 版　2019 年 2 月第 1 次印刷

ISBN 978-7-307-20353-2　定价:60.00 元

近百年东林党研究述要(代前言)

(一)

孟子曰:“天下有道,以道殉身;天下无道,以身殉道。”①两千多年前的孟子将士人之身与道浑融为一,这既为士大夫个体之身赋予了强烈的道德要求和历史的担当,同时也将个体生命赋予了悲壮的色彩。孟子为士人提出了高峻的人格理想,随着理学的产生,儒家道德理性的不断增强,激励着一代代志士为了国运民生而不懈奋斗,乃至以身相殉,谱写了一曲曲荡气回肠的悲歌,为民族精神注入了凛然不可侵夺的正气。迄至明清易代之际,无锡东林书院的一堂师友,于大厦将倾之际,以血肉相撑拒,写就了以身殉道的悲壮一页,践行了孟子提出的人格理想。同时,在其后的数百年中,一代代学人们见仁见智,讨论“东林”这一带有悲情色彩的历史话题。

东林党,是由明末时期一批具有强烈社会责任感的士大夫组成的政治派别,名字来源于明万历三十二年(1604)建于今江苏无锡的东林书院,其领袖为当时的在野清流顾宪成与高攀龙等。顾、高等人以直言敢谏触怒当局,被贬回乡,仕途无望。回乡后开始了讲学活动,并重修宋代大儒杨时留下的东林书院,作为讲学之地。他们以讲学活动为中心,讲学之余评议朝政,褒贬人物,“当是时,士大夫抱道忤

① 孟子著,杨伯峻译注:《孟子译注·尽心章句上》,中华书局 1960 年版,第 321 页。

时者，率退处林野，闻声响附，学舍至而不能容”①，队伍逐渐扩大，吸引了一批在野名士和在朝官员，逐渐形成了一股对朝政具有影响力的政治力量和民间舆论力量。书院的一副楹联“风声、雨声、读书声，声声入耳；家事、国事、天下事、事事关心”深入每一个正直的士大夫内心，成为他们的殷殷为国之情、拳拳为民之心的最好写照，同时也成为这批虽“居水边林下”，但仍然“志在世道”的儒士共同奋斗的宗旨。

东林党正是以这样“明道救业”的政治方针，在明末时期引发了一场长达半个世纪的政治风云，并被冠以“东林党争”。这场政治风云产生于国运衰微之时，同时也在与皇权专制的斗争中逐渐壮大，最后也是为皇权所灭。晚明时期的国家权力集中于皇帝一人之身。与明初朱元璋废除中书省欲加强中央集权、防止权力分割的目的相比，这时的国家权力则演变成了皇帝实现私欲的工具。万历皇帝欲废东宫太子而改立爱妃之子为太子，将个人的私心喜好置国本大事之上，遭到了群臣非议。万历二十一年(1593)，顾宪成正是因不满明神宗“三皇并封”的缓兵之计而上《建储重典国本攸关疏》，严厉斥责帝王私欲，遂为明神宗所恨。同时又因推神宗反感的正直官员王家屏入阁而触怒圣颜，隔年便遭到削职为民。可见万历朝的政治抉择和官员任职唯以皇帝的喜好为准。万历朝中期，贪财好物的万历皇帝又开始派遣大批宦官以“矿税”的名义在全国掠夺财物，致使民不聊生，名义上的矿监税使所到之处必是民怨载道，烧杀抢掠无恶不作，其中尤对城市富户商人和乡村大户的掠夺最为严重。使富人变穷，穷人更穷。这样的无限掠夺引起了神宗与群臣之间一场旷日持久的抗争，直到神宗去世才结束。同时，万历皇帝在其执政后期居于深宫，长达28年不上朝。虽然号称为“万历三大征”的战役全部取得了胜利，但同时也是丧师无数，耗空国库，生灵涂炭，国力一步一步由盛转衰，故有“明之

---

① (清)张廷玉等撰:《明史》卷二百三十一《顾宪成传》，中华书局1974年版，第6029页。

亡，不亡于崇祯，而亡于万历云”①。神宗之子光宗即位不足一月便突然逝去，继之而立的明熹宗长期不理朝政，政权旁落于大宦官魏忠贤。东林党在与阉党的斗争中付出了惨痛的代价。

明末全国农民起义不断，阶级矛盾和民族矛盾极其尖锐；思想界游谈无根，空谈心性、轻视实事实功之风盛行。这危机四伏、风雨飘摇的时代，给各种政治势力提供了参与政事、施展政治抱负的时机。东林党作为江南地区士大夫政治利益的代表，与当时的齐党、楚党、浙党以及天启年间盛极一时的皇家专制政权的代表者阉党发生了严重的政治冲突。各种政治势力之间或利益斗争或政见不和，更加重了晚明的社会危机。晚明的党争也成为饱受争议和诟病的复杂的历史现象，一腔热情、怀抱殉道理想的东林人士亦深陷于这一历史旋涡之中，成为史家论争、品评的重要课题。

但是，对于东林党这个集学术思想、讲学活动、政治参与于一体的复杂群体，要准确地厘定其历史地位，评价其得与失，并非易事。这需要涉及晚明社会、政治、经济背景，需要仔细考察东林党的形成过程、成员组成，深入分析他们秉持的儒家文化传统，以及他们的政治主张和哲学思想，甚至还要仔细考察他们的政治对手等。只有进行全面综合分析，以同情理解的历史态度来考察东林党的历史，才能准确地判断这一政治团体的历史功过。

(二)

党争是中国历代王朝衰微时期常常会出现的政治现象。相较于其他朝代的党争事件，明末的东林党争更是备受人们的关注。对东林党的评价由于不同学者视角与研究方法的不同，结论往往相去甚远，甚至呈现针锋相对的势态：如果从党争与明王朝的兴亡视角来考察，对东林党的评价则负面，大体持有东林党结党营私、党同伐异而不顾国运大局的观点；如果从东林党时期的政治、学术作用来考察，则多以

① (清)赵翼撰：《廿二史札记》卷三十五，中国书店 1987 年版，第 502 页。

正面肯定为主。凡此种种，众说纷纭，莫衷一是。这里我们从晚近以来对东林党的评价进行简要的历时梳理。

首先，清末民初时期对东林党的评价。20世纪初，处于封建社会末期的清王朝已是千疮百孔，古老的中华大地饱受列强的蹂躏。孙中山应时而兴，借用西方启蒙主义的思想资源，并以明末清初遗民浓烈的民族主义情感与观念作为当代革命的精神依托。孙中山多次谒明孝陵，刺激着长期被满族统治下的汉民族痛楚贲张的神经。这一独特的历史情绪也影响到了20世纪初期的历史研究，对明末清初的史学研究一度备受重视。东林党也受到了关注。

谢国桢写于20世纪30年代的《明清之际党社运动考》(商务印书馆1934年版)是这一领域较早的作品，堪称是党社研究方面的经典和奠基之作。作者撰写此书，一方面是为了明确"党"与"社"在政治和社会上的重要性，考察党社与辛亥革命、国民党之间的关系；另一方面，也是和当时中国战乱频仍的国运相应和，以砥砺中华民族之精神。该书以明清之际的党社研究为切入点，系统地考证了东林党与齐、楚、浙、阉党在明末时的党争，并考证了其后复社等党社的始末，以此对明代的政治格局及灭亡原因进行了探讨，展示了明末清初的历史概貌。对于党争，谢氏认为这与明朝的政治制度尤其是内阁制度庸弱有直接关系。东林党在党争中也难辞其咎。同时，谢氏对他们所代表的民主自觉的意识给予了褒赞，将其作为政治进步、值得肯定的先进代表。此书出版的次年，鲁迅先生便给予了很高的评价，谓其"钩索文籍，用力甚勤"①。谢氏此书开了明末党争研究尤其是东林党研究的先河。另外，谢国桢《晚明史籍考》(北平图书馆1933年版)一书的卷四、卷五列有大量关于明末清初党争之史料，给后来者研究东林党奠定了丰富的史籍基础。与谢国桢《明清之际党社运动考》同年出版的还有王耘壮的《东林与复社》(上海开明书店1935年版)，此书以谷应泰的《明史纪事本末》、文秉的《定陵注略》和大量传记等史料为主要参考对象，从张居正夺情案叙起，对东林党争之来龙去脉进

① 鲁迅：《"题未定"草(六至九)》，《且介亭杂文二集》，人民文学出版社1973年版，第186页。

行了详尽勾勒，是了解东林党以及晚明党争主要史事的著作。

20 世纪 40 年代至中华人民共和国成立以前，朱希祖先生之女朱倓《明季社党研究》(商务印书馆 1945 年版)的出版又为这一领域的研究增添了一部力作。该书中关于东林党研究的部分，作者将义愤之情化为手中鸣冤之笔，为东林党的遭遇鸣不平。书中考证了《东林党人榜》《东林点将录》以及东林党人的著述，用力深厚，考证详实。另外值得一提的是嵇文甫 1943 年 7 月发表于《力行》上的《东林派与王学修正运动》(这篇论文后编入他的《晚明思想史论》一书)。该文从思想史的角度对东林学派的思想主张和历史地位进行了独特的探讨，认为“东林学派在学术立场上，表现出从王返朱的倾向。但实际上，他的学风终不类朱，而倒和王学右派相接近，是‘遵德性’一路，而不是‘道问学’一路”。因此，“东林学派只是王学修正派，而不可说为王学反对派”①。这一观点堪称是嵇氏所创。同时期还有风人在《大公报》(上海)上发表的 6 篇关于东林党的论文。总体而言，20 世纪三四十年代对东林党在政治、社会、思想各方面的研究还处于初始阶段，关于东林党历史资料考证方面的成就也始于这一时期。

从 1949 年至 1966 年“文革”前，是中华人民共和国成立后东林党研究的初期阶段。这一时期马克思主义成为思想文化领域中的指导思想。在其引导下，出现了一大批马克思主义学者，他们开始脱离实证学风而努力学习适应时代的世界观和方法论，以唯物史观和阶级分析方法为主。在党社研究方面，研究者开始探讨东林党人的阶级性质、社会基础、政治主张和道德思想等问题，形成了与 20 世纪三四十年代实证考察特色截然不同的学术倾向。侯外庐的《论明清之际的社会阶级关系与启蒙思潮的特点》(《新建设》1955 年第 5 期)及其《中国思想通史》一书的第 25 章《东林党争的历史意义及其社会思想》、李洵的《试论明末东林党的形成》(《历史教学》1955 年第 10 期)、陈鸣钟的《万历年间东林党的斗争》(《新史学通讯》1956 年第 6 期)、左云鹏与刘重日合作的《明代东林党争的社会背景及其与市民运动的关系》(《新建设》1957 年第 10 期)、江庭苏的《论东林党政治主张的阶级

① 嵇文甫:《晚明思想史论》，东方出版社 1996 年版，第 100 页。

性》(1966年2月23日《光明日报》)等文，正是在新思想的引导下，将东林党研究进一步深化。这一时期的学者大多认为东林党产生于明朝中期以后封建社会危机重重之时，它的产生与政治上的专制皇权、经济上的资本主义萌芽都有很大的关系。明王朝建立以后对江南地主长期施行经济压制的不平等政策，东林党中不少成员出身于商人世家或者自己从事商业，故他们反对贵族大地主的专制。他们不仅代表了江南地区中小地主阶级的利益，并且代表了城市新兴平民阶级的利益和要求，因此他们所提出的政治、经济主张具有双重的利益代表性，获得了中小地主和城市平民的两重支持与拥护，这呈现出与历代党争不同的特色。这一时期的东林党研究在主流研究方法之外，还有个别实证考察的著作，即1957年人民出版社出版的李棪论著《东林党籍考》，书中收集了288个东林党人的传记资料。这是对20世纪三四十年代实证派的继续。

“文革”十年浩劫，在极“左”思潮的影响下，史学研究逐步教条化、庸俗化，最终沦为政治斗争的工具。“文革”后，人们的思想得到解放，纷纷抛弃极“左”思想的影响而重新审视历史与当下。史学界关于东林党研究在新时期也大胆地提出了很多新颖观点，研究更为深入，视角不断扩展，进入了20世纪以来东林党研究的繁盛期。这一时期的研究继承了“文革”前对东林党阶级分析研究的方法，对东林党的历史作用亦以肯定为主。但也有部分学者开始反思东林党，出现了对东林党的贬评之声，这一现象引起了学界的哗然。

肯定派如朱文杰的《东林党史话》(华东师范大学出版社1989年版)和王天有的《晚明东林党议》(上海古籍出版社1991年版)，二者是肯定东林党的阶级性质、历史作用的两部力作。《东林党史话》对东林党史事作了十分详尽的展现。全书认同以张居正“夺情案”为叙述的起点，认为东林党维护封建国家利益在当时是具有进步意义的。《晚明东林党议》是东林党研究领域里分量极重的论著，全书以10余万字把东林党置于明末社会危机的大背景中，深入探讨其功过是非。不仅用历史唯物主义史观和阶级分析方法分析东林党，同时对东林党的史事也多有考证，钩索用力深厚。作者认可东林党的历史作用，并表明东林党这个改良派的最终失败说明了此时明王朝已腐朽不堪，统治阶级内部的自救已无济于事。王天有之师许大龄的《试论明后期的东林党人》(收录于《明清史国际学术讨论会论文集》，天津人民出版社1982年版)一文，延续阶级分析方法，考察了东林党人的性质，认为他们是中小地主阶级和城市平民阶级的利益代表，在当时是极具有积极意义的。但作者同时指出，思想方面由于他们尊程朱而反王学，抵制李贽等狂禅派的狂放之行，反对越出封建礼教的思想和行动，因此又是具有局限性的。韩大成《天启时东林党人失败的教训》(收录于《明史研究第4辑——庆贺王毓铨先生85华诞暨从事学术研究60周年专辑》，黄山书社1994年版)一文，认为东林党人在政治斗争策略上的失误是致使他们失败的关键。他们没有形成一致的纲领章程、组织纪律。在党争后期，内部鱼龙混杂，与敌党过于壁垒森严，最后付出了惨痛的代价。但是，东林党人的高风亮节、惩贪治吏在明末时期起到了一定的历史作用，因此对东林党人的道德风尚予以高度肯定。

否定派以刘志琴的《论东林党的兴亡》(《中国史研究》1979年第3期)和《剑桥中国明代史》一书第九章黄仁宇作的《东林书院和朋党之争》(中国社会科学出版社1992年版)为代表。刘氏通过分析东林党的政治主张及他们当政后的行为，认为东林党人尊经重道的救世思想和政治主张，与万历初年张居正注重实效、以富国强兵为目的的革新思想相比，只能说是一种历史的倒退。在资本主义萌芽已经出现，封建制度日趋解体的情况下，这无疑是起到了反动的作用。1998年刘氏又参加在无锡举办的“东林党学术研讨会、薛福成学术研讨会”，在会上她作了《东林悲歌千古绝唱》的报告，虽然文中表达了对东林精神的崇敬，但是仍然基本秉持了此前的观点。黄氏的著作则更为激切和毫不留情地表达了对东林党政治改革的否定。他认为这一集团派系“只是道德上的批判者”，在体制上、谋略上毫无能力可言，“赴义所隐含的吸引力满足了那些东林追随者，他们喜欢这个在失败和挫折的时代不公正地被迫害的高尚运动”，与东林党之前的高拱和张居正相比是巨大的退步。同时，作者认为历来东林党的研究者“把个人道德等同于行政才能”①，过分强调研究对象的品性，而导致扭曲了研究者自身的研究角度和观察力、分析力。黄氏这一观点否定了20世纪以来对东林党历史作用方面的主流观点和研究态度与方法。

这一时期，除了延续对东林党的阶级性质和历史作用进行考察分析之外，对东林党的研究还取得了一系列新的研究成果。首先，在东林党人物研究方面。冷东将历来被称为东林党魁首的叶向高作为研究重点，出版了专著《叶向高与明末政坛》(汕头大学出版社1996年版)，并发表《叶向高与东林党》(《东北师大学报》1998年第1期)等论文。这些成果探讨了其与东林党人真正的关系，得出叶向高并非东林党人的结论。其次，以历史地理的视角对东林党人进行地域性的考察。郑克晟《明代的江南士大夫与东林党人》(《江南论坛》1994年第6期)考察了东林党与江南的关系，田培栋的《明后期山陕东林党人的反腐朽斗争》(《北京师范学院学报》1991年第3期)和张显清的《明末北直清流派的构成及其反阉党斗争》(收录于《明史研究》第3辑，黄山书社1993年版)也考察了以前很少有人关注的山西、陕西、北直隶等地东林党人的事迹。再次，在东林学派思想研究方面，步近智对东林学派的思想进行了诸多的探讨与阐述，并与张安奇共同撰成《顾宪成高攀龙评传》(南京大学出版社1998年版)。该书总体认可东林学派是程朱理学的延续，同时提出东林学派在中国实学史上的历史地位，将实学视为理学、心学之外新的儒学发展方向，并指出其是中国早期启蒙思想的先导。

进入21世纪，东林党研究又有新的突破。一些颠覆性的新颖的学术观点在学术界引起了巨大的反响。2001年樊树志发表的两篇论文《东林书院的实态分析——“东林党”论质疑》(《中国社会科学》2001年第2期)和《东林非党论》(《复旦学报》2001年第1期)(两篇论文收入其《晚明史》专著之中)通过历史资料的考证，认为东林书院是顾宪成与高攀龙等人创办的一个以阐明理学为宗旨的学校，在讲学过程中并不涉及议论时政、褒贬人物等内容，也未遥执朝政，与李三

---

① 黄仁宇：《东林书院和朋党之争》，《剑桥中国明代史》第九章，中国社会科学出版社1992年版，第584页。

才、叶向高等人并未创立任何党派性组织。而“东林党”只不过是在万历辛亥京察中被其他官僚诬指而已，是他党人物虚构出来的。顾、高等人本身既不是一个党派，也不是一个政治团体，他们只是明末时期一群重整道德的书院讲学学者。而在樊树志之前，牛建强已经提出过类似的观点，在《明后期政界之纷争——兼论东林学派政争之非直接介入》(《东北师大学报》1995 年第 1 期)一文中，他提出“东林人士未必是党，而是异己者强行给扣上的一项厌恶的帽子”①，但由于并未经过论证，故未引起过多的关注。至樊树志发表了这一观点之后，质疑声也随之而起。明确提出反对的有李庆的《“东林非党论”质疑》(《中国典籍与文化》2004 年第 3 期)、商传的《从朋党到党社——明代党争之浅见》(《学习与探索》2007 年第 1 期)。驳斥东林书院“不评议朝政，褒贬人物”观点的则有张宪博《东林党、复社与晚明政治》(《中国社会科学院报》2004 年 5 月 18 日)一文。而响应樊树志观点的也有金奋飞《读书·静坐·会友——明末东林书院日常生活暨讲学教育活动述略》(收录于《东林书院重修 400 周年全国学术研讨会论文集》，时代文艺出版社 2004 年版)和张秉国《“东林非党论”质疑的质疑》(《聊城大学学报》2006 年第 5 期)等。至此，对于东林党的研究已经不再局限于分析其产生的社会背景、阶级性质、历史作用等范畴，而是对“东林党”本身提出了质疑。这一阶段是东林党研究空前活跃的时期。

同时，21 世纪的学者们也开始尝试以新的研究方法来考察东林党。其一，将史学与文学相融合，观察东林党议在文学上的影响。张永刚的《东林党议与晚明文学活动》(《中国社会科学出版社》2009 年版)一书，其中包括了他之前发表过的多篇相关论文。其二，以东林书院为东林学派的研究中心。以陈时龙的《晚明书院结群现象研究——东林书院网络的构成、宗旨与形成》(《安徽史学》2003 年第 5 期)一文为代表。其三，用心理、心态分析的方法来考察东林党人政治行为背后的心理动因。葛荃《晚明东林党人“生命意识”析论——关

---

① 牛建强：《明后期政界之纷争——兼论东林学派政争之非直接介入》，《东北师大学报》1995 年第 1 期。

于士人精神的一种政治文化阐释》(《清华大学学报》2004年第4期)、《作为政治人格的狂狷、乡愿与伪君子——以晚明东林诸君见解为据》(《东岳论丛》2008年第6期)两文，言前人之未言，从精神意识和政治人格的角度分析了东林党人的内心世界，得出了东林党人普遍具有儒士遵道精神和狂狷品性的结论，观点新颖，独辟蹊径。

纵观20世纪以来学界对东林党的研究，经历了早期的考证阶段、中期的唯物史观阶段以及新时期后思想解放、新的研究方法和观点层出不穷的阶段。各家观点交相辉映，对东林党的认识逐渐深入，研究视野不断拓展。

我国台湾地区在东林党研究方面也取得了引人注目的成果。20世纪60年代，台湾学界在党社研究方面榛莽初辟，于20世纪八九十年代产生了诸多的力作。沈忱农、雷飞龙、王止钧、陈圣士、古清美、林丽月、潘实坚等人都作了相关研究，其中尤以林丽月、古清美的研究成果最为突出。古清美在1983年对东林的讲学之风与道德精神作过探讨，并于2004年出版了专著《顾泾阳、高景逸学术思想之比较》，分析了东林领袖顾、高思想之异同。林丽月的博士学位论文《明末东林运动新探》，也对东林党进行了新的探索。她一方面全面考察了东林党人的社会关系，另一方面又从制度层面、政治思想层面对他们进行了深刻的分析，其中尤其重视东林党人自由自主精神的倡导，对东林党人的历史地位予以较高评价。

海外学者也于20世纪五六十年代开始关注东林党的研究。美国的中国史研究学者贺凯(Charles O. Hucker)的《晚明东林运动》(收录于费正清主编的《中国思想与制度》，*Chinese Thought and Institutions*, in John K. Fairbank (ed.), 1957, pp. 132-162)和德国汉学家卜恩礼(Heinrich Busch)的《东林书院与它的政治、哲学意义》*The tung-lin academy and its political and philosophical significance*，收录于《华裔学志》，1955)是欧美史学界这一方面较早的研究成果。国外对东林党研究最为深入的是日本学者。冈田武彦、岛田虔次、沟口雄三、小野和子、荒木见悟、鹤成九章都对东林党研究提出过自己的见解。小野和子对东林党的政治思想、党内成员、形成过程作了充分的史料考察，在20世纪50年代末至80年代有多篇研究论文发表，是日本史学界在东林党研究方面成果较为丰硕的学者。她主要从言论自由的角度入手，更为重视东林党人“天下为公”的思想，认为他们是由一群正直君子所组成的旨在开言路、追求天下之公的朝廷“公党”①，对东林党予以高度评价。其他学者多集中于对东林学派学术思想的探讨，其中又以沟口雄三的观点最引人瞩目。沟口雄三的论文《所谓东林派人士的思想》(《东京大学东洋文化研究所纪要》第 75 册，1978)深入地阐发了东林的思想内涵，并提出了影响巨大的“前近代思想”论，认为东林党人就是中国“前近代思想”的重要代表，对东林党作出了极高的评价。

(三)

纵观东林党学术百年，众说纷呈，新见迭出。兹根据对东林党研究的焦点不同，分为以下几个方面进行探讨。

第一，东林党的阶级性质、社会基础与历史背景。

历史唯物主义和阶级分析方法是 20 世纪五六十年代史学研究的基本方法。随着对资本主义萌芽问题讨论的深入，东林党研究方面也开始纷纷关注其阶级性质、社会基础等方面的内容。侯外庐认为东林党“代表了中等阶级反对派的利益，其中有不少人出身于长江三角洲一带的工商业者家庭”②。李洵指出东林党是“江南中小地主与城市反封建的中等阶级趋向的联盟”③。左云鹏通过对当时社会背景及东林党人与城市市民之间关系的逐步分析，最后认为他们代表了“江浙地区非身份性地主与商人阶级利益”④。总体而言，在东林党的阶级性质和社会基础上的认识是基本一致的。东林党人大多是中小地主出身，或者从事商业活动，他们反对贵族大地主对中小地主、平民的剥

---

① [日]小野和子:《明季党社考》，上海古籍出版社 2006 年版，第 136 页。

② 侯外庐:《中国思想通史》第四卷，人民出版社 1960 年版，第 1105 页。

③ 李洵:《试论东林党的形成》,《历史教学》1955 年第 10 期。

④ 左云鹏、刘重日:《明代东林党的社会背景及其与市民运动的关系》,《新建设》1957 年 10 月。

削，同时他们站在市民的立场上与之形成统一战线。在封建社会末期，他们代表了中小地主阶级和城市平民的双重利益。

但自新时期开始，曾被广泛运用的阶级分析方法开始受到怀疑与反思。夏维中在他的《关于东林党的几点思考》一文中首先拒绝研究态度的绝对化与单一化，并用史料有力地回击了研究史上的一些主流观点；对于阶级分析方法本身，他也鲜明地指出，“在借用外国的某些特定概念时，也不应把这些概念从他们的历史来源中切断，而无视其复杂性以及在特定历史条件下演变出来的内涵和性格，更不应随便把外国环境中因特殊背景和问题发展起来的东西当作我们的权威，否则就容易产生形式主义的谬误”①。

第二，东林党的历史作用。

这是对东林党研究分歧最为明显的领域。东林党在历史上所起的作用是积极的还是消极的，是进步的还是反动的一直是学者们争论的焦点。

肯定一派以侯外庐、李洵、王天有、许大龄、左云鹏、小野和子、沟口雄三等为代表。侯外庐认为东林党属于“地主阶级的反对派”，他们“利用数百年来就存在的书院形式，作为进行政治活动的基地，作为联络组织‘同志’的场所”，“具有改革经院，推翻偶像的进步作用”。他们反抗专制制度，代表了资本主义萌芽时期的进步思潮。李洵认为东林党的斗争是中小地主或地主阶级改革派反对贵族大地主对江南地主势力的斗争，是反专制、反皇权的斗争。他们斗争的目的是为了解除贵族大地主对江南地主势力和城市势力在政治上和经济上的两重压迫。王天有否定了明末就产生的贬斥东林党的声音，明确表示自己站在黄宗羲的立场上，认为东林党无论是政治、经济、军事上都曾起到了重大历史作用。他们不是明朝灭亡的原因，在明末政坛中他们的正直作用不容忽视。沟口雄三给予了东林党人代表中国“前近代思想”的高度历史评价。

否定派则以刘志琴和黄仁宇为代表。刘志琴认为，东林党人在政治上的作为相较于张居正是一种倒退，而黄仁宇更是严厉地指出东林

① 夏维中：《关于东林党的几点思考》，《南京大学学报》1997 年第 2 期。

党人只是道德上的而不是技术上、策略上的投入者，他们“在体制意义上可以被认为是倒退了一大步”，“他们只希望除去那些在他们心目中品性有缺陷的官员”。① 黄仁宇堪称是对东林党贬斥最有力的学者。

第三，东林党是否为党。

这一话题在21世纪东林研究领域乃至明史学界引起了巨大的争议。其实早在明末清初，黄宗羲就认为东林党不是一个政治派别，“东林讲学者，不过数人耳，其为讲院，亦不过一郡之内耳”。“然东林真有名目哉？亦小人者加之名目而已矣。”②黄氏以其亲眼所睹、亲耳所闻为东林开脱政治团体之名，然而这样的观点在当时以及后世很少有人响应。2001年，樊树志先后发表两篇论文以新的史料论证了“东林非党”的观点，打破了学界长期公认的东林党为一政治团体也即“朋党论”的传统观点。随之李庆、商传都给予了回击，对樊氏观点一一进行了质疑。而金奋飞、张秉国则强烈支持“东林非党论”。双方针锋相对，共同推动了东林研究的繁荣。

第四，东林学派研究。

最早提出“东林学派”说法的是黄宗羲。黄氏否定东林为一“党”之说，认为他们不过是一郡内之讲学书院。在《明儒学案》中以四卷的篇幅对东林学派中17人的思想进行了精要概述。20世纪以来，较早对东林学派进行研究的是嵇文甫的《东林派与王学修正运动》，作者认为东林学派不是王学的反对派，而应该归入王学修正派一类，与王学右派有很高的相似度。在思想传承上，东林学派并不全是朱学的思想。其领袖顾宪成、高攀龙等早年都师从王学，受到了王学的影响，他们并不是全然否定王学。钱穆的《顾泾阳、高景逸学述》(《东方杂志》，1975年复刊第8卷第11、12期)一文论述顾、高二人的学术思想，并在《中国近三百年之学术》一书的引论中论及东林学派，

① 黄仁宇：《东林书院和朋党之争》，《剑桥中国明代史》第九章，中国社会科学出版社1992年版，第584页。

② 黄宗羲：《明儒学案》卷五十八《东林学案一》，中华书局1985年版，第1375页。

言“宋元明三百年讲学史，以东林为殿”，而“明清之际，学者流风余韵，尤往往沿东林”①，视东林学派为其后思想发展之先导。唐君毅在《中国哲学原论》之《原性篇》与《原教篇》(新亚研究会，1979)中述及东林学派的思想，认为他们是救王学之弊而起。对东林学派哲学思想的研究除了从学派入手分析，学界还对东林学派中的领袖进行更为具体的探讨，其中尤以对高攀龙的研究最为具体、深入。何孝荣、周学军等学者发表了多篇论文，以高攀龙的哲学思想为研究重点，对高攀龙的朱学、王学、佛学思想进行了深入分析。

在对东林学派的哲学思想研究方面，学者对东林的实学思想也给予了足够的关注。东林学派继朱学、王学之后，在危机重重的晚明时期，勇担救亡图存、励精图治的重担，以实学思想影响社会。步近智先后发表了《明末东林学派的思想特征》(《文史哲》1985 年第 5 期)、《东林学派与明清之际的实学思潮》(《浙江学刊》1991 年第 4 期)、《略论明清实学思潮及其现实意义》(《学术月刊》2001 年第 1 期)等多篇论文，认为东林学派延续了儒学“治国平天下”的经世致用传统，“以能否治世、有用作为评价衡量一切思想学说的标准和尺度”②，反对空疏之言，反对经院哲学，并在政治、经济和军事上都切实作出了自己的努力。步近智认为东林“实开明清之际实学高潮之端绪”，对继之而起的复社有很重要的影响。

另外，东林是否具有启蒙思想、自主精神，它是否为中国早期民主思潮的先驱这一问题也一直受到学者的关注。谢国桢早在 20 世纪初就已经提出“党争的发生，至少是一种人民自觉的现象”③，以“自觉”一词点出了人民自主的含义，发前人之未发。侯外庐、步近智、张宪博等也充分肯定了东林党在对抗皇权专制斗争的政治行为背后的自主意识。我国台湾地区的林丽月和日本的小野和子将东林党放在“公”的位置上，对他们在封建社会中的自主精神给予了高度评价。日本的沟口雄三更是将东林学派的思想提高到“前近代”思想的重要

① 钱穆：《中国近三百年学术史》，商务印书馆 1997 年版，第 9 页。
② 步近智：《明末东林学派的思想特征》，《文史哲》1985 年第 5 期。
③ 谢国桢：《明清之际党社运动考》，中华书局 1982 年版，第 1 页。

代表这一高度。美国的魏斐德也是对这一问题关注较早的海外学者，他从中国历史上的知识分子群体研究入手，认为士大夫与封建政治存在着依赖关系，而明末的东林党和清末的改革派则表现出了独立自主的意识。然而，反对者也不乏其人。反对派的依据是东林党的思想武器属于封建范畴，认为东林党否定狂禅派的价值，强烈反对任何违背封建礼教的行为，这本身就是落后的。江庭苏《论东林党政治主张的阶级性》一文就将东林党争归为统治阶级内部的自我斗争，认为其并不能够代表明末的新兴市民阶层。刘志琴、黄仁宇也持相似的观点，他们将东林党视为道德救世的十字军，无论是在新思想还是在政治作为方面都没有进步意义。夏维中甚至对晚明时期是否存在启蒙主义思潮这一历史上的主流思想产生了怀疑，并且表明即使有，也未必与东林党有关系。

历经百年，东林党研究呈现了精彩不断、观点“同中有异、异中有同”的热闹局面。研究者们从政治制度、社会背景、阶级性质、经济主张、学术思想等方面作了深入的探索，形成了丰硕成果。更难得的是，新的研究力量不断出现，用新的思维、新的角度审视曾经的研究成果，甚至对已经成为主流思想的观点进行大胆的怀疑，形成新颖的观点，有力地推动了东林党研究的深入，为东林研究不断注入新的活力。如历史地理、心理分析、以史观文等方法大大拓展了东林研究的视阈。当然，东林研究尚有一些有待开掘之处，近百年来对东林党人士与非东林士人关系的考察相当少，而东林的特征恰恰可以通过与非党人士的比较来充分展现。再如，通过东林，可以进一步考察中国古代书院与学术、书院与政治、书院与社会的关系。如此等等，东林这个凝聚着中国士人诸多历史信息的课题仍有丰富的挖掘空间。

目　录

近百年东林党研究经典论著评介

明清之际党社运动考(存目)

谢国桢

【评 介】

谢国桢(1901—1982)，字刚主，晚号瓜蒂庵主，祖籍江苏常州，河南安阳人。1925年考入清华学校研究院(国学门)，名列榜首。随梁启超问学，同时受到王国维、赵元任、陈寅恪等的教督。在读书期间发表了处女作《明季奴变考》。次年毕业后，前往天津梁启超饮冰室协助其编纂《中国图书大辞典》，并兼任梁先生子女的家庭教师。其间饱览饮冰室丰富藏书，并在梁启超的熏陶下，走上了史学研究的道路。对此，谢国桢晚年回忆道："由于我读过梁先生著的《清代学术概论》《近三百年学术思想史》及清江藩《汉学师承记》，因之我曾研究过顾炎武、黄宗羲的学术思想。在这个基础上，梁先生又给我讲明末清初的遗事，我之所以喜欢明末清初的历史，就导源于此。"①随后先后在南开中学、国立北平图书馆供职。在国立北平图书馆工作期间，四处访书，笃志于明清之际野史笔记的搜集与研究，浏览了大量的珍本秘籍。在此基础上，先后完成了《清初三藩史籍考》《晚明流寇史籍考》和《清开国史料》等史籍考证成果，并在此基础上完成了一代史学名著《晚明史籍考》。1933年，谢国桢前往国立中央大学任教约一年，教学之余完成了关于明清之际党社问题的研究，写成《明清之际党社运动考》一书。随后重回国立北平图书馆，又先后在西南联合大学、云南大学等地任职和执教。1949年后相继在南开大学和中国科学院哲学社会科学部历史研究所任教和从事研究工作。1981年被

① 谢国桢:《我的治学经验》,《书林》1980年第5期。

聘为国务院古籍整理规划领导小组顾问。

谢国桢毕生致力于明清史、版本目录学的研究，在史学、目录学、文献学、金石学等领域建树颇丰，著作等身。研究方向涉及党派斗争、阶级关系、社会经济、学术文化等明清历史的各个方面。著有《晚明史籍考》《明清之际党社运动考》《南明史略》等重要著作和大量学术论文，编纂了《清初农民起义史料辑录》《明代农民起义史料选编》《明代社会经济史料选编》等史料。其中，《晚明史籍考》一书享誉尤著，内录明代万历年间至清朝康熙年间的文献一千一百四十余种，未见书目六百二十余种，蔚为大观。关涉明末清初的党社运动、农民起义、抗清斗争、郑氏、三藩、史狱、文学、人物和南明诸政权等内容。著名近代民主革命家、南社领袖柳亚子就评价说："这部书，我叫它是研究南明史料的一个钥匙。它虽然以晚明为号，上起万历，不尽属于南明的范围。不过要知道南明史料的大概情形，看了这部书，也可以按籍而稽，事半功倍了。"①王春瑜也说："今天，研究明末及清初历史的人，没有一个不是以这本书为入门响导，然后才逐渐步入堂奥的；并且，在研究过程中，仍然需要不时翻捡此书，从而断定所用史料的价值，或者在此基础之上，再去进一步开掘史料，扩大研究的范围。"②

《明清之际党社运动考》一书的写作，正是在他编纂《晚明史籍考》时期搜集党争相关资料，涉笔成趣的。据作者自序，"当我草《晚明史籍考》的时候，凡关于明季党争和社盟的材料，随手札记下来，想作一篇明清之际党社运动的文字"。又据该书《余论》曰："民国二十年九月中旬属稿，十二月十七日写成于旧京北平图书馆文津阁，二十二年十二月八日重改于南京前中央大学梅庵之旁。"该书于 1933 年定稿，次年即由商务印书馆出版。1982 年中华书局重印。

作者对明末党社问题进行研究概有三个方面的原因：第一，从历

---

① 柳亚子：《怀旧集·续忆劫灰中的南明史料》，耕耘出版社 1947 年版，第 172 页。

② 王春瑜：《秋夜话谢老》，《学林漫录》第十辑，中华书局 1985 年版，第 7 页。

史研究方面来看，研究明末党社活动有助于探究明代历史发展乃至衰亡的原因。明清之际的党社活动对社会、政治产生了深刻的影响，一些重大政治事件，诸如万历三大案、天启阉祸等，都与党争有关。对此，作者在《重印前言》中说：“在我青年时代，初读明、清史的时候，感到明末东林党争，复社、几社等集会结社活动，与当时的社会、政治关系至为密切，如果忽略这些事实，就很难全面、准确地了解明清之际的历史。”第二，从写作的社会背景来看，作者的写作意愿最初形成于九一八事变爆发之时。面对国难的危急时刻，对于结社的研究有助于唤起民族精神。对此，作者在《自序》中说：“我写这篇文字的宗旨：因我昔年读全谢山(祖望)《鲒埼亭集》，我感到明季掌故的有趣。我觉得明亡虽由于党争，可是吾国民族不挠的精神却表现于结社。其间又可以看到明季社会的状况和士大夫的风气，这是在研究吾国社会史上很重要的问题。所以我写这篇文字就以党争和结社为背景，来叙述明、清之际的历史，以唤起民族之精神。”第三，以史观照现实，为民国时期的党社建设寻根溯源。作者围绕“党”与“社”这两个焦点问题展开研究，首先将中西方对“党”的定义区别开来，提出我国古代历史上党争能够发生的两个条件，“一是人民必须有发挥言论的自由权，一是政府必须有发挥言论的机关”。并根据这两个条件对东林党争的发生展开论述。对于党争的意义，作者给出了较为积极的评价，“至少是一种人民自觉的现象”。只有研究我国历来党争发生的来龙去脉与性质，才能更有利于了解当代的党与社问题。

全书凡十三章，第一章为《引论》。第二至六章研究“党”，第七至十二章研究“社”。第十三章为《余论》。1982 年版本还附录了《明季奴变考》《清初东南沿海迁界考》《清初东南沿海迁界补考》《记清初通海案》四篇论文。该书中的部分篇章对东林党进行了深入分析。

在《引论》中，作者首先对“党”和“社”作了简要的区别：“一般士大夫阶级活跃的运动就是党，一般读书青年人活跃的运动就是社”，两者“都是人民自觉的现象”。社集由万历初以文会友的萌芽时代，一直发展到南明以后成为抗清的革命运动，澄清了党、社的区别。

作者从政治制度层面分析了党争发生的两个条件(如前文所述)，

虽然中国古代是封建专制，人民鲜有发声之机会，但是部分机关的设置以及知识分子的自觉意识，还是为党争的发生奠定了一定的基础。尤其在明代，监察机关的作用得到重视，有了更大的发挥空间，这也为明代空前的党争现象埋下了伏笔。明代自洪武十三年(1380)朱元璋罢丞相不设，析中书省之政归到六部，以六部任天下事。同时设内阁大学士，作为行政顾问，内阁大学士之首称之为“首辅”。废丞相，设内阁，各部门相颉颃，所有事务皆决于皇帝一人，这样的制度，强烈地依赖于一国之君的精力与体力。可以说，明朝在实施君主集权体制方面把“集权于上，分权于下”的原则贯彻得较任何一个朝代都更为淋漓尽致。但是这样避免夺权的“美好设想”在洪武、永乐、洪熙、宣德以后则发生了很大的变化，皇帝不再像他们精力旺盛的先辈们一样全力投入了，而是更多地依赖于内阁。中央机构中虽早就废了宰相制，内阁制却在此时分外突显了出来。作者指出，明代在行政机关之外，监察机关、铨叙机关也扮演了重要的角色。监察机关，设有御史、六科给事中，他们监察着政府、六部职能的发挥，频繁地上疏谏言。司职铨叙的吏部，其重要职能之一便是考察，考察的结果直接关系官员的进退升降。行政机关、监察机关、铨叙机关这三者权力的消长，便成为明代党争发生、党派形成的根源。内阁的权高了，六部不得不听命于内阁，监察机关便跳出来弹劾，自然而然在朝堂上形成了势力的对立。一旦内阁势力稍弱，他们则会拉拢言官，监察机关与行政机关里就自觉分了党派。内监们乘机起来攫取了政府的实权，党祸之势就此形成。

第二章至第六章，分别对万历、天启、崇祯、南明、清初这五个时期的党争进行了剖析。

万历时期，谢国桢首先将党争发生的背景往前推至张居正时期。张居正作为内阁首辅，他的铁腕执政为明代中期的政治与经济带来了中兴。他很有政治主张，推行“一条鞭法”，任用人才，平定边乱，对于已走下坡路的明代而言可谓一时肃然。但张居正也有让人失望之处，便是位高权重、大权独揽、手段高压，引起了时人的反感，一些正直的官员便纷纷弹劾他，却招来贬谪。邹元标、赵南星、顾宪成等这些日后东林党的重要人物都是在反对张居正过程中崭露头角的。张居正逝后，压抑已久的神宗皇帝对张恨之入骨，于是对张居正抄家削官，进行了彻底的清算。同时，庙堂之上被张居正长久压制的言论也倾泻而下。这一前一后发生的翻天覆地的变化，为日后的党争埋下了隐患，之后再也没有一个首辅能够有张居正一样的气魄来掌握当局，继之者如申时行、王锡爵等都只关注个人的一时荣辱升降，只顾取媚于神宗，却不能掌握舆论。再加上神宗荒淫懒惰，长年不理朝政，任党争之发生、党派林立，《明史·神宗本纪》就说过："明之亡，实亡于神宗"①，可谓不无道理。

万历朝发生的国本论、三王并封、建储议、科场案、多次京察、妖书案、熊廷弼案、梃击案、红丸案、移宫案等，都成为这一时期东林党与齐、楚、浙三党纷争的焦点。作者花了大量的精力叙述这些事件，看似只是皇帝的家事，可是这些"家事"却无时无刻不牵涉着官员的黜陟升降，以及国家的边防安危。其中，与官员的黜陟升降紧密相关的便是"京察"。谢国桢对于明代的政治体制有较深入的研究，他指出"京察"是明代重要的官吏考察制度，同时也成为党争派别清算的手段，成为党争势力彼消我长的重要工具。京官六年一察，地方官三年一朝，铨权在吏部。张居正死后，内阁的势力渐弱，万历二十一年（1593）、二十三年（1595）、三十三年（1605）、三十九年（1611）、四十五年（1617）的京察，内阁、吏部、言官之间起了争执，大抵上是吏部锐意澄清吏治，极力罢黜内阁的私人，因此引起内阁的不满；而言官中，部分迫于内阁的强权，部分本于道德原则，内部就分了意见，造成了东林党与齐、楚、浙党这势同水火的多方势力。作者概括起来，"万历二十年至三十年是东林当政的时期。三十年至以后是两派互持的时期。四十五年以后是三党（齐、楚、浙）当政的时期。天启初年，东林又得到政权"。

天启初，东林党得势，对于异己又通过京察的机会开始排斥出政坛，失势的齐、楚、浙党人士便投靠了颇受熹宗宠信的阉宦魏忠贤，借着魏来对付东林党人。天启六年（1626），魏党纂《三朝要典》，定

---

① （清）张廷玉等撰：《明史·神宗本纪》（卷二十一），中华书局 1974 年版，第 295 页。

东林党人为万历朝诸多政治事件的罪首，并且大肆屠戮东林党人，手段极其残忍。

崇祯朝，虽然铲除了魏忠贤，但是党争却并没有因此而消歇。这跟崇祯帝的猜忌狐疑性格大有关系。作者根据崇祯朝的权力变更情况，特制作《崇祯五十宰相表》，将前后50任首辅划分为五个阶段，其中最有势力的首辅如周延儒、温体仁等各派系在不断地进行斗争，朝政混乱。同时，民间社集发展进入盛大阶段，复社被称为“小东林”，与阮大铖组织的中江社等阉党余孽不相水火，影响朝政局势发展，这些仍可见东林与三党斗争的延续。

清兵入侵，农民起义火烧燎原，千疮百孔的明王朝早已风雨飘摇，随着崇祯自缢煤山，明朝的故事也就此走到了尾声。明代的贵族士人南下，在南方建立南明小朝廷。根据谢国桢的考订，此时有势力的人又分作了两派：一派是史可法，凡东林党都附和他；一派是马士英，阮大铖等曾依附于魏忠贤的人都投靠他。即使风雨飘摇，南明朝政依然党争不息，在立王争权等问题上各派争斗。就这样一直闹，闹到国破家亡，闹到新的王朝建立，一切休矣。

在对待东林党的问题上，谢国桢的态度是既爱又恨。爱其人格尊严之伟，恨其党派纷争过甚。评价概有以下四点。第一，作者认为东林党是有组织的。“一个党势力的完成，一方面必须有青年作后盾，一方面必须有政治和经济作背景。”在东林党中，淮抚李三才在政治和经济上都能提供相当的援助，青年后盾更没有问题。第二，作者对于东林人士的人格十分敬佩。当政之时廉政，遇难之时宁死不屈、抗争到底。第三，东林门户之见太深，壁垒森严。“东林太存意气，在形如累卵的时局，他们还要闹家务，还存门户之见，置国是于不问，这也太不像话了。”第四，东林党执政能力弱，当政之时如天启初年并未能提出很好的改变时局的政治改革方案。“没有办事的实力，徒得罪了许多人。而自己与自己，又以省的界限分了许多小组织，这种无实力的纸糊老虎一碰就破了。但我们不能不佩服东林党人人格的坦白和直率，因为他们全是一伙书呆子，实在是太老实了。”

全书通过对党争、结社的钩索，再现了明清社会的历史状况和当时的士林风气，反映了明清之际历史的一个侧面。作者一方面为社集名流遭逢迫害，失败亡命而婉叹，同时，又充分肯定了这个时代的历史对于淬砺民族气节的启蒙意义。作者从大量的正史和野史笔记中披沙拣金，勾勒出从明万历至清康熙间士大夫党争与历史发展的关系脉络；从分散零乱的大量史料中厘清史实，严谨的史料处理方法与强烈的历史人文关怀恰到好处地结合在一起。笔者以为，本书大致呈现出以下特点：

第一，它是现代中国第一部专门研究明末清初党争与结社的著作。作为开山之作，没有前人的研究成果可以借鉴，因此需要在浩如烟海的明清史籍中钩索爬梳，找出有价值的史料，分类排比，使之成为一个系统，可见作者深厚的历史研究功力。另外，该书初版于20世纪30年代，80年代中华书局再版，可见50年后该书仍然有重要的参考价值，不因为是初作而被后来者居上。后起之秀对东林党的产生、性质、历史作用与评价进行了各层面的探索，但大多仍然是沿着谢国桢先生一书的思路，可见该书影响之深远。

第二，钩索文籍，用力甚勤，同时重视野史笔记，与正史互补。谢国桢治史十分注重野史笔记与正史的互补，“我感觉到一部二十四史，虽然不能说全部都是谎言，但是官修的‘正史’，都是站在统治阶级立场上，除了记载朝章制度、帝王将相、政治的沿革、官吏的升沉而外，其记社会经济情况、朝野遗闻、劳动人民创造历史和生产财富的事迹，那就微乎其微……因之要明晓明、清两朝的社会状况、经济基础以及科学技术的发明，学人的辈出，人民群众所创造的伟绩，则只有依赖于野史笔记中所记载的资料，从其中去伪存真、披沙拣金了”。① 谢国桢深爱藏书，喜谈掌故，在该书的撰写中经常引用古人野史笔记文献，使全书形象具体，富有感染力。如本书第七章论述了复社的组织建设，对于复社成员推动其他各社集合成一个庞大组织的事实，作者不仅引用了陆世仪的《复社纪略》，同时还引用了朱彝尊《静志居诗话》、无名氏《研堂见闻杂记》、王应奎《柳南随笔》和张溥《七录斋集》，又引陈去病《五石脂》和张鉴《冬青馆甲集》中具体的事

---

① 谢国桢：《明清野史笔记概述》，《明史研究论丛》第1辑，江苏人民出版社1982年版，第36页。

例再现复社的组织过程。虽然这仅是全书中的一个具体问题，作者却使用了野史、笔记小说、文集、诗话等诸多史料。可见作者治史用力之勤、用书之完备。

第三，持论公允，对于东林党争的道德水准与历史作用有着清晰而客观的认识。前人常对东林抱以同情，认为东林党人以道德相标榜，表现出中国传统士人高尚的精神境界，在与政敌的斗争中又展现出巨大的自我牺牲精神，面对清人的铁骑与刀锋，他们又具有宁死不屈的反抗精神。因而，东林党人总是站在道德的制高点成为正义的一方。我们认为，虽然作者对东林党不惜赞美之辞，但作者也看到了中国传统社会中政治实践与道德伦理相分离的一面，东林党人过分以道德相标榜，以清流自诩，党见太深，对待政敌过于苛求，导致国家统治阶层太多的精力被内耗了，因此，东林党人对于明末动荡的政局和明朝的最终灭亡，不无责任。如，对于天启三年(1623)的京察，东林党人赵南星严打齐、楚、浙三党士人，作者说“岂知水清无鱼，教他们无以自新之路”。又如南明福王初立的时候，阮大铖曾因同乡之谊祭奠张溥，颇有与东林党和解的意思，但东林党人如雷演祚等相迫过甚，作者谓“君子不为已甚，东林党人的办法实在教人太难堪了”。所以，作者对于东林党执政能力的软弱与无能也并不回避，直击其害。

第四，以古喻今，用强烈的现实关怀激励起国民的民族抗争精神，抵御外敌，促进政治进步。该书撰成于国难当头之时，作者以党争和结社为线索来叙述明、清之际的历史，注重近古党社在中国社会中的地位。这是一部作者以饱含深沉的家国情感写成的专著。正如作者评价明末复社成员与普通民众抗清的事实时所说：“我们要明白的是明末清初的几个书呆子受压迫的民众，他们不怕清兵的铁蹄，就是粉身碎骨，他们都甘所不辞。这就是我中华民族的国民性，这就是我中华民族精神不死的地方。中华虽然屡遭外族的侵略，而能长久存在的精神在此。以往的先烈们，看来是失败了，但他们的成功，也就在此。诸君要注意，凡是为我民族造幸福，凡是事业成功的创造者，都是受压迫的人呀！”

谢国桢相关论著目录：

《顾宁人先生学谱》，上海商务印书馆 1930 年版，1957 年改称《顾亭林学谱》，由上海商务印书馆再版。

《黄梨洲学谱》，上海商务印书馆 1932 年初版，1956 年再版。

《孙夏峰、李二曲学谱》，上海商务印书馆 1932 年版。

《晚明史籍考》，北平图书馆 1933 年初版，1964 年上海中华书局增订，1981 年上海古籍出版社增订二版。

《明清之际党社运动考》，商务印书馆 1934 年初版，1982 年中华书局再版。

《清初流人开发东北史》，上海开明书店 1948 年版。1980 年改称《清初东北流人考》，编入《明末清初的学风》。

《清初农民起义资料辑录》，上海人民出版社 1956 年版。

《南明史略》，上海人民出版社 1957 年版。

《明清笔记谈丛》，上海中华书局 1960 年初版，1981 年上海古籍出版社再版，2004 年上海书店最新版。

《明代社会经济史料选编》(上、中、下)，福建人民出版社 1980 年版、1981 年版。

《明代农民起义史料选编》，福建人民出版社 1981 年版。

《明末清初的学风》，人民出版社 1982 年版。

《江浙访书记》，三联书店 1985 年版。

《两汉社会生活概述》，陕西人民出版社 1985 年版。

《史料学概论》，福建人民出版社 1985 年版。

明季社党研究(存目)

朱 倓

【评 介】

朱倓(1905—1980)，字仲娶、仲娴，号菊龄，浙江海盐人，著名史学家朱希祖的次女，罗香林的妻子。1923年，朱倓考进北京女子师范大学预科，两年后转入北京大学学习历史，1929年进入北京大学研究所国文门。1946年，担任广州市中山图书馆馆长，同时任教于广州文化大学及省立文理学院。1947年，当选为第一届“国民大会”南区教育会代表。1949年，移居香港地区，任香港粉岭从谦小学教员，直至退休。著有《国立中山大学图书馆善本题跋》《集贤注记辑校》《集贤注记集释》等论文，并有专著《班昭》。

朱倓在朱希祖众多儿女中，承其父学，对晚明史学颇有研究，并著有多篇论文。《明季社党研究》汇集作者关于晚明党社问题的八篇论文，这些论文大多刊于20世纪30年代前后，作者弘通广博，钩沉索隐，用力颇深。1945年辑录成书，由重庆商务印书馆出版。

这八篇论文以晚明东林党、复社、几社等党社的形成、发展、影响等问题为研究对象，广泛搜集资料、精密考证，对《东林点将录》《东林党人榜》等史籍纠其偏私、补其缺漏、明其真伪、正其疏误，同时旁征博引，阐发微意，不仅使关于东林党人及其著述、复社发展源流的脉络更为清晰而准确，同时也使该书成为研究明季党社问题的必读之书，乃至成为20世纪早期以来关于东林党相关问题研究的考证类经典之作。

《东林党人榜考证》一文最早发表于燕京大学《燕京学报》(1936年第19期)。她认为，所谓《东林党人榜》，乃阉党所撰，意在模仿宋代元祐党人碑，共列东林309人，以进行抓捕迫害。阉党于崇祯朝得到清算而败后，东林党人因反对阉党、罹患惨烈党祸而得贤名，故而世人以列于该榜为荣。但也有部分阉党遗留分子为避祸，对榜单进行了窜改，以致流传到后世的《党人榜》出现很多错谬。当时阉党用来诬陷、抓捕东林党人的其他名录如《东林点将录》《东林朋党录》《东林同志录》《东林籍贯录》《盗柄东林夥》《夥壤封疆录》《前锋后劲榜》《雷平录》《薙碑录》等也都遭到窜改。所以后人在进行东林党研究时，对相关史籍须鉴别真伪，辩证是非，不可盲目使用。故此，朱倓考订《党人榜》的版本、作者、颁行的时间，对《党人榜》中所列入的309人进行一一甄别，查漏补缺，纠其讹误，结论笃实可信。

关于流传后世的党人榜的版本，作者参酌陈鼎《东林列传》、钱人麟《东林别乘》、俞嘉言《明党祸始末记》、无名氏《酌中志余》诸书，同时使用各类志乘史籍资料，互相比较，斟酌是非，择善而从，去取有理有据。如在对党人榜中人物进行考订时，“倪思 倓案：《东林别乘》脱，今据《酌中志余》补”。“何如栋 倓案：《酌中志余》及《明史》，均作何栋如，此误”。“李思诚　此逆案中人，其后人贵显，且有文名，多方饰说，以为逆案属诬，此更指为东林党人，其谁欺”。如上述例子在《党人榜》中比比皆是，可见时人及后人窜改之甚。作者经过精密的考订析疑，详细钩稽，得出结论：榜单的309人中，有13人存在或为天启、崇祯时才登仕，或为复社中坚等情况，不可能在东林时期列于榜单；有9人为阉党，有9人无考，有3人因名字中的别字等原因而在榜单中重复。

《东林点将录考异》一文则发表于《国立中山大学文史学研究所月刊》(1933年第2卷第1期)。相较于阉党所撰的其他名录，《点将录》更为精炼地列着东林党的核心人物，同时该录遭到逆党窜改最为严重。“逆党复借《点将录》以为避罪复官之地，于是纷纷窜入此录，如阮大铖、郭鞏、许其孝、陈保泰、杨春茂等，皆私自改窜，致与诸正人相混淆，是不可不考者一也。《点将录》之作者，亦传闻异辞，以余所知，则有王绍徽、韩敬、邹之麟、阮大铖、魏广微、崔呈秀六说，究未知其孰是，是不可不考者二也。《点将录》既各自窜改，故其流传之本，亦各不同，就余所见，约有九种，如文秉《先拨志始》

本，钱人麟《东林别乘》本，康熙钞《酌中志余》本，正觉楼丛书《酌中志余》本，钞本吴应箕两朝剥复录本，计六奇《明季北略》本，某氏《遣愁集》本，阎若璩所见本，四库采进本，其中人名各有不同，究以何者为正本，何者为窜改之本，是不可不考者三也。”作者在该篇论文的引文段落阐明了著述缘由，从中可见明季史籍材料尤其党社史料的纷乱难理。

朱倓根据多种版本，较其异同，分别考订《东林点将录》的作者、人物、内容及版本。在对每个版本的可疑人进行排查时，作者条分缕析，思路异常清晰，以“版本—可疑人—可疑原因”的顺序对每一个人物进行了剖析，广征博引，在浩繁的史籍中搜罗择用人物相关事迹，以证明观点。通过精细的比较与分析，作者认为文秉《先拨志始》、钱人麟《东林别乘》均出于东林后裔，较为可信，其他各本皆经逆党窜改。各版本中，文秉的版本最善，吴应箕的版本殊异最多，而《酌中志余》版本则窜入了最多的逆党。

《东林著述考》一文发表于《广州学报》(1937 年第 1 卷第 1 期)。东林人物在《东林党人榜》《东林点将录》《东林同志录》《东林朋党录》《盗柄东林夥》《东林籍贯录》《夥坦封疆录》这七录的记载中有不下六七百人，他们在晚明时期势力浩大，影响着明季的政治、外交、文化各个方面，有左右朝政之力，改变了当时的学术风气，介绍西方之学。他们著述弘富，在当时文坛上占据了重要的地位。因此，作者不惮繁难，撰写此文。据作者搜罗所得，东林党人中有著述的大约为三百二十人，占到全数的一半，而著作共一千三百多种，以诗文集为最多，奏疏次之，经史杂记再次之。该文以东林党人姓氏笔画简繁为序，排比撰人及其著述，撰人下注明里贯，书名下注明出处，从而将东林著述详细地示之于学坛。作者认为，文学方面，“有公安体与竟陵体之创设”，“当时之代表作家，推赵南星、顾宪成、高攀龙等为胜，诗文均冲淡清远”，“钱谦益虽为贰臣，亦为东林之一，其诗文耿介不入俗，为明代文学之后劲，又为振兴清朝文学之先声，颇有名于文坛”。天文历数，“则绍介西洋历数于国内，如李之藻等是也”，“徐光启等继之，西洋之秘尽泄矣，当时徐光启虽未登东林党籍，然与东林闻人过往甚密，其文集中有此类记载者颇多”。理学方面，

"则有刘宗周、黄道周等之名一代"。史学方面,"则有陈邦瞻、朱国桢、茅维、丁元荐等之大成"。书画方面,"有董其昌、米万钟、李日华之特出"。将东林人士在诸方面的建树进行了全面的梳理,发前人之未发。

《明季南应社考》一文发表于《国立北京大学国学季刊》(1930 年第 2 卷第 3 期),《明季杭州读书社考》一文则发表于该刊的 1929 年第 2 卷第 3 期。应社、读书社皆为复社的组织来源。据作者考订,应社组织南北皆有,且皆以张溥为首领。但北方的应社,与南方者联络颇少,影响也有所不同。《明季南应社考》专考其在南方的人士。南应社又分为上江、下江,上江指今安徽省,下江指今江苏省。上江之应社源于匡社、南社,下江之应社源于拂水山房社。作者分别考究各社源流及其人物事迹,兼及著作。同时,读书社作为复社的重要组成部分,它源于小筑社,为浙江之劲者,由此作者考订了小筑、读书两社的源流及其人物。

《明季杭州登楼社考》一文发表于《广州学报》(1937 年第 1 卷第 2 期)。登楼社为读书社支流,历史记载相对较少,作者不畏其难而详为考述。登楼社社友大多后进,洁身自好,不与世俗纷争,专以文章之业为重,无复社、应社等游光扬声之习。该文考其命名由来、社约旨趣、社中人物及其气节等。

《明季桐城中江社考》一文发表于《国立中央研究院历史语言研究所集刊》(1930 年第 1 卷第 2 期)。朱倓是该刊最年轻的作者,同时也是第一位在该刊发表文章的女学人。桐城中江社的首领为阉党人物阮大铖,素与东林、复社相抗。该文以阮大铖的生平事迹为中心,说明中江社的缘起、组织及其终结。作者经过层层考证推演,阐明阮大铖窜改《东林点将录》等名录、复社《留都防乱公揭》遣逐大铖、大铖降清等事件,认为阮大铖是"亡明"三次之人,诸多罪证不可脱。故特别作了中江社考发凡,为党而不国者戒。中江社考是对复社党社之事的重要补充,是晚明党社之争的重要一环,作者能够不局限于对东林、复社单一视角的考证阐发,而从对立面入手,体现了作者周密审慎的学术态度。

《几社始末》一文对几社人物、组织、社约、发展及其影响进行了详细考订。几社，与复社并兴，而宗旨简严，专以取友会文为事，不干预朝政，所以能够绵延至四十年之久，且在后期发展支派甚繁，于明末清初学术艺文，影响深远。该文考几社与复社的异同，两社关系，分裂后的形势，参政行动与反清行动，为几社在学术上的地位进行界定。

近代以来，清朝腐朽，列强入侵，中华民族危机重重。时局动荡，为救亡图存，学界借古观今，开始关注起晚明的社会变革动势与士人士风，借此阐扬民族大义。谢国桢《明清之际党社运动考》乃拓荒之作，朱倓继踵其后，对明清易代时期党社运动进行了深入的考察，以上述八篇论文结集成《明季社党研究》。谢书和朱书意在理清明季政治史发展的基本线索，通过一系列人物事迹、党社组织发展的发掘，揭示晚明社会错综复杂的矛盾，从而把握历史运动的大势。他们都将问题的焦点集中于东林、复社等党社组织，一方面是因为明季党社时时关乎国家存亡，牵涉政坛纷纭，成为研究晚明历史不可忽视的主题；另一方面也是因为东林、复社群体里展现出了顽强的抗争精神。这样的研究旨趣在谢、朱以后从事东林党研究的学者们中罕见有之。

秉持着这样的研究意图，朱倓面对浩瀚的晚明史籍，开始抽丝剥茧，爬梳鉴别，努力寻求历史真实。她对东林、复社等党社组织开展的考订绝非易事，除去考证工作本身的辛苦而外，见存晚明史籍的文献特性给研究带来了不少障碍。其一，明季史料，经清代历次文字狱、史狱的摧烧禁毁，传世无多。故已刊者多毁弃，未刊者多隐蔽。后世虽然也有传抄者，但是大多改变面目，或是删改忌讳，或是颠倒是非。文献资料不足，真实性待考，极大地考验研究者的眼界和学识。其二，晚明党社纷纭复杂，出于不同集团成员之手的论述往往难以判断。对于同一历史事件，往往有多种说法，纠纷难理。所以面对复杂的晚明史籍，要想去搜寻人物、事件的个中隐曲，非得下一番功夫才行。只求助于正史、官书是无效的，必须要兼顾野史杂记；只看一家之言是不行的，首先需要审定作者为何党何派，不能天真地完全相信作者本人的申述，必须要听取其他人士的观点与态度，多方比较，从而鉴别史事之真伪，矫正事实。面对资料的重重困难以及风云激荡的社会现实，朱倓收拾烬余，整理史料，补苴连缀，考订史实，力图多侧面、多角度地还原历史原本的面貌。从该书的考证方面看，我们可以大致总结出以下特点：

第一，评价客观平允。治史之人首先必须要有科学精神、客观态度，超然于国家民族、政治党派、宗教、学术流派、文艺风俗之上，至公无私，不从个人喜好入手，以平等心观察研究对象，才能不偏不倚，还原历史真实，得出科学的结论。朱倓对东林党十分敬佩，高度评价他们在历史、学术上的地位和作用，但是她对于东林党也是知其弊端的，毫不避讳，如在《东林党人榜考证》一文中指出"考东林诸君子于万历天启时，与政府党争之烈，驾乎历代以上，虽国势危如累卵，外患纷至沓来，亦置而不顾"。所以作者不仅能够从东林、复社视角来看党争，同时也能从逆阉视角去挖掘史籍，考订桐城中江社、阮大铖的事迹来充实观点，不偏不倚。

第二，考辨采择严谨。鉴别史书、史事的真伪是考据工作不可或缺的重要一步。这是建立在前期广泛搜集资料、认真考证资料和慎重采择选用资料的基础之上的。朱倓之父、著名史学家朱希祖就在给谢国桢《晚明史籍考》撰写的序中提出过治史"三期说"①，把史学研究分为三个阶段。一是，"搜罗务期广博"，竭力搜采；二是，"考订务期精审"，有了丰富的史料却不缜密考证，就如同金铁未炼、泥沙未汰，不能成器皿。三是，"去取务权轻重"，需要立定标准。可以说，朱倓严格按照其父的治史经验来开展对明季党社的研究。首先，搜罗广博。作者在进行党人榜的考订时涉及对 309 个人物名单进行考订，在进行点将录的考订时涉及对 108 个人物名单进行考订，在进行《东林著述考》的考订时则更为繁难，东林六百多人有著作者三百多人，而著作则涉及千余种，面对这么巨大的工程，作者必须广泛搜集史籍才能做到全面无误。其次，考订精审。如在党人榜考证中，考订出窜改的情况是其中重要一环。作者分门别类，认为窜改入名录者有复社诸子，有魏党之人。根据《复社姓氏录》《复社姓氏传略》《东林别乘》

---

① 朱希祖：《初版本朱希祖先生序》，《增订晚明史籍考》，上海古籍出版社 1981 年版，第 1099~1100 页。

等史籍逐一鉴别复社诸子的情况，得出了实有 13 人的结论。作者根据地方志、《两朝剥复录》、《东林别乘》、《先拨志始》、《钦定逆案分款全录》等逐一鉴别魏党人物，得出实有 9 人的结论。只有像作者这样精密、不畏繁难的考证，才能保证历史原来面貌的展现。最后，标准权衡。在面对多种版本的史料时，朱希祖曾言，或“罗列各本，择善而定，其不善者，弃而不言”，或“择一本为主，罗列各本之异同”，“以存各本之真面，使后世读此书者，得参校其异同，斟酌其是非，择善而从”。朱倓效其父，在《东林点将录考异》一文中，将有关于《点将录》作者为何人的六种说法都一一列明，分别阐发。根据自己的考订结果表明个人观点和意见，有待于后来学者共察。

第三，重视野史稗乘。明朝野史稗乘较其他朝代最为繁富。谢国桢就说过：“余尝以为有明一代，史学最盛，若焦竑之《献徵录》，王世贞之《四部稿》，何乔远之《名山藏》，郑晓之《吾学编》，恢弘典则，蔚为巨观。沿及明末，著述尤繁，全祖望称‘明季野史，不下千家’。”①朱倓在撰写这八篇论文的过程中，不仅网罗逸闻、搜辑旧事，也广泛使用私人笔记、文集、诗话、诗集等传世文献，以补公家史料之不足。如仅仅《明季杭州读书社考》一文中，杂记有吴应箕《复社姓氏录》、杜登春《社事始末》等，文集有计东《改亭文集》、陈子龙《安雅堂稿》、钱谦益《牧斋全集》、黄宗羲《南雷续文案》等，诗话有朱彝尊《静志居诗话》，诗歌总集有朱彝尊《明诗综》等。在作者广泛运用野史稗乘的过程中，以诗文证史也成为其考证的一大特色。

第四，治史方法多样。作者善用比较法、统计学方法等来治史，这在《明季社党研究》一书中俯拾即是。比较法，即各版本、各说法的比较，从而辩证是非，确定比较可信的说法。作者惯用此法，让问题摆在台面上，逐一剖析解疑，使考证有理有据，在此就不一一列举。而统计学方法的运用更为作者的考证增添了不少亮点。统计学方法，即运用统计法进行史学研究，有利于研究的精确化、简洁化、系统化。在《东林点将录考异》一文中，作者对点将录的人名进行考异，

① 谢国桢：《增订晚明史籍考 · 自序》，上海古籍出版社 1981 年版，第 4 页。

分别将文秉《先拨志始》、钱人麟《东林别乘》、康熙钞本《酌中志余》、正觉楼丛书《酌中志余》、吴应箕钞本《两朝剥复录》、计六奇《明季北略》、赵吉士《寄园寄所寄》、阎若璩《潜邱札记》、四库全书提要本等版本列表格，对点将录的108人进行一一比较，去伪存真。这样的方法相较语言表述，更为直观简洁。

由于作者秉持客观求真的治史态度、严谨务实的治史规范，该书为我们勾勒出了晚明党社发展演变的基本面貌，使得该书成为20世纪东林党研究领域的一部力作，为后来学者减少了东林党研究的考据之苦，同时也提供了一个稽古钩沉、揭伪存真的学术示例。无论是她从事研究的诚挚态度，还是史料辨析和考证上的多元视角与方法，都对东林研究产生了影响。

朱倓相关论著目录：

《明崇祯刊本壬申几社文选跋》，《书林》1937年第1卷第2期。

《周秦名字解故跋》，《书林》1937年第1卷第3期。

《集贤注记辑释》，《说文月刊》1944年第4卷。

《明季社党研究》，重庆商务印书馆1945年版。

《班昭》，重庆胜利出版社1946年版。

东林党籍考(存目)

李 棪

【评 介】

李棪(1907—1996)，广东顺德人，字劲庵，亦作劲菴，号棪斋，史学家、文字学家。善书法，尤工篆、甲骨、章草。清末著名藏书家、金石学者李文田长孙。少年时师从苏宝盉学习古文辞，后进入香港大学学习。1932—1936 年入北京辅仁大学学习，求教于陈垣、胡适、黄节等学者，就读期间撰写论文《东林党籍考》。抗日战争爆发后，前往香港仔圣士提反中学任教。1952 年起执教英国伦敦大学和伯明翰大学。1964 年回港，历任香港大学客座教授、联合书院中文系主任、香港中文大学教授兼中文系主任，后任至香港中文大学文学院院长。主要研究领域为明史、古文字学。主要论著有《东林党籍考》《晚明分省进士考》《广东方志所见录》《辽东志校补》《清代禁毁书目考》《北美所见甲骨选粹》《卜辞贞人何在同版中之异体》《联合书院图书馆所获东莞邓氏甲骨简介》《山东侯马东周遗址出土春秋末期晋卿赵孟主盟的载书群》《棪斋诗稿》等。

《东林党籍考》一书为作者学生时代研读明清史籍时辑录、考订关于东林党人的事迹列传而成，1957 年由人民出版社出版。作者以明代天启五年(1625)权阉魏忠贤为大肆打击、迫害异己而颁行的“东林党人榜”为考订对象，为榜中 309 人作传。全书共分为四个部分，《序文》《凡例》《列传》《东林登科录》。《列传》部分为该书主体，作者原封不动地依照《东林党人榜》中的人物顺序，分别为榜上人物撰写小传。《东林登科录》则附于《列传》之后，是人物传记的重要参证。

东林党人的忠烈事迹为人所敬仰，对于东林党的研究也历来为史家所重视。自明末清初时就有不少史学家为东林党树碑立传，如陈鼎撰有《东林列传》，清朝官修《明史》中也包含有百位东林人物的事迹。然而，李棪发现“党人榜于朝堂者三百九人，《明史》不能人为之传，陈鼎《东林列传》亦复多所漏遗，其他若《酌中志余》所载者，姓名颠倒，莫可究诘”。为补前修之不足，李棪在浏览明季史籍、清初志乘时，“凡涉东林事迹，辄随手札记，积稿已盈尺，乃取榜中人物撰为列传”。同时，李棪在史料方面有着得天独厚的优势。邓之诚在该书序文既已称道：“道光以后，禁书流行。一时文士若戴望、周星诒、李慈铭皆抵掌谈沧桑间事。清初诸老，残编断简，珍若琳琅，搜求唯恐不备，成为风气。而文田屡掌文衡，星轺所历，随地求之，所得为独多。丹黄灿然，属于偏嗜，所谓‘民之秉彝，好是懿德’者欤。后四十年，其孙棪能读楹书，尝资以考订，如留都防乱揭，如禁书书目，皆有撰造，尤致力于东林党局。”因得益于祖父的收藏，李棪遍览明末清初诸书，其中包括不少坊间罕传之本。能够接触到如此丰富的史料，这对于李棪撰写《东林党籍考》一书大有裨益。

在全书的《凡例》中，李棪写道：“《明史》有传者(百十八人)，史文已详，不再趍录。唯别采史以外之事，以作互证。其附传(三十一人)附见(四十六人)而事迹不多者，及史所不收者(九十三人)，则参稽群书以考之。虽详略不等，而规模初具。若无可考者(二十一人)，暂付盖阙，而附其目，以俟他日续成。”也就是说，被列于《东林党人榜》的这309人，其中118人在《明史》中有专门的传记，传主在《明史》中的事迹就不重复出现在本书的小传中。《明史》传记中没有，而出现在其他书中的事迹，则适当采用。《明史》中没有专门的传记仅是附见于他人传记以及《明史》中根本不收录的，则广泛搜索参考其他书目，以成其人之小传。另有21人暂不可考，仅于本书凡例中列其姓名。

关于人物列传的体例，现举一例以窥其全貌。

左光斗列传第八

左光斗，字遗直，号浮丘。又字与之，号沧屿。南直隶桐城人。万历三十五年(丁未)进士，除中书舍人，选授御史。天启初，屡抗疏论事，三年擢大理丞进少卿。四年拜左佥都御史。光斗好为危言覈论，正人咸赖之，而忌者浸不能容，及赵南星、高攀龙相继去位，光斗亦以劾魏忠贤及魏广微三十二斩罪，与杨涟俱削籍，未几追论汪文言狱词，遂与涟等同毙狱，年五十一，崇祯初赠右都御史太子少保，不得易名。以其在西台多通少介，视学畿辅，不绝请托，有遗议也。福王时追谥忠毅。(参《明史(卷二四四)》《启祯野乘(卷五)》《剥复录(卷二)》《两朝遗诗(选一)》《三朝要典》《东林列传(卷三)》)

作者撰写传记的基本信息顺序为姓名、字号、籍贯、登科时间、官职履历、生平重要事迹。其中，生平事迹主要采择传主的东林事迹。小传结束后，均于每篇结尾列出文献来源。

该书在列传之后附有《东林登科录》，以参证人物小传。"明自成化弘治之间，吏部始定用翰林一人，而礼部非翰林出身者不得升入。隆庆以后，进士乃敢望九列之选。兹就东林榜所可考者二百八十八人之中，自嘉靖甲辰至天启壬戌二十二科凡得进士二百六十有六。"故而，作者在此部分的主要工作是考订嘉靖二十三年(1544)到天启二年(1622)之间，东林可考者288人中的进士266人的登科时间和主要事迹。《东林登科录》按登第的时间先后顺序排列传主，现举一例以窥其全貌。

嘉靖二十三年甲辰科秦鸣雷榜(一人)

是科陈士元天资超迈，学问渊博，县志称其著述之富，可上继杨升庵、朱郁仪云，事迹不多，卒年亦无考，不识其何故被黜于阉党，考士元生正德丙子，距万历乙卯梃击案起，已及百年，士元恐已死矣。存以俟考。

陈士元(列传一四一)，贯湖广德安府应城县军籍。国子生，治易经，字心叔，行一。年二十九，正德十一年丙子三月十四日生，湖广乡试第十四名，会试第二十五名，廷试二甲第七十五名。

从上例中，我们可以看出作者登科录的体例：第一，“嘉靖二十三年甲辰”为此次科举考试的时间。“秦鸣雷”是此次科考上榜的状元，故系以其名。括号内的“一人”则表明在此次科举考试中，东林人士中举者为一名。第二，“是科陈士元天资超迈……”这一段为作者考订史料而为该次中举的东林人士撰写的人物集传，与《东林党籍考》列传部分该传主的人物小传内容形成互补之势，各有偏向。如《列传》中关于陈士元的介绍仅为“陈士元，字心叔，号养吴，一号孟卿，湖广应城人。嘉靖二十三年进士，官至滦州知州”。第三，“陈士元，贯湖广德安府应城县军籍……”这一段当是抄录自明代进士的登科录原文，其基本内容不外乎姓名、籍贯、年岁、出生月日、三代、妻氏、曾经某科乡会试名次等。凭借历年的《登科录》，我们也可以爬梳东林人物关系——登第同年大多在日后结成盟友、共商国是。而科场的纷纭变化，也昭示着政治的走向，牵扯着各党各派的明争暗斗。作者通过简短的登科录小传，记述政事，点评人物，虽短小精悍，但是足以以之为线索，一览史事发展的脉络。

李棪的这部《东林党籍考》为东林研究领域里的考证类著述，与本档案上一部评介的作品——朱倓的《东林党人榜考证》一文可谓异曲同工，都是对“东林党人榜”的考订辑补，在20世纪东林党学术研究中都占据着重要的地位。既然为同类作品，不免会用来比较阅读，从中我们也可看出各自不同的特色、优点或不足。通过比较，我们可以发现二人对“东林党人榜”的考订各有不同之处。下面我们将一一列举。

第一，李、朱二人对“东林党人榜”考订所依据的版本有出入。《东林党籍考》曰：“明天启五年十二月乙酉，御史卢承钦乞将一切党人姓名罪状，榜示海内，使其躲闪无地，翻转无期。得旨，一切党人不拘曾否处分，俱著该部院会同九卿科道，从公查确，集议奏请，将姓名罪状，并节次明旨，刊刻成书，榜示海内。凡三百九人，见东林列传卷首，而伪字颇多。当时官刊，世无传本，惟《夥壞封疆录》《东林点将录》《东林籍贯》《东林同志录》《东林朋党录》《盗柄东林夥》《天鉴录》《东林胁从》诸书尚存旧钞，足资参考而已”。故李棪认为《东林党人榜》“当时官刊，世传无本”，只能以“伪字颇多”的《东林列传》

为主要版本，其余“尚存旧钞”的其他史料为参照，以此展开考证工作。而朱倓则认为“东林党人榜传于后世者，惟赖江阴陈鼎之《东林列传》，武进钱人麟之《东林别乘》，海昌俞嘉言之《明党祸始末记》及无名氏之《酌中志余》而已。”在进行具体榜单考订时，朱倓以钱人麟《东林别乘》为底本，其他版本为参校本，同时使用各类志乘史籍资料，斟酌是非，择善而从。版本取择、考订途径的不同自然带来了一些结果上的差异。

第二，人物姓名的考订结果各有不同。二人对东林党人榜上的少数人物姓名的考订结果出现分歧，甚至朱倓指出 309 人中有 3 人重复，而李棪失考。如对以下人物姓名的考订，两人结论相异：曹珍（李棪，下简称“李”）—田珍（朱倓，下简称“朱”），黄承昊（李）—董承业（朱），陈良弼（李）—陈良训（朱），韩琳（李）—韩霖。诸如此类的姓名考订差异共有十多处。更有甚者，朱倓根据相关史籍考订在这十多个姓名中，就有三人是因姓名误字而出现了重复现象，“方员度”与“方有度”为同一人，“李亥”与“李玄”为同一人，“张国纯”与“张国纪”为同一人。而在李棪的《东林党籍考》中，他并没有考证到方员度、李亥、张国纯的人物事迹，而方有度、李玄、张国纪却都有事迹可考，从中我们可见二人考订精细程度之不同。

第三，对榜中人物身份的考辨程度各有不同。在这一方面，李棪展现出的更多的是“考”，而朱倓则更多的在于“辨”——不唯榜单为是，对榜单人物的身份可信度首先提出质疑，这是朱倓的过人之处。朱倓指出，榜单因在流传的过程中出现很多窜改情况，不少复社人士和阉党人士皆入榜。她根据《复社姓氏录》《东林别乘》等史料考订出张永祯、陈新芝、朱灏、刘宪章、韩钟动、黄毓祺、贺王醇、赵德遴、刘起服、孟称光、刘斯陛、吴道坤、徐遵汤皆为复社中人，并且对他们的事迹加以介绍，其中包括姓名、字号、籍贯、登科等情况。而李棪的《东林党籍考》只考出黄毓祺一人的人物事迹，其他人皆无考证及介绍。阉党窜入榜单的情况也有不少，朱倓根据《两朝剥复录》《钦定逆案分款全录》等史料考订出顾宗孟、王元雅、李宗延、魏应嘉、吴宏业、史永安、李思诚、沈演、张道濬皆为阉党一派，后来才混入榜单。李棪在《东林党籍考》中对这些人物的事迹也多有介绍，其书中不乏他们为逆阉卖命、同流合污的活动记录，如对张道濬的评点：“张道濬，山西沁水人，天启中官锦衣指挥，屡加都指挥佥事佥书卫所，故与魏忠贤党杨维垣等相善。”但令人不解的是，《东林党籍考》一书并未对这些明显非东林党人提出质疑，乃至深层次地鉴别与研探，反而只是单纯地胪列出榜单人物的生平事迹。

从以上的比较分析中，我们可以明显地看出朱、李二书存在的差异。在考证辨析方面，《东林党籍考》一书的确还略欠更进一步的挖掘与问题探讨，但其校补之功不可磨灭。“清修《明史》，于榜中人物，强半不收。而陈鼎撰《东林列传》亦只举姓名较著之人。”(《明史》中只列有 118 人，《东林列传》也只有 180 多人的传记。) 如果将《东林列传》定位为《明史》的重要补充，那么李棪的《东林党籍考》则在辑录、考订方面做了更多的工作：着力考出 309 人的事迹，阙者唯 21 人而已。该书的特色正在于，疏其经历，补其漏缺，为东林党人士树碑立传，务欲补前人列传之不足。

李棪相关论著目录：

《玲珑本汉西岳华山庙碑考》，《考古》1936 年第 4 期。

《东林党籍考》，人民出版社 1957 年版。

东林派与王学修正运动

嵇文甫

明代思想解放的潮流，从白沙发端，及阳明而大盛，到狂禅派而发展到极端。于是乎引起各方面的反对，有的专攻击狂禅派或王学左派，有的竟直接牵涉到阳明，这里面最有力量能形成一个广大潮流的，要推东林派。此派以学术影响政治，在晚明历史上放过极大的光辉。其代表人物为顾泾阳与高景逸，而泾阳之弟泾凡亦其卓卓者，兹分述其讲学大旨如后：

顾宪成字叔时，别号泾阳，无锡人。生于嘉靖二十九年(1550)，卒于万历四十年(1612)，寿63岁。历仕至文选司郎中，因忤时相王锡爵，削籍归。乃兴复东林书院，大会四方之士，讲学其中，尝言“官辇毂，念头不在君父上；官封疆，念头不在百姓上；至于水间林下，三三两两，相与讲求性命，切磨道义，念头不在世道上；即有他美，君子不齿也”。故会中多裁量人物，訾议国政。天下君子以清议归于东林，而庙堂亦有所畏忌。后复起，为南京光禄少卿，乞致仕，党祸作，泾阳久已死，乃追夺其官。崇祯间，赠吏部右侍郎，谥端文。

泾阳少问学于薛方山，固亦王门后裔。但因目击王学末流之弊，遂昌言排之。其攻击目标，集中于“无善无恶”四字。如云：

> 管东溟曰：“凡说之不正而久流于世者，必其投小人之私心，而又可以附于君子之大道者也”。愚窃谓“无善无恶”四字当之。何者？见以为心之本体原是“无善无恶”也，合下便成一个“空”。见以为“无善无恶”，只是心之不着于有也，究竟且成一个“混”。“空”则一切解脱，无复挂碍，高明者入而悦之，于是

> 将有如所云：以仁义为桎梏，以礼法为土苴，以日用为缘尘，以操持为把捉，以随事省察为逐境，以讼悔迁改为轮回，以下学上达为落阶级，以砥节砺行为意气用事者矣。“混”则一切含糊，无复拣择，圆融者便而趋之，于是将有如所云：以任情为率性，以随俗袭非为中庸，以阉然媚世为万物一体，以枉寻直尺为舍其身济天下，以委曲迁就为无可无不可，以猖狂无忌为不好名，以临难苟免为圣人无死地，以顽钝无耻为不动心者矣。由前之说，何善非恶；由后之说，何恶非善。是故欲就而诘之，彼其所占之地步甚高，上之可以附君子之大道；欲置而不问，彼其所握之机括甚活，下之可以投小人之私心。即孔孟复作，其亦奈之何哉！此之谓以学术杀天下万世。(《小心斋札记》卷十八)
>
> 无善无恶四字，最险最巧。君子一生，兢兢业业，择善固执，只着此四字，便枉了为君子；小人一生，猖狂放肆，纵意妄行，只着此四字，便乐得做小人。语云：“埋藏君子，出脱小人”。此八字乃“无善无恶”四字膏肓之病也。(《还经录》)

这两段话推究“无善无恶”四字的极弊，穷形尽相，深恶痛绝，句句是针对左派王学而发。本来这四个字出自阳明，但阳明并没有多讲过。至左派诸人，才标此四字为宗旨，大加发挥。如周海门在南都讲会中，就拈出《天泉证道纪》作题目。当时许敬庵谓“无善无恶”不可以为宗，故作《九谛》以难之，海门乃作《九解》以伸其说，双方针锋相对，实为当时思想界一大公案。至泾阳所斥种种弊病，大概也都是当时的实况。综括来说，不外乎猖狂无忌，破坏名教而已。从“无善无恶”，到猖狂无忌，破坏名教，本也是很自然的趋势。左派诸人如颜山农何心隐以至李卓吾等，不都可说是无忌惮而出乎名教外么？泾阳明白说道：

> 东坡讥伊川曰，“何时打破这敬字？”愚谓近世如王泰州座下颜何一派，直打破这敬字矣。(《小心斋札记》卷九)

打破敬字，就是说他们猖狂无忌。泾阳又明斥龙谿道：

> 详释龙谿之旨，总是要人断名根。这原是吾人立脚第一义。“人不知而不愠”，“遁世不见知而不悔”，圣人已如此说了，却何等说得正当。龙谿乃曰，“打破毁誉关，即被恶名埋没一世，不得出头，亦无分毫挂带”，则险矣。这便是为无忌惮之中庸立了一个赤帜。王塘南比诸洪水猛兽，有以也。且人不特患有名根，又患有利根。……若利根不断，漫说要断名根，吾恐名根愈死，则利根愈活，个中包裹藏伏有不可胜言者。季时尝言，“不好名三字是恣情纵欲的引子”，良可味也。(《南岳商语》)

东林派以名节相砥砺，所以对于“不好名”，“打破毁誉关”，一类口号，直看作洪水猛兽，本来左派诸人都是敢作敢为的。他们有时候为目的不择手段，大刀阔斧，横劈将去，些少受一点血腥污染，他们是满不在乎的。他们都好讲“万物一体”，不屑做洁身自好的儒生，而要做舍身救世的英雄好汉。为着“一体不容已之情”，他们把身体名誉乃至节操都可牺牲，罗近溪为帮助一妇人救其丈夫而不惜行贿，康德涵失身刘瑾之门以救知己，而李卓吾称之。他们只知发挥其“一体不容已之情”，什么世俗的礼义节行都在所不顾了。所以泾阳说：

> 程伯子曰：“仁者浑然，物同体”，只此一语已尽，何以又云：“义礼智信皆仁也?”始颇疑其为赘。及观世之号识仁者，往往务为圆融活泼，以外媚流俗而内济其私；甚而蔑弃廉耻，决裂绳墨，闪烁回互，诳己诳人，曾不省义礼智信为何称，犹偃然自命曰仁也，然后知伯子之意远矣。(《小心备札记》卷一)

又引吴悟斋指斥龙谿的话道：

> 诚恐此老不察……不复向羞恶辞让是非用一针，即所谓恻隐者未免认贼作子，将一传而此学为世戒。(同上)

浑然一体之中，而义礼智信皆具。离开义礼智信而专讲仁，则仁亦不成其为仁了。孟子不肯再请发棠以救饥民，而说那是冯妇的行径，“众皆悦之，其为士者笑之”。又说：“今有同室之人斗者，救之，虽被发缨冠而往救之可也。乡邻有斗者，被发缨冠而往救之则惑也，虽闭户可也。”这是儒家的正宗思想。若龙谿诸人却不管这些。他们不论斗者是同室，或乡邻，都要被发缨冠而往救之，决不肯闭户。他们不管什么冯妇不冯妇，为士者笑不笑，只要能救了饥民，虽三请五请十请八请，“强聒不舍”，“上下见厌”，都可以的。他们不怕负“污辱之名，见笑之行”。他们尽可以“从井救人”。他们这种行径，不合于“儒”，而倒近于“侠”。“侠”是不能循规蹈矩的，并且有时候是干犯名教的。他们的道德伦理观念，根本另是一路。有人论何心隐道：

> 人伦有五，公舍其四，而独置身于师友贤圣之间，则偏枯不可以为训。(见李卓吾《焚书》的《何心隐》)

心隐既不做官，而又离开家庭，终年求师访友，漂泊在外，这便是舍了君臣父子兄弟夫妇四伦而独留朋友一伦。其实不止心隐如此，左派诸人自龙谿心斋以下几乎都是这样。特别是邓豁渠李卓吾，他们干脆出家了。卓吾说：

> 非但释迦，即孔子亦然。孔子之于鲤，死也久矣，是孔子未尝为子牵也。鲤未死而鲤之母已卒，是孔子未尝为妻系也。三桓荐之，而孔子不仕，非人不用孔子，孔子自不欲用也。视富贵如浮云，惟与三千七十，游行四方，西至晋，南至楚，日夜皇皇，以求出世知已。是虽名为在家，实终身出家者矣。故予谓释迦佛辞家出家者也，孔夫子在家出家者也。(《书黄安二上人手册》)

他竟然把孔子当作出家人，周游列国，乃是求出世知已，这是何等大胆的怪论。中国社会向来以家族制度或宗法制度为一切伦理道德的中心，一出家便把所有传统的纲常名教都抛弃了。佛教在中国所以始终被一般士大夫斥为异端者，其主因即由于此。但左派诸人是不拘守儒家门户的，是不顾士大夫体貌规格的，他们冲破宗法制度的藩篱，作一个江湖侠客，游方道人，急急皇皇，以朋友为性命。何心隐死，至开程后台之棺而合葬焉。像这样路数，那能不遭东林派的攻击呢？泾阳把一切流弊都归到“无善无恶”四字上，而认为这四个字在理论上本站不住，阳明当初立说本就有毛病。所以他不仅把后来流弊尽量揭发，并且更进一步，从理论上对阳明作根本的攻击。他说：

佛学三藏十二部五千四百八十卷，一言以蔽之曰：“无善无恶”。第辨四字于告子易，辨四字于佛氏难，以告子之见性粗，佛氏之见性微也；辨四字于佛氏易，辨四字于阳明难，在佛自立空宗，在吾儒则阴坏实教也。夫自古圣人，教人为善去恶而已。为善为其本有也，去恶去其本无也。本体如是，工夫如是，其致一而已矣。阳明岂不教人为善去恶？然既曰“无善无恶”，而又曰“为善去恶”，学者执其上一语，不得不忽其下一语也。何者？心之体无善无恶，则凡所谓善与恶，皆非吾之所固有矣；皆非吾之所固有，则皆情识之用事矣；皆情识之用事，则皆不免为本体之障矣，将择何者而为之？未也。心之体无善无恶，则凡所谓善与恶，皆非吾之所得有矣；皆非吾之所得有，则皆感遇之应迹矣；皆感遇之应迹，则皆不足为本体之障矣，将择何者而去之？犹未也。心之体无善无恶，吾亦无善无恶已耳。若择何者而为之，便未免有善在；若择何者而去，便未免有恶在。若有善无恶，便非所谓无善无恶矣。阳明曰：四无之说，为上根人立教；四有之说，为中根以下人立教。是阳明且以无善无恶扫却为善去恶矣。既已扫之，犹欲留之。纵曰：为善去恶之功，自初学至圣人究竟无尽，彼直见以为是权教，非实教也。其谁肯听？既已拈出一个虚寂，又恐人养成一个虚寂。纵重重教戒，重重嘱咐，彼直以为是为众人说，非为吾辈说也。又谁肯听？夫何故？欣上而厌下，乐易而苦难，人情大抵然也。投之以所欣，而复困之以所厌；畀之以所乐，而复撄之以所苦，必不行矣。故曰：惟其执上一语，虽欲不忽下一语而不可得。至于忽下一语，其上一语虽欲不弊而不可得也。罗念庵曰：“终日谈本体不说工夫，才拈工夫便以为外道，使阳明复生亦当攒眉”。王塘南曰：“心意知物皆无善无恶，使学者以虚见为实悟，必依凭此语，如服鸩毒，未有不杀人者”。海内有号为超悟而竟以破戒负不韪之名，正以中此毒而然也。且夫四无之说，主本体言也。阳明方曰，是接上根人法，而识者至等之鸩毒。四有之说，主工夫言也。阳明第曰，是接中根以下人法，而昧者遂等之外道。然则阳明再生，目击兹弊，将有摧心扼腕不能一日安者，何但攒眉已乎！(《与孟白》)

此就天泉证道一案，反覆推勘，逐层批驳，对阳明深致遗憾，明快警透，此许敬庵“九谛”之说有力多了。他更直比阳明于告子道：

阳明之无善无恶，与告子之无善无恶不同。然费个转语，便不自然。假如有人于此，揭兼爱为仁宗，而曰我之兼爱与墨氏之兼爱不同；揭为我为义宗，而曰我之为我与杨氏不同也，人还信之否？(《商语》)

只要讲无善无恶便与告子同流，更不许下一转语。他又说：

近世喜言无善无恶。就而叩其旨，则曰：所谓无善，非真无善也，只是不着于善耳。予窃以为经言无方无体，是恐着了方体也；言无声无臭，是恐着了声臭也；言不识不知，是恐着了识知也。何者？吾之心原是超出方体声臭识知之外也。至于善，即是心之本色，说恁着不着？如明是目之本色，还说得个不着于明否？聪是耳之本色，还说得个不着于聪否？又如孝子，还可说莫着于孝否？如忠臣，还可说莫着于忠否？昔阳明遭宁藩之变，日夕念其亲不置。门人问曰：“得无着相？”阳明曰：“此相如何不着？”斯言足以破之矣。(《小心斋札记》)

用阳明自己的话打破“不着于善”之说，直使无善无恶论者无处可以躲闪。本来无善无恶，照周海门的说法，是：

维范世俗，以为善去恶为提防，而尽性知天，必无善无恶为究竟。无善无恶，即为善去恶而无迹；而为善去恶，悟无善无恶而始真。教本相通不相悖，语可相济难相非。此天泉证道之大较也。今必以无善无恶为非然者，见为无善，岂虑入于恶乎？不知善且无，而恶更从何容，无病不须疑病；见为无恶，岂疑少却善乎？不知恶既无，而善不必再立，头上难以安头。故一物难加者，本来之体；而两头不立者，妙密之言。是为厥中，是为一贯，是为至诚，是为至善，圣学如是而已。经传中言善字固多善恶对待之善，至于发心性处，善率不与恶对。如中心安仁之仁不与忍对，主静立极之静不与动对。《大学》善上加一至字，尤自可见。荡荡难名为至治，无得而称为至德。他若至仁至礼等，皆因不可名言拟议而以至名之。至善之善，亦犹是耳。夫惟善不可名言拟议，未易认识，故必以明善乃可诚。若使对待之善，有何难辨，而必先明乃诚耶？“天地贞观”，不可以贞观为天地之善；“日月贞明”，不可以贞明为日月之善；“星辰有常度”，不可以常度为星辰之善。岳不以峙为善，川不以流为善。“人有真心”而莫不饮食者此心，饮食岂以为善乎？“物有正理”，而鸢飞鱼跃者此理，飞跃岂以为善乎？(《九解》中的第一二两解)

前段只讲个至善无善的意思，后段只讲个天机自然不可以善恶名的意思，完全是一种自然主义。他看人生种种活动都和鸢飞鱼跃山峙川流一般。这些自然现象是超善恶的，人与自然为一体，所以也是超善恶的。无善无恶者，超善恶之谓也。超善恶的善，才是至善。这都是自然主义者常有的论调。但关于善恶问题，是否能作自然主义的解释，人之道德行为是否能像渴饮饥食一样，这里面还大有讨论余地。“圣人贵名教，老庄明自然”，这种判别由来久矣。一般道学家受佛老影响，虽然对“名教”和“自然”的问题多持“将无同”的调和态度；但是如果自然主义的色彩太浓厚了，究竟和儒者名教主义的根本精神有点冲突。东林派特别强调的提倡名教，其反对自然主义的无善无恶论，那当然是无足怪的了。泾阳还批评阳明道：

> 阳明先生开发有余，收敛不足。当士人桎梏于训诂辞章间，骤而闻良知之说，一时心目俱醒，恍若拨云雾而见白日，岂不大快！然而此窍一凿，混沌遂亡。往往凭虚见而弄精魂，任自然而藐兢业。陵夷至今，议论益玄，习尚益下，高之放诞而不经，卑之顽钝而无耻。仁人君子又相顾裴回，喟然太息，以为倡始者殆亦不能无遗虑焉，而追惜之。(《小心斋札记》卷三)
>
> 阳明先生曰："求诸心而得，虽其言之非出于孔子者，亦不敢以为非也，求诸心而不得，虽其言之出于孔子者，亦不敢以为是也。"此两言者，某窃疑之。夫人之一心，浑然天理。其是天上之真是也，其非天下之真非也。然而能全之者几何？惟圣人而已矣。自此以下，或偏或驳，遂乃各是其是，各非其非，欲一一而得其真，吾见其难也。故此两言者，其为圣人设乎？则圣人之心虽千百载而上下冥合符契，可以考不谬，俟不惑，无有求之而不得者。其为学者设乎？则学者之去圣人远矣，其求之或得或不得宜也。于此正应沈潜玩味，虚衷以俟，更为质诸先觉，考诸古训，退而益加培养，洗心宥密，俾其浑然者果无愧于圣人，如是而犹不得，然后徐断其是非未晚也。苟不能然，而徒以两言横于胸中，得则是，不得则非，其势必至自专自用，凭恃聪明，轻侮先圣，注脚六经，无复忌惮，不亦误乎？阳明尝曰："心即理也。"某何敢非之。然而言何容易！孔子七十从心不逾矩，始可以言心即理，七十以前一尚不知如何也。颜子其心三月不违仁，始可以言心即理，三月以后尚不知如何也。若漫曰心即理也，吾问其心之得不得而已，此乃无星之秤，无寸之尺，其于轻重长短，几何不颠倒而失错哉？(《与李见罗》)

阳明给当时思想界打一吗啡针，把垂死的道学又复苏生起来。其激动当时人心，真如泾阳所说："一时心目俱醒恍若拨云雾而见白日。"然而也正如泾阳所说："七窍凿而混沌亡"，连阳明也要为之惊惶失措了。自信本心，不以孔子之是非为是非，议论越痛快，越惊醒人，其流弊也越大。这是近代学者最喝采的地方，却也正是泾阳所最不安而急欲加以挽救的地方。泾阳自己标出宗旨道：

语本体只是性善二字，语工夫只是小心二字。(《小心斋札记》)

这两句话看似平平淡淡，老生常谈；但其实全是切合时弊，针对着王学末流而发。断然要讲“性善”，不能说无善无恶；必须“小心”，不能放任自然，以至猖狂无忌惮。泾阳一切理论大体上可以总摄于此了。

顾允成字季时，别号泾凡，泾阳之弟也。生于嘉靖三十三年(1554)，卒于万历三十五年(1607)，寿54岁。

泾凡初与泾阳同游薛方山之门，后又同讲学于东林书院，见义必为，其激扬振厉处似更过泾阳。一日，喟然而叹。泾阳曰：“何叹也?”曰：“吾叹夫今之讲学者，恁是天崩地陷，他也不管，只讲学耳”。泾阳曰：“然则所讲何事?”曰：“在缙绅只明哲保身一句，在布衣只传食诸侯一句。”泾阳为之慨然。观此可想见其风采。他有许多这一类富于刺激性的言论，如：

三代而下，只是乡愿一班人名利兼收，便宜受用；虽不犯手弑君弑父，而自为忒重，实埋下弑君弑父种子。

夫假节义乃血气也，真节义即理义也。血气之怒不可有，理义之怒不可无。理义之气节，不可亢之而使骄，亦不可抑之而使馁。以义理而误认为血气，则浩然之气且无事养矣。近世乡愿道学，往往借此等议论，以消铄吾人之真元，而遂其同流合污之志。其言最高，其害最远。

平生左见，怕言中字；以为我辈学问须从狂狷起脚，然后能从中行歇脚。凡近世之好为中行，而每每堕入乡愿窠臼者，只因起脚时便要做歇脚事也。(以上皆《小心斋札记》)

王学左派骂乡愿，泾凡也骂乡愿。但左派走的是阔略不掩的狂者一路，泾凡走的却是砥砺廉隅的狷者一路。自然，泾凡是不会赞成这种说法的，因为他看左派诸人简直是洪水猛兽，决不肯承认他们是狂者。要说左派诸人是狂者，那只能用另一种含义，就是说他们猖狂无忌罢了。他也极力攻击无善无恶四字。

> 无善无恶，本病只是一个空字，末病只是一个混字。故始也见为无一之可有，究也且无一不可有；始也等善于恶，究也且混恶于善。其至善也，乃其所以为至恶也。(同上)
>
> 朱子尝曰："孟子一生，费尽心力，只破得枉尺直寻四字；今日讲学家只成就枉尺直寻四字。"愚亦曰："孟子一生，费尽心力，只破得无善无恶四字；今日讲学家只成就无善无恶四字。"(同上)

这种论调和泾阳一样。他自言其用功门路道：

> 上不从玄妙门讨入路，下不从方便门讨出路。(同上)

从玄妙门入，即流于"空"；从方便门出，即流于"混"。左派诸人正在这上面把佛老申韩搅成一团，这是东林派所最反对的。泾凡又说：

> 炎祚之促，小人促之也；善类之殃，小人殃之也；绍圣之纷更，小人纷更之也。今不归罪于小人，而反归罪于君子；是君子既不得志于当时之私人，而仍不得志于后世之公论；为小人者，不惟愚弄其一时，仍并后世而愚之也。审如其言，则将曰：比干激而亡商，龙逢激而亡夏，孔子一矫而春秋遂流为战国，孟子与苏秦张仪分为三党而战国遂吞于吕秦，其亦何辞矣！(同上)

这真是快论！激浊扬清，善善恶恶，一扫模棱两可，严于责君子而宽于责小人的弊习，最足表现东林派的特殊学风。

高攀龙字存之，别号景逸，无锡人。生于嘉靖四十一年(1562)，卒于天启六年(1626)，寿65岁。初为行人，因劾王锡爵谪归。遂与泾阳讲学于东林书院，在林下者二十八年。天启初复起，历仕光禄寺丞少卿太常大理太仆卿刑部侍郎左都御史。纠大贪御史崔呈秀。奄祸作，自沉水死。崇祯初，赠太子少保兵部尚书，谥忠宪。

景逸之学，得力静坐。当其谪赴揭阳时，于舟中厚设蓐席，严立规程，半日读书，半日静坐，于凡诚敬主静观喜怒哀乐未发默坐澄心体认天理等一一行之。立坐食息，念念不舍。夜不解衣，倦极而睡，睡觉复坐，于前诸法反覆更回。心气清澄时，便有塞乎天地气象。第不能常。在路二月，幸无人事，而山水清美，主仆相依，寂寂静静。晚间命酒数行，停舟青山，徘徊碧涧。时坐磐石，溪声鸟韵，茂树修篁，种种悦心，而心不着境，过汀州，陆行，至一旅舍。舍有小楼，前对山，后临涧。登楼甚乐。偶见明道先生曰："百官万务兵革百万之众，饮水曲肱，乐在其中。万变俱在人，其实无一事"。猛省曰："原来如此！实无一事也"。一念缠绵，斩然遂绝。忽如百斤担子，顿尔落地；又如电光一闪，透体通明。遂与大化融合无际，更无天人内外之隔。至此见六合皆心，腔子是其区宇，方寸亦其本位。神而明之，总无方所可言也。自此工夫日进。丙午，方实信孟子性善之旨；丁未，方实信程子鸢飞鱼跃与必有事焉之旨；辛亥，方实信《大学》知本之旨；壬子，方实信《中庸》之旨。甲寅以后，涵养愈粹，工夫愈密。到头学力，自云"心如太虚，本无生死"。由此可知其造诣之深。他认为静定工夫不可少，其理由是：

> 盖各人病痛不同。大圣贤必有大精神，其主静只在寻常日用中。学者神短气浮，须数十年静力，方得厚聚深培。而最受病处，在自幼无小学之教，浸染世俗，故俗根难拔。必埋头读书，使义理浃洽，变易其俗肠俗骨；澄神默坐，使尘妄消散，坚凝其正心正气乃可耳。(《自序为学次第》)

以静坐补小学收放心一段工夫，程子早有此说。后来双江归寂，念庵主静，都是一脉相传。景逸自从其得力处立论，亦仍是走他们那一路也。他专写一篇《静坐说》，大意谓：

> 静坐之法，不用一毫安排，只平平常常，默然静去。此平常二字不可容易看过，即性体也。以其清净不容一物，故谓之平

常。画前之易如此，人生而静以上如此，喜怒哀乐未发如此。乃天理之自然，须在人各各自体贴出，方是自得。静中妄念强除不得，真体既显，妄念自息；昏气亦强除不得，妄念既净，昏气自清。只体认本性原来本色，还他湛然而已。大抵着一毫意不得，着一毫见不得。才添一念，便失本色。由静而动，亦只平平常常，湛然动去。静时与动时一色，动时与静时一色。所以一色者，只是一个平常也。故日无动无静。学者不过借静坐中认此无动无静之体云尔。静中得力，方是动中真得力；动中得力，方是静中真得力。所谓敬者此也，所谓仁者此也，所谓诚者此也。是复性之道也。

静坐之法，唤醒此心，卓然常明，志无所适而已。志无所适，精神自然凝复。不待安排，勿着方所，勿思效验。初入静者，不知摄持之法，惟体贴圣贤切要之言，自有入处。静至三日，必臻妙境。

景逸在揭阳道上深深做过一番静功，等于他的龙场一悟。对于静坐一道，他是确有所得的。然而他不喜欢“张皇说悟”，把旁人认为妙境的，只当作“平常”看，所以讲得格外平易近人。他自述道：

某自甲午年赴谪所，从万山中盘石上露出本来面目，修持十五年，只觉一毫尚在。去年一化，方知水穷山尽处耳。虽然，圣解一破立尽，凡情万叠难销。古德牧之为牛，某则奉之为君。夫何为哉？恭己正南面而已。(《答瞿洞观》)

旁人一悟便了，他却认为悟后才正好下工夫。凡情习心，重重叠叠，非用长期工夫是不能脱胎换骨的。大概东林派有鉴于王学末流猖狂之病，渐转人稳健一路。东林书院既遵用朱子白鹿洞书院学规，而景逸用工夫处亦概属程朱主敬法门。试看他语录上说：

朱子立主敬三法：伊川整齐严肃，上蔡常惺惺，和靖其心收敛不容一物，言敬者总不出此。然常惺惺，其心收敛，一着意便

> 不是。盖此心神明，难犯手势。惟整齐严肃，有妙存焉。未尝不惺惺，未尝不收敛。内外卓然，绝不犯手也。

明明归宗“主敬”，并且特别着落在“整齐严肃”四字上，惟恐稍涉玄虚，可想见其学风之笃实。他说：

> 尝妄意以为今日之学，宁守先儒之说，拘拘为寻行数墨，而不敢谈玄说妙，自陷于不知之妄作；宁禀前哲之矩，硁硁为乡党自好，而不敢谈圆说通，自陷于无忌惮之中庸。积之既久，倘习心变革，德性坚凝，自当恍然知大道之果不离日用常行，而步步踏实地，与对塔说相轮者远矣。(《与叶台山》)

不尚玄妙，不尚圆通，也是针对王学末流而发。他批评王学道：

> 姚江之弊，始也扫闻见以明心耳，究且任心而废学，于是乎诗书礼乐轻而士鲜实悟，始也扫善恶以空念耳，究且任空而废行，于是乎名节忠义轻而士鲜实修。(《崇文会语序》)
>
> 谈良知者，致知不在格物，故虚灵之用多为情识，而非天则之自然，去至善远矣。吾辈格物，格至善也。以善为宗，不以知为宗也。故致知在格物，一语而儒释判矣。(《答王仪寰》)

“诗书礼乐”是“博学于文”，“名节忠义”是“行己有耻”，和后来顾亭林的论调已有些类似了。格物之说，从王返朱。以“善”为宗，亦正针对着“无善无恶”之说。景逸又谓：

> 本体本无可指，圣人姑拈一“善”字；工夫极有多方，圣人惟拈一“敬”字。(《邹顾请益》)

和泾阳“性善”与“小心”之说如出一口，这可以说是东林派理论的核心。黄梨洲说：“东林之学，泾阳导其源，景逸始入细”。可知景逸在东林派地位之重要了。

以上所述顾高二子，为东林首要。当时东林既以清议所归而为奸邪所忌，故后来所谓东林者，依草附木者有之，随便诬指者有之，不必其果曾参与东林讲席者也。周亮工曰：

> ……适忠宪起为总宪，风裁大著，疏发御史崔呈秀之赃。呈秀遂父事忠贤，日嗾忠贤曰，“东林欲杀我父子”。忠贤初不知东林为何地，东林之人为何人，辄曰，“东林杀我”。既而杨左诸公交章劾珰，珰益信诸人之言不虚也。于是有憾于诸子者，牵连罗织，以逢逆珰之恶。银珰大狱，惨动天地。遂首毁京师书院，而天下之书院俱毁矣。……朝廷之上，另用一番人。政事日新，议论日奇。刑尚苛刻，而以言宽大者为东林；饷主加派，而以言减免者为东林；贼议款抚，而以言战剿者为东林；至政本之地，司马之堂，前后闻凶，俱衣绯办事，而以言终制言纲常者为东林。于时至清无徒闭门博古之黄官詹，且纠之为老妖，诬之为立帜，降谪不已系逮之，诏狱不已廷杖之，烟戍不已永戍之。及刘总宪被斥出都，破帽蒙头，旧部民京兆父老十余人为之牵驴洒泣，乃政本大老方侈以为得计。嗟嗟！覆亡之祸，岂尽关气数哉！(《书东林书院印后》)

梨洲亦曰：

> 东林讲学者，不过数人耳；其为讲院，亦不过一郡之内耳。昔绪山二溪，鼓动流俗，江浙南畿，所在设教，可谓之标榜矣，东林无是也。京师首善之会，主之者为南皋少墟，于东林无与。乃言国本者谓之东林，争科场者谓之东林，攻逆阉者谓之东林，以至言夺情奸相讨贼，凡一议之正，一人之不随流俗者，无不谓之东林。若是乎东林标榜，遍于域中，延于数世。东林何不幸而有是也！东林何幸而有是也！然则东林岂真有名目哉？亦小人者加之名目而已矣。论者以东林为清议所宗，祸之招也。子言之：“君子之道，譬则坊与。”清议者，天下之坊也。夫子之议臧氏之窃位，议季氏之旅泰山，独非清议乎？清议息而后有美新之上

言，媚阉之红本。故小人之恶清议，犹黄河之碍砥柱也。熹宗之时，龟鼎将移，其以血肉撑拒，没虞渊而取坠日者，东林也。毅宗之变，攀龙髯而蓐蝼蚁者，属之东林乎？属之攻东林者乎？数十年来，勇者燔妻子，弱者埋土室，忠义之盛，度越前代，犹是东林之流风余韵也。一堂师友，冷风热血，洗涤乾坤。无知之徒，窃窃然从而议之，可悲也夫。(《明儒学案》卷五十八)

观黄周二氏所论，可知东林派和晚明政局的关系。至于在学术上的立场，他们虽然有时候表示从王返朱的倾向，但实际上他们的学风终不类朱，而倒和王学右派相接近，是“尊德性”一路，而不是“道问学”一路。曾文正公批评他们：“排王氏而不塞其源，是五十步笑百步之类”。所以与其说他们是王学反对派，不如说他们是王学修正派，他们究竟还是从王学中演化出来的。当时作王学修正运动的，除东林派以外，还有许多人。如李见罗，本出邹东廓之门，后来自出手眼，特拈“止修”二字，以为孔曾嫡传，对于王学多效诤议，一时影响很大。如许敬庵，以“九谛”难无善无恶之说，将阳明宗旨极力从左派异说中救拔出来。如邹南皋与冯少墟讲学首善书院，虽相戒不言朝政，但大旨仍近东林。直到清初的孙夏峰、黄梨洲、李二曲，都可以说是王学修正派。现在我只把最重要的刘蕺山讲一讲：

刘宗周字起东，号念台，亦称蕺山，山阴人。生于万历六年(1578)，卒于清顺治元年(1645)，寿68岁。历官行人，礼部主事，光禄寺丞，尚宝少卿，太仆少卿，顺天府尹，工部左侍郎，吏部左侍郎，左都御史。忠恳謇谔，屡进屡退。及清兵破南都，浙省降，乃绝食二十日而卒。

蕺山与高景逸并称为大儒，其学风大体上亦近东林，而更为精切笃实。道学至此，真已辨析毫厘矣。当奄祸作后，诸君子备受荼毒，一时讲学风气，几于绝响。蕺山以鲁殿灵光，独与陶石梁立证人社于绍兴，以振起坠绪。但石梁出自周海门，蕺山出自许敬庵，本为恰相对立之两派。故不久讲会即告分裂，石梁别开讲会于白马岩居，而蕺山则于古小学，当时石梁专讲本体，主无善无恶，其后更流于因果报应，益混入释氏。而蕺山则曰：

> 不识本体，果如何下工夫？但既识本体，即须认定本体用工夫。工夫愈精密，则本体愈昭莹。今谓既识后遂一无事事，可以纵横自如，六通无碍，势必猖狂纵恣，流为无忌惮之归而后已。(《年谱》)
>
> 陶石梁每提认识二字，果未经认识，如何讨下手？乃门下便欲认识个什么，转落影响边事，愈求愈远，堕入坑堑。《中庸》言道不远人，其要归之子臣弟友。学者乃欲远人以为道乎？(《证人社语录》)
>
> 学者只有工夫可说，其本体处直是着不得一语，才着一语，便是工夫边事。然言工夫而本体在其中矣。大抵学者肯用工夫处，即是本体流露处；其善用工夫处，即是本体正当处。非工夫之外别有本体可以两相凑泊也。若谓两相凑泊，则亦外物而非道矣。(《答秦宏祐》)

强调的提出“工夫”二字，不教人悬空去想像“本体”，不重“悟”而重“修”，这是王学修正派的普通路数；而其所论工夫入细处，更和高景逸李见罗相近。后来黄梨洲所谓“心无本体，工夫所至，即其本体”，此处已见其端倪了。蕺山又说：

> 董黄庭言，为善去恶，未尝不是工夫。陶先生切切以本体救之，谓黄庭身上本是圣人，何善可为，何恶可去。然不能无疑于此也。既无善可为，则亦无所事于为善矣；无恶可去，则亦无所事于去恶矣。既无本体，并无工夫，将率天下为猖狂自恣，流于佛老矣。故某于此，只揭“知善知恶是良知”一语。就良知言本体，则本体绝非虚无，就良知言工夫，则工夫绝非枝叶，庶几舍短取长之意。昔者季路一日事鬼神之问，不得于鬼神，又有知死之问，总向无处立脚。若于此进一解，便是无善无恶一路。夫子一则曰，“未能事人，焉能事鬼”；一则曰，“未知生，焉知死”，一一从有处转之。乃知孔门授受，只在彝伦日用讨归宿，绝不于此外空谈本体，滋高明之惑。只此是性学。所云“知生”，便是

> 知性处；所云“事人”，便是尽性处。孟子言良知，只从知爱知敬处指点，亦是此意。知爱知敬，正是本体流露正当处。从此为善，方是真为善；从此去恶，方是真去恶，则无善无恶之体不必言矣。今人喜言性学，只说得“无善无恶心之体”，不免犯却季路两问之意，浸淫不已，遂有四无之说，于良知字全没交涉，其为坏师门教法当何如者。(同上)

知性尽性，只能就人生里面讲，不是超人生的。无善无恶，便讲到超人生方面去了。良知知爱知敬，知善知恶，分明和无善无恶之说不相容。左派诸人单注意一句“无善无恶心之体”，遂提出四无之说，和良知本义愈趋愈远。所以蕺山特别揭出“知善知恶是良知”一语，单提直入，不许稍有搀和躲闪。舍此而别讲本体，便入“虚无”；离此而别讲工夫，便属“枝叶”。以此挽救左派之流弊，即以此洗剥出阳明之本旨。他分明指出王学的内在矛盾，而把它修正了。他说：

> 来教娓娓，大抵以敬庵先生“九谛”为非，而信周海门先生之“九解”，今其书见在，可覆也。仆生平服膺许师者也，于周师之言，望门而不敢入焉。……仆窃谓：天地间道理只是个有善而无恶，我辈人学问只是个为善而去恶。言有善便是无恶，言无恶便是有善，以此思之，则阳明先生所谓“无善无恶心之体”，未必然也。言为善便是去恶，言去恶便是为善，即阳明先生所谓“去人欲便是存天理”是也。以此思之，则阳明先生所谓“为善去恶是格物”，亦未必然也。……大抵诸君子之意，皆从袁了凡颜壮其来。了凡之意，太是积功累行，要求功名得功名，求子女得子女，其题目大旨显然揭出，虽是害道，然亦自成一家言。诸君子平日竖义，要识认良知下落，绝不喜迁改边事；一旦下梢头，则取袁了凡之言，以为津梁，浸入因果边去。一上一下之间，如以为打合得一，则是道差也；以为打合不得一，则是教差也，二者宜何居焉？(同上)

秦宏祐是石梁派下人，著《迁改格》，石梁序而行之，分明流入袁了凡《功过格》一路，从虚无主义一堕落而为求冥报的功利主义的因果迷信，所以蕺山反对他们。在这段话里面，不仅指出石梁派的矛盾，并且指出阳明的矛盾，明白站在许敬庵一方面，而反对周海门。他又说：

阳明先生于知止一关全未勘入。只教人在念起念灭时用个为善去恶之力，终非究竟一着。与所谓“只于根本求生死，莫向支流辨浊清”，不免自相矛盾。故其答门人有即用求体之说，又有致和乃以致中之说，何其与龟山门下一派相背驰乎？然则阳明之学，谓其失之粗浅不见道则有之，未可病其为禅也。阳明而禅，何以处豫章延平乎？只为后人将无善无恶四字播弄得天花乱坠，一顿扯入禅乘，于平日所谓良知即天理，良知即至善等处，全然抹杀，安得不起后世之惑乎？阳明不幸而有龙谿，犹之象山不幸而有慈湖，皆斯文之阨也。大抵读古人书，全在以意逆志，披牝牡骊黄而直窥其神骏，则其分合异同之际，无不足以备尚论之资，而一脉大中至正纯粹不杂之圣真，必有恍然自得于深造之余者。若或界限太严，拘泥太甚，至于因噎而废食，则斯道终无可明之日矣。(《答韩位》)

以“无善无恶”讲本体，岂不就是“虚无”？从“念起念灭”上做工夫，岂非属于“枝叶”？蕺山认为阳明在这些地方未免拖泥带水，所以竟敢说他“粗浅不见道”，至龙谿一班人就更专从这一路发展下去了。蕺山从王学中扫去那些杂质，而专剥取其“合理的核心”，把王学接续到程门相传的一脉上。他用“披牝牡骊黄而直窥其神骏”的方法，从错综变异的各学派中，看见个一脉相承，“大中至正，纯粹不杂”的大流。他融会贯通，提出自己的主张道：

独之外别无本体，慎独之外别无工夫。……须知性只是气质之性，而义理者，气质之本然，乃所以为性也；心只是人心，而道者，人之所当然，乃所以为心也。人心道心，只是一心；气质义理，只是一性。识得心一性一，则工夫亦一。静存之外，更无

动察；主敬之外，更无穷理。其究也，工夫与本体亦一。此慎独之说也。(《天命章说》)

单提一个“慎独”，即工夫，即本体；即静存，即动察；即主敬，即穷理；即未发，即已发；乃至人心与道心，义理之性与气质之性，无处不一，真是一了百当，蕺山所有理论总摄于此。大概阳明以后，王学向左右两方分途发展。左派一直流而为狂禅派，右派则演变而为各种修正派。综观当时王学修正运动的发展，约略可分为三个阶段：最初右派学者如双江念庵，归寂主静，以挽救左派猖狂之病，其重工夫，主收敛，虽开后来各派修正论的端绪，但大体上仍依傍阳明，未曾明白自立一理论体系，这算是第一阶段；及李见罗出来，双提“止修”两字，以代替良知口诀，“修”以矫空想本体之病，“止”以矫在“枝叶”上在“念起念灭”上用功之病，机抒一新，确立了修正派的理论骨干，这算是第二阶段；但见罗这种两头并举办法，虽然道破了修正派理论的实质而未免帮凑，有欠浑融，故自顾高诸子以降，迭加润色，至蕺山不修正派的理论才融成一片了，这算是第三阶段。蕺山说阳明“于知止一关全未勘入”，分明从见罗得来。蕺山所谓“独”，相当于见罗所谓“止”而其“慎独”的工夫，亦正类乎见罗所谓“修”。但见罗须两头兼顾，而蕺山则单提直入，一了百当，这是他进步的地方。蕺山讲“慎独”的话极多，如云：

无事，此慎独即是存养之要；有事，此慎独即是省察之功；独外无理，穷此之谓穷理，而读书以体验之；独外无身，修此之谓修身，而言行以践履之：其实一事而已。知乎此者，谓复性之学。(《答门人》)

所云“造化人事皆以收敛为主，发散是不得已事”，正指独体边事。“天向一中分造化，人从心上起经纶”是也。非以收敛为静，发散为动也。一敛一发，自是造化流行不息之气机；而必有所以枢纽乎是，运旋乎是，则所谓天枢也，即所谓独体也。今若以独为至静之体，又将以何者为动用乎？藏而后发，白沙有是言，其始学亦误也。其后自知其非，又随动静以施其功，亦误

也。总在二五边生活故耳。故曰，君子之学，慎独而已矣。(《答王嗣爽》)

独体是个微字，慎独之功，亦只在于微处下一着子。故曰，“道心惟微”。(《语录》)

天枢转于于穆，地轴亘于中央，人心藏于独觉。(同上)

知无不良，只是独知一点。(同上)

自濂溪有主静立极之说，传之豫章延平，遂以看喜怒哀乐以前气象为单提口诀。夫所谓未发以前气象，即是独中真消息，但说不得前后际耳。盖独不离中和，延平姑即中以求独体，而和在其中，此慎独真方便门也。后儒不察，谓未发以前专是静寂一机，直欲求之思虑未起之先，而曰既思即是已发，果然，心行路绝，言语道断矣。(同上)

惟存发总是一机，故中和浑是一性。如内有阳舒之心，为喜为乐，外即有阳舒之色，动作态度无不阳舒者；内有阴惨之心，为怒为哀，外即有阴惨之色，动作态度无不阴惨者。推之一动一静，一语一默，莫不皆然。此独体之妙，所以即微即显，即隐即见，而慎独之学，即中和，即位育，此千圣学脉也。(同上)

君子学以慎独，直从声臭外立根基。一切言动事为，庆赏刑威，无不日见于天下，而问其所从出之地，凝然不动些子，只有一个渊然之象，为天下立皇极而已。众星昼夜旋转，天枢不动。其不动处是天心，这便是道心惟微；其运旋处，便是人心惟危；其常运而常静处，便是惟精惟一，允执厥中。天人之学也。(《论语学案》)

大学之道，一言以蔽之曰：慎独而已矣。自虞廷执中以来，无非此意。(《大学杂辨》)

大学之道，诚意而已矣；诚意之功，慎独而已矣。意也者，至善归宿之地，其为物不贰，故曰独。(同上)

他认出一个“独体”，把它看作“天枢”“地轴”，道心之“微”“中”也是它，“和”也是它，“精”也是它，“一”也是它，纵说横说，头头是道，从来讲“慎独”的没有他讲得这样真切微妙而有着落。他最特别的地方，在乎把“诚意”的“意”字不当作“心之所发”，而当作“心之所存”，或“心之主宰”。一念未发，而炯炯不昧的一点灵明中自有一个主宰，这就是“意”，就是“独”，就是良知。他牢牢把握住这个要点，把什么未发已发多少麻烦问题都很明快的解决了。这个意味王塘南已经有一点，但直到蕺山才算充分发展，形成一个大体系。他的大弟子黄梨洲对于这一点极力表扬，如云：

《中庸》言致中和。考亭以存养为致中，省察为致和，虽中和兼致，而未免分动静为两截，至工夫有二用。其后王龙谿从日用伦物之感应以致其明察，欧阳南野以感应变化为良知，则是致和而不致中；聂双江罗念庵之归寂守静，则是致中而不致和。诸儒之言无不曰，前后内外浑然一体；然或摄感以归寂，或缘寂以起感，终是有所偏倚，则以“意者心之所发”一言为崇，致中者以意为不足凭而越过乎意，致和者以动为意之本然而逐乎意，中和兼致者，有前乎意之工夫，有后乎意之工夫，而意拦截其间。使早知意为“心之所存”，则操功只有一意，破除拦截，方可言前后内外浑然一体也。(《答董吴仲论学书》)

看这段话，可知意为“心之所存”，或意为“心之主宰”，确乎是蕺山学说的一个要点，其所以独立于诸儒之表者即在乎此。蕺山还有个重要贡献，就是他的反理气二元论。他说：

理只是气之理，断然不在气之先，不在气之外。(《语录》)

盈天地间，止有“气质之性”，更无“义理之性”。如曰“气质之理”即是，岂可曰“义理之理”乎？(同上)

古今性学不明，只是将此理另作一物看。……佛氏曰“性空也”。空与色对，空一物也。老氏曰，“性玄也”，玄与白对，玄一物也。吾儒曰，“性理也”，理与气对，理一物也。佛老叛理，而吾儒障于理，几何而胜之。(同上)

性者，心之理也。心以气言，而性其条理也。离心无性，离气无理。离谓气即性，性即气，犹二之也。(《答沈中柱》)

理气二元论与反理气二元论之争，是中国近古思想史上一大公案。自从朱子明显展开理气二元论，把所有各种心性问题都一贯的予以二元的解释。直到明朝中叶，首先从程朱派内部发生反动，如崔后渠，汪石潭，罗整庵，都有反理气二元论的论调，但仅是局部的，尚未能造成一贯的理论。后来东林派的孙淇澳，对此颇有贡献。至蕺山，才更干脆的把反理气二元论推进了一大步。在这一点上，蕺山实作了颜李学派以及戴东原的先驱。九年前，我曾写过一篇《明清时代的唯名论思潮》，认为理气二元论和反理气二元论的对立，正类乎欧洲中古末期经院哲学中实在论和唯名论的对立。看上边所引几段话，就可以知道蕺山的唯名论色彩已经是非常明显了。

——据东方出版社 1996 年版《晚明思想史论》

【评　介】

嵇文甫(1895—1963)，原名嵇明，河南汲县(今卫辉市)人，我国著名的教育家、哲学史家。1918 年毕业于北京大学哲学系后，回河南省任第一师范教师。1926—1928 年在莫斯科中山大学学习，深受马克思列宁主义的影响。回国后先后在清华大学、北京大学、燕京大学、中国大学、河南大学任教。中华人民共和国成立后曾任河南大学校长、河南师范学院院长、郑州大学首任校长、河南省副省长，并为全国政协委员、人大代表，中国科学院哲学社会科学部委员等。嵇文甫对王阳明、王夫之和晚明思想研究成绩卓著，具有开创性意义。其著述有《先秦诸子政治社会思想述要》《左派王学》《船山哲学》《晚明思想史论》《王船山学术论丛》等。

嵇文甫对于晚明思想研究具有开拓之功，《晚明思想史论》可谓是这方面最经典的著作之一。在《序》中作者就说道："晚明这短短数十年，一方面是从宋明道学转向清代朴学的枢纽，另一方面又是中西两方文化接触的开端。其内容则先之以王门诸子的道学革新运动，继之以东林派的反狂禅运动，而佛学、西学、古学错综交织于其间。这一幕思想史剧，也可算得热闹生动了。然而就我所知，似乎还没人把这一段思想史写出来。”正是由于晚明思想在历史动荡中经历着来自内外的冲撞从而产生裂变，在思想史上形成了十分重要的地位，所以作者将研究的目光投注于这个动荡、斑驳陆离的时代，致力于展现、剖析这一思想转型期里革新与传统的激烈碰撞，致力于搭建起能够在思想史上熠熠生辉的晚明思想体系。

《晚明思想史论》虽以“晚明”命名，但内容并不以晚明那十多年为限，而上溯至明中叶的王阳明，从王学说起，构筑晚明思想体系的大背景。晚明思想，或是对王学的极端化推衍，或是对王学的温和派修正，或是对王学的极力反击，都是在王学的思想基础上发生的。可以这么说，王学是晚明思想界的注脚，不明王学，则不了解从明至清的思想转变路径。

该书共九章。第一章引论阳明之学，王阳明领导着道学革新运动，蕴含着自由主义精神的现代化意味。第二章论王学的分化，以王龙溪、王心斋、罗近溪为王学左派，以聂双江、罗念庵、王塘南为王学右派。第三章论狂禅派，以颜山农、何心隐、李卓吾为代表。第四章论张居正的学术与政治。第五章论东林派与王学修正运动，以东林的顾高及刘宗周等为修正派代表。第六章论佛教人物。第七章论古学复兴。第八章论西学。最后一章余论，总结晚明思想界的三种趋势及对清初思想的影响。

东林学派是晚明时期反对王学左派众多力量中较有影响的一个派别。准确来说，东林学派并不是一个严格意义上、拥有明确思想主张和系统的思想派别，但他们抱着革新朝政、拯救时弊、扭转士风、崇尚实学的思想初衷，讲学议政，与全国多地的书院形成紧密联系，从而在明末时产生较大的影响。嵇文甫选取东林学派的代表人物顾宪成、顾允成、高攀龙为代表，分述他们的宗旨观点，勾勒思想脉络，评点其历史作用与意义。

顾宪成师从王门后裔薛方山，却将抨击的矛头指向同为王门后学的狂禅派。他攻击的思想核心，主要集中于反对王学左派的“无善无恶”说。“无善无恶”四句教本来由王阳明提出，但是并未进行过多的阐释。王学左派在发展的过程中，对此进行了更为深入的挖掘与推衍，逐渐引入了禅的境界，突破了宗法制度的藩篱，嵇文甫认为狂禅派已是一种“自然主义”倾向。关于“无善无恶”说，王学左派与右派有着著名的“天泉证道”公案，却也并未能辨明析清。东林人物顾宪成也加入“无善无恶”说的讨论队伍中，进行了更为有力的抨击。他肯定王学“一时心目俱醒恍若拨云雾而见白日”的作用，同时也指出王门后学存在弊病“七窍凿而混沌亡”。以李卓吾为代表的狂禅派出乎名教之外，猖狂无忌，士风受到严重影响。顾宪成针对王学末流的弊病指出“语本体只是性善二字，语工夫只是小心二字”，力图以实学来去除放任自然的弊病。顾允成乃顾宪成之弟，他随同宪成一起跟学于薛方山之门，他也极力攻击“无善无恶”四字，论调与宪成一致。高攀龙是东林派的另一个重要代表人物。景逸主张静坐，修悟并重，不尚玄妙，不尚圆通，学风笃实，主敬严肃。东林学派的学术思想与当时政治局势有着不可分割的关系，他们出入于儒家传统君臣观念，讲究名节，力图整治吏治，改良当局，曰“官辇毂，志不在君父；官封疆，志不在民生；居水边林下，志不在世道，君子无取焉”。他们的学术思想看似有从王返朱的倾向，但嵇文甫认为，东林学派表现出的宗旨观念实际是与王学右派更为接近，是“尊德性”一路而不是“道问学”一路。“与其说他们是王学反对派，不如说他们是王学修正派”，他们是从王学中演化而来的，表现出的更多的是一种修正运动。

对于东林学派学术思想立场的定位，嵇文甫的评述为后来学者开了头，多位学者也就东林的思想进行辨析，并且提出了各家观点。与嵇同时代的学者容肇祖在他的《明代思想史》中开辟专门一章论述东林学派顾、高二人，他认为顾宪成“是调和于朱王之间，而以为二派都有流弊的”①，同时也指出顾宪成也极力否定王学的“无善无恶”说。对于高攀龙，容肇祖认为其虽倾向于程朱，但是也有类似于王学之处，比如“静坐”“参悟”等理念的提出略具佛教色彩。总体而言，容肇祖认为，东林学派以救世济民、讲学议政为务，思想上自有倾向于程朱理学之处，但是从他们的师承、思想观点等方面，也能略见着心学的光景，东林学派采取的是调和朱学与王学的态度，拯救时弊，

① 容肇祖：《明代思想史》，开明书店 1941 年版，第 287 页。

批驳修正，吸纳融汇，形成了东林之学。容肇祖与嵇文甫对于东林学派学术思想的认识与评述，大体相同。20世纪80年代，由侯外庐等主编的《宋明理学史》也就东林顾宪成、高攀龙二人的思想及理学派别专门进行了辨析。《宋明理学史》否定了东林学派是“王学的修正派”的观点，而认为他们基本就是宗程朱而诋陆王，“他们标榜气节，崇尚实学，反对王学末流弃儒入禅、空谈心性而不务实学的风气”①，但是该书对于东林学派有了另一较高评价，对他们发出的“外人所是，庙堂必以为非；外人所非，庙堂必以为是”、“天下之是非，自当听之天下”的呼喊而给予了充分的肯定，认为他们对明清之际早期启蒙思潮的兴起产生了积极作用，可以说是“早期启蒙思潮兴起的先驱人物”②。

各家观点不一而足，对于东林学派的理学派别归属问题也是各执一词，但不可否认的是，嵇文甫《晚明思想史论》是晚明思想史研究方面的典范性著作。他是较早一批系统论及晚明思想、东林学派思想的学者之一，并且大胆地提出“王学修正派”的见解，无疑是为后来学者就这一问题开展进一步的探讨留下了参考和空间。在《晚明思想史论》的余论部分，嵇总结道：“晚明思想界有几个明显趋势：其一，从悟到修，这表现于东林各派的王学修正运动，以及云栖憨山等尊重戒律，特唱净土；其二，从思到学，这表现于古学复兴，及西学的输入；其三，从体到用，这表现于张居正、徐光启等的事功思想，及左派诸人的大活动；其四，从理到气，这表现于刘蕺山等的反理气二元论。这几种趋势，矛盾冲突，参互错综，形成一个斑驳陆离的局面。然而进一层追求，观其会通，尚可以看出一个总趋势，即从超现实主义到现实主义是也。从悟到修，悟虚而修实，从思到学，思虚而学实，从体到用，体虚而用实，从理到气，理虚而气实。大体说来，在晚明思想界占中心地位的还是王学和禅学。最能代表现实主义潮流的事功派、西学派、古学派，这时候还只是刚刚抬头。然而在王学和禅学内部，也未尝没有现实主义的倾向。如来禅和祖师禅，东林派和狂

① 侯外庐：《宋明理学史》(下)，人民出版社1987年版，第551页。
② 侯外庐：《宋明理学史》(下)，人民出版社1987年版，第580页。

禅派，右派王学和左派王学，各有其现实主义的一方面。这各种现实主义倾向渐渐汇合成一大潮流，于是乎清初诸大师出来，以经世致用实事求是相号召，截然划出一个思想史上的新时代。”从这段话中，我们也可看出东林学派在明末时与其他诸多思潮，共同作用于明清之际思想转变，东林提倡的实学、结社讲学等无疑为之后的进步思潮带来了些许触动，黄宗羲、王夫之等也受之影响。

嵇文甫还是较早运用唯物辩证法研究晚明思想演变的学者之一，他说：“我们对于事情的看法往往犯一种毛病：形式主义的，形而上学的，因而是片面的。‘坏就是绝对的坏，一切皆坏；好就是绝对的好，一切皆好’。这是和‘辩证唯物主义与历史唯物主义的批判精神’根本违反的。我们要照顾全面，要把事物中错综复杂矛盾对立的各方面加以具体分析，而不要把问题简单化、定型化。这就是辩证法……多年来，我讲明清思想史，认为清初思想一方面是明代思想的反动，一方面又是明代思想的继承和发展，从王学中分析出它的进步方面和保守方面，和一般流行的单调说法颇异其趣。我自以为是一点心得，运用起来，解决许多问题，发现许多新境界、新途径。”通过科学方法论的运用，明清思想的演变也在细腻的辨析中得出了当时较为全面深刻的认识，呈现出一个辩证的发展过程，而不是不同思想之间的简单的否定与反动。嵇文甫的著作，语言浅显，明白易懂，阐述问题深入浅出，文笔生动活泼。同时，嵇文甫的著述取证翔实，论述简明，更偏向于意义性阐发与作用的定位，这从他的《东林派与王学修正运动》一文中也可略见一二。

《晚明思想史论》论述了晚明时期各类思潮的转变和发展，嵇文甫从新旧思想的交替、学派的异彩纷呈等复杂局面中理出思想的大致脉络，从王学的分析开始，对王学左派、王学右派、狂禅派、东林学派、王学修正派以及佛学、古学、西学等作了平实而精当的评论，填补了当时晚明思想研究的空白，引论翔实丰富，论证求实通变，是该研究领域中的一部开山之作。

嵇文甫相关论著目录：

《船山哲学》，开明书店 1936 年版。

《晚明思想史论》，商务印书馆 1944 年版；东方出版社 1996 年版。

《左派王学》，开明书店 1934 年版。

《先秦诸子政治社会思想述要及概论》，开拓社 1932 年版。

《春秋战国思想史话》，中国青年出版社 1958 年版。

《王船山史论选评》，中华书局 1962 年版。

《王船山学术论丛》，三联书店 1962 年版；崇文书店 1973 年版。

《嵇文甫文集》，河南人民出版社 1985 年版。

东林党争的历史意义及其社会思想(存目)

侯外庐

【评　介】

侯外庐(1903—1987)，山西省平遥县人，中国著名的历史学家、思想家和教育家。1923 年考入北京法政大学法律系，次年又入北京师范大学历史学专业，后结识李大钊，并由此接触到马克思主义。1927 年夏，赴法国勤工俭学。次年，开始着手翻译《资本论》。20 世纪 30 年代初期，侯外庐开始了对中国古代历史的研究，并相继出版了《中国古代社会与老子》《中国古典社会史论》《中国古代思想学说史》等多部学术论著。侯外庐编著的《中国思想通史》，是其一生中最重要的学术著作。始撰于 20 世纪 40 年代初期，成书于 60 年代初期。在“文革”中，侯外庐抱病完成了《中国封建社会史论》的结集工作，并指导完成《中国近代哲学史》一书。在临终前的最后几年，他亲自口述了传记性著作《韧的追求》。

侯外庐主编的《中国思想通史》第二十五章《东林党争的历史意义及其社会思想》，共一万六千多字，从两个方面论述了东林党人的进步作用。

首先，肯定了东林党人以讲学作为文化斗争形式所起的进步作用。明代嘉靖、隆庆年间，曾展开了以讲学与反讲学为形式的文化斗争。作者认为，这是落后的封建势力与进步的社会思潮之间的矛盾对立。与此前的泰州学派相比，“随即兴起的东林学派，带有中等阶级反对派的性质，他们所采取的斗争方式比较温和一些，特别是他们的理论武器则更显得陈旧一些”。

如果说讲学是东林党人与封建势力斗争的手段，那么，修建的讲学之地——书院就是聚集反抗势力的阵地。在侯外庐等人看来，围绕着书院的修建与禁毁充分体现了正反两股势力的此消彼长。虽然明代的书院由初期的繁盛到明世宗时期，变为非法，再到万历年间遭到禁毁，一路坎坷，但是讲学集会的风气并未萎靡，相反越是在政策镇压最为激烈的时候，书院讲学就越体现出进步的光芒。“封建统治者对于书院采取这样残暴的手段，显示了专制主义的禁止进步思想的意图。”作者认为张居正上疏中对于书院讲学的诋毁之语，如“别标门户”“聚党空谈”都是对讲学自由与结社自由的反动诅咒，“这些在进步人士看来是文化革新的武器，在封建统治者的眼中，却是具有危害封建国家的叛逆行为”。在作者看来，张居正不仅是单从法律上取缔文化自由的活动，而且进一步提出了“积极的反动方案”。一方面，援引明太祖“卧碑”的规定，利用科举制度限制士人读书思考的范围，阻止“异端邪说”动摇封建统治的精神。另一方面，他为了预防士民运动，又禁止生员议论国是。与其进行斗争的泰州学派何心隐、李贽死后，从万历到天启年间，争取自由讲学与自由结社的运动则由东林党人所领导。

作者认为：“顾宪成更重视绅士们的力量，特别注意在政治上要形成一种左右朝廷的政治势力。”而这也正是东林党人所代表的小地主与工商阶层的政治属性所决定的。面对东林党人的讲学活动，封建势力在思想层面上用“两惑”来打击这股进步势力，企图抵消世间的正直大义。“两惑”，一是认为讲学迂阔、高远，远离生活实际，不足为信；一是讥讽讲学之人，所讲非所行，所行非所讲。而针对这两种看法，顾宪成相应提出了“破二惑”的反对意见。在作者看来，这其中包含着社会思想的斗争意义。“‘二惑’代表了封建顽固派们对于自由讲学的一种守旧的意识，顾宪成的‘破二惑’，无异是对封建顽固派们的一种抗议。”此外，东林党人讲学结社的使命之一还有“群”的作用，侯外庐将其视为早期市民的社会意识，顾宪成想要“收天下之善”的精神，是对于结社活动的肯定与赞美，“甚至主观上还要求一种集会自由的理论根据”。东林党的集会与“讽议朝政”时而遭到封建专制主义的镇压，东林党人遭到打击迫害，事态起起伏伏。直到天启年间诸多惨案发生时，又出现了较新的政治态势，对于阉党抓捕东林党人进行反抗的市民阶层，在侯外庐看来“比中等阶级的反对派集团东林党的政治改良运动的纲领就更走得远了，东林党人的争自由或讲学运动，没有越出君臣之义以及合法的斗争范围，而士民或市民的暴动却成为群众性的反抗了”。

其次，肯定了东林党人的社会思想。著者将东林党人视为中等阶级反对派利益的代表。书中以矿税之祸为例，说明了在资本主义萌芽时期江浙一带小地主与市民阶层的利益要求，东林党人的社会思想与政治改良的举措皆是当时经济基础的反应。作为一个马克思主义的历史研究者，侯外庐在此章节中也不例外地贯穿了思想史与社会史相结合的治学方法，而此方法也已成为“侯外庐学派”历史研究的典范。在唯物史观的整体观照下，思想是存在的反应，因而东林党人在明末所掀起的进步社会思潮背后，不仅是在政治制度传承中不同观点的分裂，更是不同阶级的利益在上层统治集团的对立与纷争。

作者从经济发展的角度对明末的矿监征收矿税的种种暴行进行了诠释，肯定了东林党人反对矿税的社会意义。明末资本主义萌芽对当时社会的经济环境有了新的要求，但是由于封建保守势力的阻遏，横征暴敛，引起了江浙工商阶层市民的强烈反抗。“东林党人的政治斗争代表了中等阶级反对派的利益，其中有不少人出身于长江三角洲一带的工商业者的家庭。”当时社会矛盾激化的重要原因之一是，封建统治者为了追求奢侈糜烂的生活，运用征税的超经济剥削方式，委派指使宦官在基层地区横行霸道，这严重摧残了正在新兴的手工业品以及农业。“这不仅严重阻碍了资本主义因素的发展，而且使人民无法生存。”这次斗争的双方，税监是封建专制主义高层的代理人，汲取社会财富不是出于为维护统治稳定的目的，而是为了填满个人的私欲。东林党人代表了中等阶级反对派，他们反对封建社会高层的爪牙，主张政治开明和减免赋税，同下层的群众站在一起，在对现实的批判中，表露出了他们进步的社会思想，“尤其是暴露现实的批判思想”。作者认为“东林党人反税监的斗争，实质上就是反对封建的‘特权或例外权’，同时也反映出手工业与商业在一定程度上能有自由发展的要求”。

作者列举了大量的事实资料说明矿税之祸的具体表现。在政策方面，东林党人反对定额税，主张惠商，主张力行减税。除了严苛矿税之外，在江浙一带富饶地区，还存在将官田算作私田来征税的现象，这导致此地的田租比其他地区重，最重的至“七斗以上”。这直接危害了东林党人所代表的中等阶级利益。在作者看来，东林党人“重商”“惠商”的政策思想体现出的恰是国家社稷的利益，“忠君爱国”的思想，因为江浙一带工商业的发展是国家的命脉。

作为坚持“早期启蒙说”的学者，侯外庐在明末社会的大变局中，看到了自由风气与民主政治的曙光，虽然代表这股新时代思想的阶级成分并不十分纯粹，但是他也同样认为“拥护教育、自治和自由本来是启蒙者的特点，东林党人也具有这样的精神”。张居正与魏忠贤阉党等封建保守势力所代表的是愚昧和怯懦，而东林党人与随后的复社则代表了开明和改良。

侯外庐认为东林党人的社会思想有进步的一面，也存在着阶级局限性，这主要体现在三个方面。

首先，东林党人的阶级局限性阻碍了他们斗争的展开，面对阉党的抓捕，束手就擒，还妄图得到“英明圣上”宽宥，不能清醒地认识到敌我双方的阶级对立性质，忽视了其身后广大市民阶层的支持，因而只能在所谓“奸邪小人”的迫害下成为青史留名的忠骨冤魂。由此可见“君臣之分”的概念深刻地契入他们的思想之中。在作者看来，“与何心隐、李贽二人遭受封建统治者杀害时所表现的嫉视专制主义的坚决态度相对比，也足以看出东林党是严格遵守‘伦常’观念的正统意识的”。除了不能与市民阶层相联合之外，东林党人作为中等富农阶层的代表，看待农民起义的目光也十分狭隘，不论是非，而一概贬称之为“盗贼”，视其为“肘腋之患”，对农民起义始终采取反对的态度。他们把社会矛盾和农民对统治者的矛盾混为一谈，不能很好地区分阶级性质，因而无法看清矛盾的实质。

其次，侯外庐认为在土地问题上东林党人没有提出相对进步的理论，“以改良主义的态度，主张富民巨商开垦，不像当时及以后的一些启蒙思想家有着对未来社会的理想”。作者之所以提到这一点，大概是其对于封建社会的土地制度有自己独到的看法，他认为皇权垄断的土地国有制，是中国封建社会中央专制主义建立并存续的经济基础。

再次，从启蒙思想的角度来看，与泰州学派王艮等人以及清初的启蒙者顾炎武、黄宗羲和王夫之诸人相比，东林党人并不具有彻底的反抗精神，对于封建社会的皇权专制还存有服从、效忠的幻想。“何心隐、李贽诸人在反对封建礼教传统上，有杰出的表现，李贽不以孔子之是非为是非，而东林诸人却龂龂于正统的是非之辩”，而决断是非的标准又是存在于孔子儒学或朱熹理学之道中，以经典为尊，不出封建社会的三纲五常那一套。举例而言，同样是自杀之举，与李贽决绝不妥协相较，高攀龙“君恩未报，愿结来生”的遗表，表露出了东林党人严格遵守伦理常规的正统意识。没有开明清晰的目光来正视现实，却只想以道德为约束来力挽狂澜，当然是徒劳无力的。在哲学思想方面，作者认为东林党人没有像当时以及稍后的思想家们，具有丰富多彩的观点和方法。“他们的眼光缩到封建王朝统治者内部的矛盾中，他们纠缠在皇帝家族的私事上”，在内乱外患的形势下，却还以明末“三大案”为攻讦的工具，争论封建的伦常与名分。此外，从人格品行的角度来看，作者认为东林党人历来被人肯定的“个人修养”与“正直节气”是不应该过高估计的，而仅属于封建伦常观念的气节操守而已。

最后，东林党人的社会政治思想存在着社会调和色彩。作者认为，东林党人还有保护“富民”的观点，这一部分群体主要是指“非品级性的庶族地主和工商业者”。东林党人主张在“恤穷民”的政策之下，应更特别体念“富民”。侯外庐认为：“东林党人不但有富贫两便以及贫不累富的思想，而且还有官民两益的思想。中等阶级反对派之所以是近代自由主义改良派的前身，从东林党人的依违两可的主张，也可以看出来的。”“作为中等阶级反对派代表的东林党人在和封建统治势力的斗争中带有调和主义的色彩”，并且他们是从底层缙绅精英的角度出发，在广泛发动群众方面还存在不足之处，因而不能有效地抵制来自政治对手的报复性打击。

侯外庐先生对东林党人的评价总的来说是颇为中肯的。该书运用社会史与思想史相结合的研究方法，不仅从思想层面上揭示出了东林党人的进步性与不足，更重要的是从经济发展和阶级分析两个层面给出了这一历史事实的产生根源所在，论述全面深刻，严谨细致，最后的结论是："历来封建的与资产阶级的学者们论到东林党人时，都崇赞他们的个人修养与'正直'，而称之为'乾坤正气'。我们不应当过高估计东林党所具有的封建的伦常观念与封建的气节，而对于东林党人的活动及其社会政治思想应就其当时的进步意义，予以历史主义的评价。"不偏不倚，引人深思。

侯外庐相关论著目录：

《中国早期启蒙思想史》，人民出版社 1956 年版。
《中国思想通史》，人民出版社 1956—1960 年版。
《戊戌变法六十周年纪念集》，科学出版社 1958 年版。
《中国哲学史略》，中国青年出版社 1958 年版。
《中国历代大同理想》，科学出版社 1959 年版。
《论汤显祖剧作四种》，中国戏剧出版社 1962 年版。
《中国哲学简史》，中国青年出版社 1963 年版。
《柳宗元哲学选集》，中华书局 1964 年版。
《中国近代哲学史》，人民出版社 1978 年版。
《中国封建社会史论》，人民出版社 1979 年版。
《中国思想史纲》，中国青年出版社 1980 年版。
《船山学案》，岳麓书社 1982 年版。
《宋明理学史》，人民出版社 1984—1987 年版。
《韧的追求》，三联书店 1985 年版。
《中国近代启蒙思想史》，人民出版社 1993 年版。

东林党之争(存目)

吴　晗

【评　介】

吴晗(1909—1969)，原名吴春晗，字辰伯，浙江义乌人，现代著名史学家、社会活动家。1928年考入杭州私立之江大学预科，次年升入上海中国公学社会历史系，选修胡适主讲的《中国文化史》。1930年春，撰成文化史课业论文《西汉经济状况》，后经胡适推荐，由上海大东书局出版。1931年秋，以优异的文史成绩考入清华大学历史系，并得到胡适的极力引荐，受到蒋廷黻、傅斯年等的重视与点拨。1934年毕业留校任教，讲授明史、明代社会等课程。抗日战争爆发之后，先后在云南大学、西南联大任教讲学。1946年再次回到清华大学任历史系教授。中华人民共和国成立后，担任北京市副市长，兼任民盟中央副主席、《新建设》编委会主任委员，是标点《资治通鉴》和杨守敬《历代舆地图》改绘委员会召集人，中科院哲学社会科学部学部委员，曾任北京市历史学会会长。20世纪60年代初，受邀编写新编历史剧《海瑞罢官》，不料遭到"四人帮"的诬陷，含冤致死。

吴晗以明史研究著称于世，在20世纪30年代写了许多关于明史的经典考据论文，诸如《胡惟庸党案考》《〈金瓶梅〉的著作时代及其社会背景》《明成祖生母考》《明代之农民》《胡应麟年谱》等。中华人民共和国成立后，吴晗的著述依然丰富。他十分重视历史知识的普及工作，曾主持标点《资治通鉴》与《续资治通鉴》《前四史》等历史文献。主持出版了《明经世文编》《国榷》等古籍，编撰《中国历史小丛书》《外国历史小丛书》《地理小丛书》等普及类丛书。他的其他史学论著主要有《读史札记》《史事与人物》《江浙藏书家史略》《两浙藏书家史略》《皇权与绅权》《明史简述》《朱元璋传》等；杂文主要有《投枪集》《灯下集》《春天集》《学习集》，创作了新编历史剧《海瑞罢官》。后人整理出版了《吴晗史学论著选集》《吴晗全集》《吴晗文集》等。

吴晗与明史有着无法言喻的“情结”。在胡适、蒋廷黻等史学家的引导下，他走上明史研究之路，同时也不辜负师辈期望，在明史研究领域具有了开荆辟棘之功。但“成也明史”，却“败也明史”。20世纪三四十年代因其深厚的史学功底而解决了明史上诸多“疑难杂症”，为学界所称道；同时也因新编历史剧《海瑞罢官》而在历史浩劫的运动中，成为一颗让人扼腕痛惜的流星。

1933年，吴晗在旧书摊偶得一本主要描写东林党人与阉党斗争事迹的《碧血录》，阅后深为东林党人批评朝廷、刚正不阿的精神所打动，“读完此书，胸中不知是甜是辣，因想及自己将来如何死，若死在床上则未免太笨拙，最好是自己作一主意，想一洒脱干净死法，活得不耐烦便挥手告别，岂不快哉。一九三三年二月廿日辰伯”①。此时正值“九一八”、“一·二八”事变之后，正是国民党政府对外妥协投降、国难民困之时，吴晗虽处书斋却怀有一颗兼济天下之心。处于痛苦无望之境的吴晗，读到令人血脉偾张的《碧血录》，东林志士的正义感熏染了他。20世纪40年代左右，他便走出书斋，投入革命的洪流之中。东林情结隐然贯穿于他研究明史的过程之中。

《东林党之争》一文是1979年《北京师院学报》连载的《明史讲座》(吴晗遗稿)中的一篇论文。1962年11月，吴晗被中共中央高级党校邀请讲演明史，在讲座中吴晗首先就强调他所研究的都是明代“最基本的、最重要的、关键性的问题”，他一共讲了七个问题：明太祖的建国、明成祖迁都北京、南倭北“虏”问题、东林党之争、建州女真问题、郑和下西洋、资本主义萌芽问题。既扼要介绍了明代政治、经济、文化、军事等方面的基本情况，又对其中的一些重大历史事件进行了精细的分析和探讨。

在《明史讲座》中，他首先辨析了“国家”概念的古今差异。他指

---

① 王宏志：《吴晗和〈碧血录〉》，《读书》1980年第8期。

出，历史上的国家只代表了一个家族、一个集团的利益，而不能代表整个民族的共同利益。吴晗是一个十分重视对皇权、绅权、土地关系等问题进行研究的明史专家，在《明史讲座》中亦然。他花了大量的篇幅谈了明代的皇权建制、地主阶级与农民阶级的土地矛盾等问题，多用阶级分析方法来答疑解惑。例如，从明初朱元璋以土地争取农民阶级的同情，到争取部分地主阶级的支持并联手，再到建立皇权，土地关系在其中扮演了十分重要的角色。朱元璋乃农民阶级出身，故农民阶级能够支持他。他又与部分地主阶级是利益共存体，因此，部分地主阶级如刘基等也能够支持他。在明王朝建立以后，朱元璋分散元代过分集中在大地主手中的土地资源而分配给农民，这样阶级矛盾虽然缓和了，但并不是从根本上解决土地矛盾问题，根本原因是阶级关系并没有改变。朱元璋从农民阶级一跃成为一国之君，身份的转变自然带来皇权主义的产生。我国历史上一代代王朝更迭大多如此，巩固皇权成为头等大事。为了巩固皇权，朱元璋建立了比以往任何一个朝代更为高度集权的政治制度，那就是取消中书省，废除宰相制，提高六部地位，设立内阁，在明代历史发展中逐渐由内阁制代替了宰相制。相权和皇权合二为一，皇帝集一切大权于一身，形成了一个历史上从来没有过的高度中央集权制的政治系统。这样的集权系统带来了很多问题：第一，十分考验皇帝的精力。朱元璋对政治大小事情还大多能够亲力亲为，而他的子子孙孙则未必了，明代的皇帝不少是昏庸无能、荒淫怠政之辈，有的怠政能长达三十年左右，比如东林党事件发生的万历时期明神宗就是一个极端代表。第二，政治腐化，纪律松散，阶级矛盾加深。皇帝的怠政自然带来政治机构的运行问题，不再能像朱元璋要求的那样，而出现了内阁“一言堂”的局面。内阁在明代中后期的发展，其实也如同以往朝代的宰相制了，但是内阁谁来做首辅、内阁势力的消长等问题则带来统治阶级内部的纷争不断。政治上纪律的松散变动，再加上统治阶级对土地欲望的不断加强，使得从明代中叶开始皇庄、贵族庄田、大小地主的田地越来越多，越来越集中，土地矛盾再度锐化，农民起义也不断爆发。第三，宦官掌权空前绝后。锦衣卫、东西厂特务制度成为明代十分显著的政治现象，明初朱元璋设立一个机构叫做“司礼监”，是为皇帝看报告、起草文件的。

一个看似不起眼的内廷机构，却在明代政治发展中成为一大祸害。皇帝昏庸、懒惰、怠政，就把用人和行政的权利都交给司礼监，外廷大臣们甚至接触不到皇帝本人，都是司礼监一手操办，在明代各时期都引起了政府与内廷不小的争斗。比如，明英宗时期的王振、明武宗时期的刘瑾和天启时期的魏忠贤，都是宦官当政的典型。

在这样的背景下，党争不可避免地发生了。明代党争之盛为历代所不及。作者之所以将这一问题列为明朝“最基本、最重要、关键性”的七大问题之一，可见对党争的重视。明末东林党争之是与非，历来为史家争论：一是关乎明朝命运，有“亡国”之说；二是关乎皇权之消长，有“民主”进步之说；三是文人骨气之动人，足以感召后世后代之民族抗争精神。对东林党历来褒贬不一。吴晗对东林党人敬佩有加。在这篇论文中，他以尊重史实的客观态度对东林党争进行了一番剖析，从中我们可以看出他对党争发生的原因分析和对党争性质的判定，而绝非一般的“东林情愫”。

首先，作者对“党”的古今含义进行了辨别。“历史上所说的党并没有什么组织形式，参加哪个党是没有任何形式的，既不要交党费，也没有组织生活，更没有党章和党纲。……是指政治见解大体相同的一些人的集团，也就是统治阶级内部某些人无形的组合。”作者辨析“党”的古今概念内涵之别颇具现实意义，因为在21世纪初就有学者提出“东林非党论”，推翻以往对东林的称法。吴晗的辨析对今天的东林研究仍具有启迪意义。

其次，作者在历述重要历史事件的基础上分析了东林党争的原因。作者先后讲述了万历“京察”问题；讲述了由皇帝的“家事”引发的“国本之争”“梃击案”“红丸案”“移宫案”等关乎皇权继承的历史名案；讲述了日本侵略朝鲜、“封疆案”两大军事事件中党争的纷争情况；讲述了阉党魏忠贤、阮大铖之流对东林党人的大肆屠杀追捕，对南明小朝廷的操纵以及对复社的报复等。据此，作者对东林党争得出了这样的结论：“东林党与非东林党之争，一般地说，道理在东林党方面。东林党的道理多，非东林党的道理少。但是，东林党是不是完全对呢？在某些问题上也不完全对。这样争来争去，争不出个是非，结果只有争论，缺乏行动，许多政治上该办的事没人去管了。”作者虽然指出了东林党方面的不足，但是，历来的党争双方都是有责任的。在批评中，作者认为东林是占据着正义一方的，万历的几次“京察”中，东林人士在掌握京察大权时大多秉公执法，意在整顿吏治，选拔正直之士，虽然结果并不都能如愿，不断受到齐党、楚党、浙党的攻击，但初衷值得肯定。相反，齐、楚、浙三党在掌握京察大权时往往任用同乡同党；在“国本案”“梃击案”“红丸案”“移宫案”中，东林党人大胆谏言，对神宗的个人私欲往往直接抨击，力图阻止神宗枉顾“立嫡立长”之祖训。他们敢言的秉性得罪了神宗，但最终神宗还是听从了这样的意见，没有立郑妃的儿子为太子，东林派人士取得了对皇权干涉的一个小胜利；在“封疆案”中，熊廷弼的军事才干和策略本可御敌于关外，但是不被当权者重用，战败后阉党欲杀之而后快。熊氏并非东林人士，东林党却十分认可熊廷弼的军事才能，想阻止阉党逆行，可惜并不能撼动阉党的势力。熊廷弼被杀是明廷一大军事损失；在阉党对东林党的惨烈屠杀追捕中，东林人士临危不惧，视死如归，他们得到一般市民的支持，市民们甚至还发动了阻拦阉党抓捕的运动。这一系列的事情中，东林党整顿吏治，不畏皇权而敢言直谏，爱护人才而勇抗权阉，气节凛然。作者在事件叙述的基础上悄然点明了党争跟明代政治制度之间的关系。明代废丞相，设内阁，造成皇权与相权的合二为一，权力高度集中；铨察在吏部，谏言在言官，明代的谏言较之以往朝代也更甚，得益于御史制度也就是“言官”的设立，造成皇权与绅权之间此消彼长之势；设司礼监，设特务机构，造成政府与内廷宦官的激烈争斗。这样的政治制度的建立，造成了明代空前绝后的惨烈党争。

最后，作者指出了东林党争的性质。“党争从1594年开始，一直到1645年，始终没有停止过。无论是在政治问题上，还是在军事问题上，都争论不休。这种争论是什么性质的呢？这是地主阶级内部的矛盾。开始是东林党和齐、楚、浙三党之争，后来演变为东林党与阉党之争。由于东林党的主张在某些方面是有利于当时的生产发展的，因此他们得到了人民的支持。但是反过来说，所有的东林党人都反对农民起义。这是他们的阶级本质决定的。”作者一针见血地指出党争是地主阶级的内部矛盾。他们反对农民起义，说明他们就是封建的、落后的，体现了作者秉持唯物史观和阶级分析的治学方法。

自20世纪三四十年代起，吴晗开始接受和学习马列主义、历史唯物主义，并将其运用到历史研究中。他自己也说："1930年以后，我无条件地接受了历史唯物论，企图应用这新观点、新方法来研究中国历史。"①明代的社会经济结构、阶级关系、土地关系、农民起义、历史发展趋向等重大问题成为他研究的关键主题与辨析历史事件性质的标准。他认为，明代社会是由两个对立的阶级构成的，一方是由皇亲贵族、官吏、绅士、太监等大小地主组成的压迫阶级，另一方是被压迫阶级即农民阶级。吴晗对剥削阶级总体持否定态度，而在书写民众史、农民起义等问题时则流露出一种同情的态度，他描述农民遭受的种种剥削、压榨，对他们发动的起义给予肯定。同时，他较多地提到"土地关系"这一概念，认为土地关系在封建经济形态中占据着重要地位，一切的矛盾都来源于土地关系的矛盾，而农民起义就是封建经济制度的必然产物。这样的思想背景，是我们理解其对东林党争的性质认识的钥匙。

值得关注的是，吴晗不仅对统治阶级与被统治阶级之间的关系有深度研究，同时对统治阶级内部存在的平抑制衡关系研究也十分重视。他十分关注皇权与绅权的关系，曾撰有《论皇权》《论士大夫》《历史上君权的限制》《论绅权》《再论绅权》等论文，试图对古代传统政治框架下的集权与反集权、专制与反专制、制约与反制约现象一探究竟。在《论皇权》一文中，他指出"在今天以前，任何朝代任何形式的治权都是片面形成的，绝对没有经过人民的任何形式的同意"②。封建皇帝集一切大权于一身，唯我独尊，这样的中央高度集权制到了明代更是走向巅峰，权力的唯一性、独占性被朱元璋体现得淋漓尽致。但是皇权是否就完全没有限制？不是的。在政治制度中，还有廷议制度、台谏制度、封驳制度。明朝设有都察院，设置官职都御史和六科给事中，统称"言官"，他们中的一些人敢于谏诤，监察百官，道德

① 吴晗：《我克服了"超阶级"观点》，载苏双碧主编：《吴晗自传书信文集》，中国人事出版社1993年版，第26页。

② 吴晗：《论皇权》，《观察》1948年第4卷第6期。

自律，正气凛然，威慑人心，对皇帝也经常是毫不畏惧地“批龙鳞”“犯天颜”。东林党中就有很多这样的正直言官，如杨涟、邹元标、魏大中、袁化中、周朝瑞等，他们讽议朝政，评论官吏，要求廉正奉公，振兴吏治，开放言路，革除朝野积弊，反对权贵贪纵枉法。对待皇帝的贪欲和诸多不合理诉求也是毫不避讳，上疏谏言不曾退缩，在“国本案”等事件中惹得皇帝很不高兴。他们对待朝廷恶劣政治形态的抨击，往往也是最猛烈者，杨涟向皇帝弹劾魏忠贤二十四宗罪就是最为明显的例子。魏忠贤是天启帝最为宠信的权阉，在当时已实际掌握着国家的政治大权和军事大权。东林党人反对权阉，就如同对至高无上的皇权的衍生品提出了挑战。杨涟因为直面抨击而招致了惨烈党祸。作者扼腕于东林人士的被害，却也不得不佩服他们的凛然傲气与铮铮铁骨。虽然绅权对皇权进行了挑战，但是吴晗同时也指出，“所谓封驳、台谏等制度实质上不过是封建皇权的有机组成部分，是为了贯彻和维护封建皇权而设计与存续的，决不能将它视为什么‘中国式的代议制度’”①。这样的分析，体现了吴晗唯物史观的理论高度。

《东林党之争》及整个《明史讲座》一书具有以下特点：第一，坚持以历史唯物主义史观为指导。面对复杂的历史现象，吴晗能够运用马列主义唯物史观抓住社会主要矛盾和根本问题，从阶级关系、土地关系、政治制度等入手，阐述关乎明代历史发展的重大问题。第二，叙事深入浅出，重视戏剧小说对历史史实的史料性论证作用。在讲演的过程中，吴晗常常引用人们所熟知的戏剧、小说的内容来为历史史实佐证。利用戏剧材料说史，既能引人入胜，同时也体现了吴晗对戏剧、小说材料的史学价值有足够的重视。第三，古为今用，致用当下。《明史讲座》常常根据历史事实，采用古今对比的叙述方法。以史为鉴是其论史的根本目的。

吴晗相关论著目录：

《胡应麟年谱》，《清华大学学报》1934 年第 1 期。

《明成祖生母考》，《清华大学学报》1935 年第 3 期。

---

① 吴晗：《论皇权》，《观察》1948 年第 4 卷第 6 期。

《西汉的经济状况》，上海大东书局 1941 年版。
《江浙藏书家史略》，中华书局 1981 年版。
《吴晗史学论著选集》，人民出版社 1988 年版。
《吴晗文集》，北京出版社 1988 年版。
《皇权与绅权》，天津人民出版社 1988 年版。
《朱元璋传》，百花文艺出版社 2000 年版。

论东林党的兴亡(存目)

刘志琴

【评　介】

刘志琴(1935—　)，江苏镇江人，1960年毕业于复旦大学历史系，后任中国社会科学院近代史研究所研究员、中国人民大学国学院兼职教授。早年致力于研究晚明的党派斗争和东林党兴衰，后转向晚明社会文化史研究，撰有《中国文化史概论》《晚明文化与社会》《礼俗文化研究》《商人资本与晚明社会》《张居正评传》以及《悠悠古今》《思想者不老》《千古文章未尽才》等散文集，主编《近代中国社会文化变迁录》《文化危机与展望——港台学者论中国文化》《中华智慧集粹》《都市潮》等丛书。三十余年来，在《社会学研究》《中国史研究》《史学集刊》等期刊上发表《晚明世风漫议》《商人资本与晚明社会》《明代的饮食思想与文化思潮》等学术论文计四十余篇。

《论东林党的兴亡》一文最早发表于《中国史研究》(1979年第3期)，尔后与《中国文化近代化的开启》《明代的饮食思想与文化思潮》等十余篇论文一同收入《晚明史论：重新认识末世衰变》一书，于2004年6月由江西高校出版社出版。这篇一万四千余字的长文围绕东林党滥觞崛起、济世救国、没落消亡之始末，将史实与史论融贯一体，矫正事实，揭伪存真，颇具洞见。其体悟与评介分为以下三个方面：“从统治阶级内部斗争中崛起”“并不高明的救世药方”“没落阶级的悲剧”。

论文开篇便指出东林党是统治阶级内部斗争的结果。东林党人利用讲学评论时政，设立门籍制度考察会员，实际上就是有组织的政治团体，在其强大的政治力量背后潜藏着权力转移的斗争、财富分配的矛盾和地主阶级势力发展的不平衡。具体来说，虽然东林党的骨干大多是“罢官废吏”，但其势力正是从对张居正不奔父丧的声讨中发端，在争国本中聚积起来的。此后，新老权贵形成宗派，党同伐异，互相倾轧，揭开了明末党争的序幕。而梃击案、红丸案、移宫案这三大案更助长了东林势力的拓展。在经济领域，作者尖锐地指出东林党成员之所以坚决反对神宗派出的矿监税使，既是为了维护王朝政府的利益，更是为了捍卫其所属富民阶层的经济地位。从本质上说，东林党人反对神宗强征暴敛的斗争，“与维护政府利益的在朝官员以及市井之民有着共同的要求，从而得到社会舆论的支持，壮大了自己的力量”。东林党中多江苏、江西、浙江籍人士，其活动中心也在经济繁荣的三吴地区，这与江南地主政治、经济地位的不平衡现状是息息相关的。自朱元璋灭张士诚起，一方面，统治者始终采取抑制江南豪绅的政策，致使万历年间出现严重缺官的局面。但另一方面，江南地区手工业发达，资本主义萌芽，地主、富商必然要求突破传统的压抑，以争取与经济发展相同步的政治地位。东林党人在“复官无望”的情况下，不得不另谋途径，企图以舆论影响和参与政治，这也是江南地主阶级要求提高政治地位的反映。

第二部分“并不高明的救世药方”是全文论述的主要部分，作者通过对东林党思想体系和社会实践的分析研究，对其作出了较为全面和公允的历史评价，集中体现了作者的唯物辩证史观。所谓“夫救世者有二端，有矫之于上，有矫之于下，上难而下易，势使然也”，东林党人受政治环境的约束，选择“矫之于下”的办法，主要是通过讲学制造舆论，祈求内阁听从他们的政见。在思想体系上，他们把尊经重道作为救世的信条，所颁布的“四要”实际上是将儒家经典法律化、宗教化，从而抵制离经叛道的进步思潮，加强封建专制主义的思想统治。在经济上，他们提出体恤富民的要求，尤其是在赈灾及粮长的差使、解役问题上，东林党人坚持“官民两利，贫不累富”的原则。虽然东林党人提出了上述合理的济世主张，但其在社会实践方面却有失众望，当政后他们排斥异己，打击宿敌，将主要的精力和才智都消耗在教化人心和进行党争上，迫使一批官员投靠阉党并酿成覆灭的悲剧。同时，他们所提出的思想主张在实施过程中也带有很大的局限性和调和色彩，如其未能触动当时社会的主要流弊，即土地兼并问题；又如其反对矿监税使的最终目的是为了消解民变。

最后一部分讲述了东林党式微、覆灭的始末。由此分析了一批声势煊赫的饱学之士何以被一个目不识丁的宦官驱尽杀绝，并在对东林事迹高屋建瓴的体察和反思中总结出明末历史的潮流。当魏忠贤与客氏开始勾结篡权时，东林党人采取“笼络群阉”的政策，姑息养奸；直至两党水火相接之时仍幻想只依靠糊涂的熹宗，而没有及时掌握武力作为后盾；万历年间，齐、楚、浙、宣、昆党与东林党长期斗争，这些被东林排斥而结怨的敌党依附魏忠贤，给东林以致命的一击。以上种种都反映出东林党自身的软弱妥协和政治手腕的缺失。

在对东林党作出整体评价时，作者认为东林党并不堪当称誉，士民只是“借助统治阶级中较为温和的派别来寄寓自己摆脱强暴政治的愿望”，由此“给东林党和阉党的斗争抹上了一层粉霜，似乎东林党捍卫了人民群众的利益”，但事实上，“在治国理政方面却拿不出改革方案与阉党相区别，即使在反阉党的高潮中，他们与人民群众的表现也是迥然不同，志趣各异”。简言之，作者认为东林党最大的不足在于虔诚地维护封建纲常伦理，他们的迂腐和愚忠虽是“激发民变的导火线，却试图成为民变的灭火器”。作者对东林党功过的分析是切中肯綮的，对东林党所处时代的意义也颇有见地。随着研究的推进，作者对东林党的评价日趋缓和、公允，其对东林党的态度正如在东林书院讲演时说的那样：“我景仰东林党又痛其愚顽。”

全文通过对东林党兴亡的梳理和呈现，在博采史料与选择明辨的基础上重在对其性质、功过的分析和界定，更通过与东林党相关的文史旧典，挖掘出其所处时代的意义。同时融汇现代科学精神，见前人所未见之处，作出自己的真切判断。在研究视角方面，作者善于将东林党的兴衰始末置于宏观与微观视野下进行双重考量，从而探究社会现象背后的深刻原因和历史规律。该文在立论和阐述方面，大致具有以下特点：

一、独树旌帜，不步前人后尘

1979年发表的《论东林党的兴亡》一文史论结合，通达严谨，独抒己见。作者一开篇便指名批评了学界泰斗侯外庐先生的论点。侯外庐先生在《中国思想通史》卷四下《东林党争的历史意义及其社会思想》一章中指出东林党人是“现代自由主义者的先辈”，“代表了资本主义萌芽时期的进步思潮”。作者却从思想体系和社会实践两方面深入剖析，将东林党人界定为“一批尚未越出封建思想藩篱的官员士大夫”，从而得出结论，“东林党并不是改革派，更不是晚明进步思潮的代表者”。可见，本文写作的目的即在于探讨东林党的性质和功过，对侯先生的观点进行辩驳。作者秉持“坐集千古之智，以善取为乐；不法前人后尘，辟蹊径求知”的座右铭，发前人未见之处，在对史事客观陈述的基础上，阐发己见，不掩真情之流露；在对历史事件作冷静客观的描述和分析后，常以慷慨充沛之笔墨对“社会历史的发展规律”说进行反诘，以此启迪和烛照现实。

二、融会贯通，考据义理并重

作者钩沉稽古，发微抉隐。《论东林党的兴亡》一文于一万四千余字的篇幅中，征引多达86处。大多从东林党人之著作言论中发掘，总结其信条与纲领，如顾宪成之《泾皋藏稿》《小心斋札记》《顾端文公遗书》，高攀龙之《高子遗书》，缪昌期之《从野堂存稿》，周顺昌之《忠介烬余集》皆载有东林党之会约章程、讲学语录与思想宗旨。作者于弘通广博的基础上，择其精要并加以简洁化、系统化，从而脉络清晰，阐发周密。此外，作者重视对史籍的参照印证，并进一步分析归纳，比较综合，力求“言必有证，事必有据”，绝不妄下主观之论断。仅《明史》一部，作者便摘录了《光宗本纪》《顾允成传》《赵世卿传》《汪若霖传》等20余篇，利用不同人物对事件的评介和描述，还原出确凿可信的历史原貌，对历史人物作出客观、公允之体察。

作者在征引史料时，往往极其关注公众心理和社会文化现象。如其引《吴江县志》说明明中叶后人们追逐货币的普遍心理。又如其引《明季北略》阐述东林被诛后的民变思想。此类引文往往不拘于史事，而是从宏观视角勾勒出当时社会经济、文化、思想等方面的全景，力图通过对民情风尚的考察来解释历史问题。作者将东林党产生的社会影响与东汉党锢之祸、北宋党争中的变法派加以比较，进而研究封建社会末期党争所激起的社会反响，将视角由历史事件本身转向公众心理，反映了作者对礼俗社会中公众人物和思想符号的重视，是独具创见的。正是受这种历史观念的指引，刘志琴后期将研究重点放在晚明城市风尚和道德观念的变迁上，并且始终将“全民性”贯彻于研究之中，力求使史学研究贴近社会，贴近民众。

三、辨脉切要，探寻历史纵深

《论东林党的兴亡》虽建构于精密、丰富的史实之上，然其并不局限于简单描述或严密考证，而是追根溯源，条分缕析，在对东林功过进行整体评价时亦深入史学理论的层面。因此，该文语言简劲，思路明晰，带有很强的学理性和思辨性，其间作者对历史经验的感悟、体认和敏感可见一斑。这一点又体现在以下三个方面：

首先，涉及对历史人物的评价时，坚持唯物辩证史观，即历史评价和道德评价的二重评判。正如文中所表明的那样：“问题不在于救世主的愿望如何虔诚，更重要的是这救世的信条解决什么问题？起什么作用？”“东林党这一批人是道德主义的殉道者，他们的身体力行，鞠躬尽瘁，为晚明王朝的整体利益献身亡命，蒙冤受屈，然而他们又滞留在理想化的境界，在实践中表现为无能又无奈，软弱、退缩，麻木不仁，直至遭受灭顶之灾。”作者将东林“济世”的主观愿望与客观实践分而论之，一方面肯定其忧国忧民精神对于民族气节的塑造作用，另一方面也不因其出发点的崇高而拔高事功，忽视其思想体系和社会实践中的局限性。

其次，重视对历史现象的深入思考和历史经验的汲取。一方面，作者透过历史的表象，拨云见日，对历史事件的本质作出精准的界定，如其尖锐地指明东林党“既要反对矿监税使，又要劝阻民变，而反对矿监税使的最终目的也是为了消解民变”。另一方面，作者将人物和事件置于特定的历史情境，在时代更迭的动态过程中考察其对社会发展所起的作用，作者着重描述了黄尊素到黄宗羲这父子两代人在思想上的飞跃，横截面的选取体现其洞察时代的深邃目光和见微知著的学术功力。

再次，作者通过东林党的兴衰历程来认识晚明和东林党所处的时代意义，探索传统社会近代化的演进规律。晚明社会较之清末，其研究和镜鉴的价值主要体现在“晚明是没有受到西方近代化影响的原装的封建社会，考察这个时期的变化，有哪些达到封建社会所能容纳的极限，又有哪些可能越出常规而有所突破，为真正了解封建时代的国情和民情，提供了一个可资解剖的社会面”。沿着这一思路，作者对晚明丰富和复杂的精神活动和社会行为进行了梳理和考索，旨在获得对当代社会依然具有参照性、启示性的经验和知识。

概言之，作者认为明末封建政权的执政危机和东林党人的垂败挣扎预示着封建专制主义制度已经沉疴临绝，既有统治秩序的败落已不可自救。同时，晚明社会母胎内部的异己因素已经孕育，理学的衰微和商品经济的发端不断侵蚀着封建统治，因此，东林党的兴亡其实是社会发展规律性与历史选择偶然性合力作用的结果。在研究和撰写方法上，作者展现了深厚的史学修养，从而使本文视角新颖、见解独到、思力颇深，极具研读价值。

刘志琴相关论著目录：

《文化危机与展望：台湾学者论中国文化》，中国青年出版社1989年版。

《近代中国社会文化变迁录》，浙江人民出版社1998年版。

《悠悠古今》，广西人民出版社1999年版。

《近代中国社会生活与观念变迁》，中国社会科学出版社2001年版。

《晚明史论：重新认识末世衰变》，江西高校出版社2004年版。

《张居正评传》，南京大学出版社2011年版。

东林党史话(存目)

朱文杰

【评　介】

朱文杰(1942—　)，毕业于南京大学历史系。毕业后进入江苏省无锡市东林书院工作，任东林书院研究员、东林书院文物管理处负责人，于2002年退休。朱文杰长期从事东林书院、东林党史、宋明学术史方面的研究。1984年，其发表的论文《杨时在东林书院讲学时间考辨》受到明史学界关注，此后他陆续编纂了《东林党史话》《东林书院与东林党》《东林书院丛谈》《顾宪成讲学活动述要》等多部专著，并发表了《关于明万历初年毁全国书院原因简析》《略论“三声三事”对联的有关问题》《明季党社考——东林党与复社》《东林书院讲学性质转化考述》等学术论文，在东林党研究领域产生了一定影响。

《东林党史话》于1991年由华东师范大学出版社出版发行。该书共包含20章内容，每一章均围绕一个重要的历史事件或具有典型性的历史现象展开，大致以时间为主线进行串联。该书将东林党置于明末矛盾激化的社会大背景下进行全景式的描绘，从万历至崇祯，自神宗迄思宗，涵盖了东林党发端、兴起、遭受迫害打击直至昭雪平反的历史始末。内容宏大，体量丰富，视角清晰而全面，将民间、朝堂、宫廷的大小事件贯穿于东林党励精图治、振兴邦业的思想与实践之中，于波澜壮阔的历史潮流中亦可见作者精微细谨的学术考据与独到的历史眼光。

作者选取明代第十三世皇帝神宗朱翊钧冲幼御极作为治史之起点，由辅政大臣张居正谋逐高拱、父丧夺情贪位等事件牵引出一批反对其蔑亲揽权的忠良朝臣，如吴中行、吕调阳、张四维及其后的东林官员邹元标等人，由此揭示了广大官员与部分权臣之间思想认识上的严重分歧与情绪对立。东林党官员为廓清朝政而进行的长期斗争，从万历初年即正式揭开了序幕。其后将立国本之争、反对矿监税使、会推阁臣及万历三十九年(1611)京察党争等诸多政治争端娓娓道来，再现了顾宪成、左光斗、高攀龙、叶向高等东林党人面对朝廷聚敛财货、大兴土木、严重官荒、徇私舞弊等混乱政局时严守正义、一心奉公的高尚气节。他们反对皇帝派遣矿监横征暴敛；要求惠商恤民、减轻赋税、垦荒屯田、兴修水利；反对屡见不鲜的科举舞弊行为，主张取士不分等级贵贱，按照个人才智予以录用；同时力主加强在辽东的军事力量，积极防御满洲贵族的进攻。对于神宗"封王待嫡"的做法，顾宪成则大胆上疏，明言："一请不当，则至于再，再请不当，则至于三。甚而至于十，至于百。至于去就可也，至于死生可矣。"

对于轰动一时的历史疑案，如万历三十一年(1603)的妖书攻讦事件、万历四十三年(1615)的梃击案、万历四十八年(1620)的红丸案，作者亦分别成章，完整客观地呈现其始末。对于作案动机的各种猜想，作者均不作一己主观之判定，而是将种种可能与嫌疑客观呈现，理性分析。作者抛出这三桩历史疑案的始末，重点在于表现东林官员要求彻查到底、无所袒护的正义与执着。同时也暴露了朝局的动荡和社会的危机，如妇人干政、都下风气不正、各派势力相互倾轧、纲纪伦理崩塌等问题。更为严重和深远的影响在于，关于这三起疑案的争论后来发展成为党派势力之间的互相攻击。无论案件的真相如何，权奸借题反讽，用压制言臣的手法来掩盖自己负国负民的罪行，许多东林官员反而因此受到奸党的打击。而小人祸国殃民的气焰在这样的局势之下不断被助长，以客氏、魏忠贤为首的阉党合谋弄权、恃宠乱政，最终引发对东林党的集体围剿和杀戮。虽然崇祯皇帝登基后东林逆案被钦定昭雪平反，但国家颓势显然已无法挽回。就该书的组织与编纂方面，可以总结出如下特点：

一、偏重思想，史论结合

《东林党史话》一书虽涵盖神宗、光宗、熹宗、思宗四朝社会经济、政治、文化等各方面内容，然其对东林党之研究则多依托疏本奏折、名人论著等史料，聚焦于其政见主张、治学思想及精神气节，实则更偏重于思想史的部分。除交代历史事件和社会局面之外，作者着力于将东林党人的政见主张条分缕析，加以概括总结，使之理论化、体系化。于需要补充、总结或辨析之时，作者往往适时地由叙事的全知视角转向论证的个人视角，于章节结尾之处亦多就事件之历时、结局、本质、影响、意义加以总结与归纳。该书末尾特辟一节，概括了东林党各个历史时期不同的代表人物及其政绩，亦对东林党官员所属的社会阶层、所受的文化熏陶和所持的政见主张，作出了总结与界定，从中可见作者洞见之独到与学术之功力。由此，该书兼具学术之视点深度与史话之翔实生动。

二、穷其原委，观其会通

《东林党史话》有条不紊地划分组合，抽丝剥茧、疏密有致地反映出东林党发端、兴盛、受挫、垂败直至平反昭雪的全过程。其于短小精炼的篇幅之中，即可穷事件之原委，观思想之会通，实可见作者分析史事、编选史料之出色能力。该书将轰动朝堂并产生巨大影响的历史事件一一罗列，披露其前因后果时亦相当重视历史细节与个人命运，通过重大历史事件串联起东林代表官员完整的人生经历。值得注意的是，在长达半个多世纪的历史纷纭之中，作者条分缕析地梳理出重要事件及板块，使其前后紧密勾连的同时，亦最大限度地保持了单一事件或板块前后的连贯性与完整性。如东林书院作为东林党人学术思想的集中体现，其内容先后散布于《顾宪成里居与东林书院讲学活动》《拆毁东林书院及各地书院》《钦定逆案昭雪平反东林党人》这三章之中，虽然文本上相隔较远，然作者详略结合，从北宋政和元年(1111)杨时讲学说起，重点展现万历三十二年(1604)书院修缮、聚众讲学之盛景与天启五年(1625)书院被毁之惨相，直至天启初年旌表五义士诏复东林书院，辅之以全国四大书院的兴衰，将明末学术思想的横断面大致勾勒出来。

三、旁征博引，采择精要

作者不仅广泛搜集、参阅、考证了《明史》《明神宗实录》《明史纪事本末》《泾皋藏稿》《小心斋札记》等史料，更对资料的采择选用秉持慎重态度，在确保史事真实性的基础上力求例证与引言的精要。其引用以人物疏论著作及史料所载的言语对话为主，将其自然嵌入事件之中，往往精妙传神；同时又不避俚俗，对坊间流传的童谣、谚语乃至野史稗乘等亦多有涉及，往往于只言片语之中切中肯綮，以凝练之笔墨描绘时代之风气。

其治史之严谨精神与求实态度从《重修东林书院》《东林讲学特点》两节之中即可见一斑。作者首先将万历三十二年(1604)以来东林书院的修缮情况、血脉传承、楹联匾额、会约仪式等有关史事置于当时的社会背景下进行了客观探索考述。以档案、调查、史料为支撑，引用了顾宪成、唐鹤征等学者的言论及学理分析，探讨了明后期东林书院重建和讲学活动的宗旨及顾宪成等东林党人将读书和国事紧密结合的学风与品格，整合了东林书院重建以来的历史沿革、史事、人物、遗存等各方面的资料，并由切实之史事客观公允地概括出东林讲学之特点，如注重兴贤育才，博采诸家之言论，重视实学与社会研究，主张扶救世道，等等。作者不仅仅停留在对史事的罗列和讲述层面，更以独到之学术视角对思想史进行了明辨与总结。由此，该书于生动翔实、跌宕传奇之史事中融注了学术性与思辨性。

四、情韵并美，文质兼具

通读全书即可发现，作者在对史事客观陈述的基础上，不避一己观点之阐发，亦不避真挚情感之流露。对于东林志士的赞扬与敬意，不仅体现在历史事件的细节之中，亦常常直接通过抒情、议论表露出来。例如，作者于东林书院被毁之时感慨：“东林精神如皓月当空，旭日经天，是永远不可磨灭的!”又于全书之末尾给予东林党以极高评价：“东林标志着一种积极进取精神，它将长期启迪、教育和不断激励人们为国家的昌盛和社会的文明进步，作出自己的不懈努力和斗争。”作者显现出了明确的情感倾向和道德立场，并将其灌注于对历史人物、历史事件的评价之中，从而使全书充溢着浩然正气，贯穿着反思与追问。该书融合历史叙事与文学叙事，取得了情韵并美、文质兼具的艺术效果，含丰富准确之历史事实于生动跌宕之叙事描写之中。其具体手法又可归为以下三点：

其一，文学性的剪裁与历史事件的故事情节化。作者治史的高明之处在于将历史以真实的“故事”形式加以呈现，使读者犹如亲历，感同身受，引发共鸣与深思。显然，作者对史事的采集、剪裁、拼贴经过了类似于文学创作的精心安排与构思。书中提及的三桩历史疑案：万历三十一年(1603)的妖书攻讦事件、万历四十三年(1615)的梃击案、万历四十八年(1620)的红丸案，就被作者以抽丝剥茧的“发现”视角加以呈现，颇具悬疑性。而阉党日后乱政枉法、把持朝政、迫害东林党人，给东林造成的“灭顶之灾”则全由客氏魏忠贤合谋弄权一事牵出。客氏、魏朝、魏忠贤三人私下关系的变化，乃至客氏心中隐秘的好感，在后来逐渐演化成一桩桩阴谋与血案，演化成一场危及国家前途命运的党争，在真实史事的基础上，作者的叙写使这一事件具有跌宕起伏的戏剧性。

其二，生动的场面描写与传神的细节描写。在表现历史人物时，作者惯于发掘其隐秘幽微之心思与用意，并结合其具体言行，以历史之眼光对人物品性之忠奸作出评介，使之神形毕现，富有立体感和真实感。如“妖书案”中皦生光作为“替罪羊”被诛以息纷争，作者描写皦生光在狱中时“圆睁双眼，破口大骂”这一神情，实为历史记载、适当完型与文学想象三者相结合。非但不破坏历史之真实，还使得史话更具人情之温度与人性之深刻。及至阉党大兴冤狱迫害东林党人，首杖万燝，逮捕汪文言，江南七君子罹难，作者以充沛之笔墨对惨烈场景和人物境遇进行特写，诸如“满脸鲜血，仍旧厉声大叫不止”“十指全断，尸骸肿胀，头发蓬散遮在脸部”之惨景乱象如在目前。

其三，引文与对话典雅凝练，理富文美。该书大量引用文献资料为证，作者选取时不仅考虑到引文与所述主题的相关度与代表性，同时也有意择录情韵激荡、典雅清丽之篇章与佳句，将其自然转化为人物对话或内心独白加以呈现。《东林书院被毁经过》一节中，作者节选高攀龙、叶茂才及其门生之诗数首，如“世法递兴还递灭，乾坤不毁只吾心”，“蓦尔东林万古心，道南祠畔白云深。纵令伐尽林间木，一片平芜也号林”，“空谷有音人意古，高山遗响会心真。坐谈莫畏西风急，元酒斟时宇宙春”，即为史话奠定了慷慨悲壮的基调，富有表现力和感染力，摆脱了传统历史著作枯燥板滞的困境，亦不致使其滑入如戏说野史般通俗泛滥的深渊。

总体而言，朱文杰先生的《东林党史话》一书完成了对晚明社会、政治、思想、军事的全景式考量与通览，而于东林之学术思想、政见主张尤精。该书在治史和史话编著方面也极具借鉴意义，其旁征博引、采择精要的史籍整理，穷其原委、观其会通的结构安排，史论结合、兼具情采的叙述方式，突破了传统历史著作严肃板滞的线性或专题性叙述模式，将学术性与文学性巧妙融合，寓浩瀚史事于精简篇章之内。朱文杰先生对东林思想之系统研究实则寄寓着以古劝今之意，如书中所言“历史上那些弄权营私，胡作非为，祸乱国家。荼毒民生的人，最终都要受到应有的惩罚”，而东林所标志着的积极进取的精神，“将长期启迪、教育和不断激励人们为国家的昌盛和社会的文明进步，作出自己的不懈努力和斗争”。

朱文杰相关论著目录：

《东林党史话》，华东师范大学出版社 1989 年版。

《东林书院与东林党》，中央编译出版社 1996 年版。

《东林书院丛谈》，方志出版社 2013 年版。

《东林书院讲学性质转化考述》，《中国书院论坛》2002 年 6 月刊，江西省书院研究会第四届年会学术论文汇编。

晚明东林党议(存目)

王天有

【评　介】

王天有(1944—2012)，男，山西临汾人。1963年考入北京大学历史系，1979年考回北京大学历史系攻读硕士学位。后任至北京大学历史系教授、博士生导师，同时兼任中国明史学会副会长、北京满学会副会长、北京大学明清研究中心主任、教育部历史教学指导委员会成员等。王天有长期从事中国古代史、明清史、中国古代政治制度史等方面的研究，主要专著有《明代国家机构研究》《晚明东林党议》《中国古代官制》等。参与点校的有《国朝典故》《逆臣录》等。主编及参与著述的包括《明朝十六帝》《中国历史透视》《中国历史·元明清卷》《北京传统文化便览》《长城百科全书》《中国历史辞典·明史分册》《中国考试史文献集成·明代卷》《中国文化》等。

王天有师从明史研究专家许大龄先生，从事明史研究四十年，逐渐形成了个人鲜明的研究风格，他以明代政治制度为研究重点，取得了卓著的研究成果。1980年完成了专著《晚明东林党议》，十年后由上海古籍出版社出版。该书在历述东林史实的基础上，结合明代内阁制度、宦官机制、两京制度等，对东林党的性质、历史作用进行了细致的阐述和深入的评价，从错综复杂的历史人物事件关系中探寻东林党的政治立场，辨析其功过是非，用力极深。此后，从20世纪80年代末开始，王天有对于明代官制的系统性研究逐步深入，撰写了《中国古代官制》《明代国家机构研究》等专著及论文。

《晚明东林党议》是中华人民共和国成立以来系统研究东林党问题的开拓之作。全书分为七章，围绕“东林党议”的问题，作者全面梳理了党争的内容与过程，运用阶级分析的方法对党议历史事件的性质及历史作用进行了全面系统的分析，并结合明代政治制度、晚明社会特征对东林党议进行了客观评价。

引言部分，作者首先对晚明的党争进行了界定，指出：“所谓党争，一方是东林党人；另一方在万历年间是浙、齐、楚、宣、昆等党，在天启年间则是阉党。‘东林党议’就体现了这两方面政治势力的斗争。”对于东林党争的历史认识，自明末清初，就形成了两派不同的观点。以夏允彝为代表的一批学者对东林、复社的党派之争和门户意识提出批评，认为各个党派对于明王朝的灭亡应当承担责任，他们对于国家政治形势毫无改革之功，却各植党羽，争论不休，朝政乌烟瘴气，国力就此消耗殆尽，遂使大厦倾颓。清人颜元及近人梁启超等亦认同此说。东林党后人黄宗羲则力驳夏允彝，针锋相对地写了《汰存录》，为东林对于晚明政治的历史作用进行了辩护，肯定了他们刚正不阿的人格。当然，黄宗羲之论因其东林后嗣的身份并不被人们完全认同。王天有对于两种截然不同的评价，以史学家的审慎态度，辨是非、核功过。该书将东林党议分为三个阶段。第一阶段为万历朝，是东林党议酝酿、产生和发展的时期。第二阶段是泰昌、天启朝，是东林党议的决战时期。第三阶段是崇祯和南明政权时期，是党议的尾声和余波。作者以第一、第二阶段为讨论的重点。

第二章《万历、天启朝纵横观》概述了东林党议发生的历史背景，认为它是明代政治、经济、军事等各种矛盾交互影响的产物。作者运用阶级分析方法分析了党争实质是地主阶级内部上层与中下层之间的矛盾。大地主侵占大量土地，将国家的赋役、加派、火耗等转嫁到贫苦农民身上，激化了当时的社会矛盾。中小地主的利益同样也受到了大地主的侵夺，他们的矛盾有时甚至超出了本阶级的范围，这构成了东林党议发生的阶级基础。经济方面，商品经济有了较高的发展，资本主义萌芽在江南等地区出现。经济的发展并没有缓解社会矛盾，却进一步激化了大地主与城市新兴市民阶层的矛盾，大地主阶级掠夺大量金银财物，破坏城市商业和手工业。东林党的产生及其对商品经济的态度，顺应了资本主义萌芽的历史潮流，他们代表着城市的中小地主和新兴市民阶层的利益。同时，国家机器的瘫痪、吏治的腐败在晚明时期进一步加速了党争的发生。东林党迫切企盼改革吏治，整顿日益腐朽的上层建筑，体现了积极的经世精神。民族矛盾的日益尖锐给摇摇欲坠的晚明王朝更是致命一击。东林党议在这样的社会背景下发生，他们对于政治改革、经济发展、军事战略等方面的观点和行为无不刺激着晚明“垂暮之年”的神经末梢，对明代政坛产生了深刻的影响。

第三章《东林党议的性质》讨论了东林党的性质，作者认为东林党议属于封建统治阶级内部矛盾。东林党代表着中小地主阶层的利益，而与东林党相对的浙、齐、楚、昆、宣等党则代表着大地主阶层的利益。作者在这一章节里分析了东林党名称的由来，并对东林党的人物家庭、身世、籍贯进行了详细的考订。该书将东林党人物分为三类，中小官吏、中小地主、名门望族，部分人的家世还与工商业有着密切的关系。他们都有明确的政治立场，共同反对大地主集团侵田占地，提倡均平赋役，支持工商业的发展。

第四章《东林党议与张居正改革》、第五章《东林党议的是非》分别就东林党与张居正改革、市民斗争、吏治、辽东战局、晚明“三案”等问题进行了细密的阐述和分析。作者对东林党与张居正的关系进行了深入的厘清，对东林党是张居正反对者的观点提出了质疑，逐条分析了东林党对张居正诸多观点和行为的态度，得出较为客观中肯的结论。张居正改革的内容甚丰，包括整饬吏治、抑止兼并和均平赋役、禁止“异端”、支持工商业发展等，针对这些举措，反对者并非东林一家。同时，东林也并非全然否定张居正的改革措施，在不少政策上，东林党的政治倾向与张居正如出一辙，乃至有过之而无不及。如在对待“异端”、对待工商业、改革吏治等问题上，东林党与张居正都持有相同的政治态度。东林党反对张居正主要集中在“夺情”方面，但反对“夺情”是社会普遍声音，而并非仅有东林。更值得注意的是，在明神宗去世之后，东林党人甚至积极为张居正恢复名誉。与此相反，反对、阻拦为张居正平反的恰恰是阉党。因此，作者认为不能肤浅地认为东林党是张居正改革的反对派。

在第五章中，作者就学者普遍存在争议的几个历史问题进行了分析和辨别。作者认为东林党敢于批评皇帝，限制皇权，敢于反对矿税监的横征暴敛，维护市民百姓利益。东林党的这些政治态度是天启年间市民与阉党斗争以保护东林党人事件的根本动因。书中指出：“下层市民，包括那些手工业工人、小手工业者、小商人和城市贫民，是东林党议最公正的评论员。”在吏治改革方面，东林党是积极的提倡者和践行者，他们希望皇帝亲政勤政，重振纪纲，大臣应严于律己，做出表率，他们主张任用干济之才，并加强监察监督，重纠察之令。通过万历、天启朝的七次京察，东林党与其他党派形成了泾渭分明的政治派别。在军事方面，作者认为辽东战事主要断送在大地主阶层之手，浙、齐、楚等党和后来的阉党应负主要责任，东林党人则在其中起到了一定的稳定时局、挽救危亡的作用。在晚明“三案”问题上，实质就是各党派在争一个“支持他们改革的皇帝”，可惜东林党遭到惨败，这正说明了大地主集团腐败之极，已无法挽救明王朝的倾颓之势了。在本章，作者还就东林党人对明朝经济上的作用、对待西学的态度以及东林党人的气节等问题进行了分析和评价。

第六章《东林党人时代和阶级的局限性》探讨了东林党失败的原因。作者认为，东林党不能从政治制度的层面解决问题，只把希望寄托在皇帝一人身上，不相信人民群众的力量。东林党人用以救世的思想武器也较为陈旧，不能跳出封建的思想束缚。同时东林党内部也存在诸多矛盾。这一切最终导致了东林党的失败。

东林党议几十年间错综复杂、前后交织的大小事件经过作者的归纳，条分缕析，一目了然。作者高屋建瓴，纲举目张，对东林党议的性质、作用、历史事件都进行了详尽的剖析。由于东林党内容牵涉面广，晚明的政治、经济、军事、文化都与东林党有着密切的关系，对于研究明代后期历史有着重要意义。作者运用阶级分析的方法从政治制度的维度研究东林党，这对其后的东林研究颇多启迪。

作者在《晚明东林党议》中还表示出了对晚明“政治-社会转型”的关注，论及了商品经济、资本主义萌芽以及市民阶层的出现在东林研究中的背景作用。作者对东林党敢于批评皇权所体现出的政治觉醒等，都予以高度评价，认为这是顺应时代潮流的一种积极现象。在作者看来，明代中后期经济繁荣发展，思想文化开放活跃，社会充满活力，在当时的世界上拥有举足轻重的地位，中国近代化之路已开始起步。东林党在其中扮演了重要角色，理应肯定多于批评。“他们的活动与当时时代的进步潮流相适应，有较广泛的人民性”，“他们可以称为明朝后期的改良派”，是“埋头苦干，拼命硬干，为民请命和舍身求法的官吏”。将东林的政治态度与时代发展潮流相呼应，这是作者对东林较理性、客观的高度评价。

全书细审精核，厚积薄发，占有史籍凡一百余种。在此基础上，从明代政治制度、社会经济、民族关系等方面对东林党议进行了深入的研究和剖析。资料丰富，逻辑缜密，对现今的东林研究仍然具有参考价值。

王天有相关论著目录：

《晚明东林党议》，上海古籍出版社 1991 年版。

《中国古代官制》，中共中央党校出版社 1991 年初版；商务印书馆 1997 年修订版。

《明代国家机构研究》，北京大学出版社 1992 年版。

《明史：一个多重性格的时代》，台北三民书局 2008 年版。

《中国帝王的大智慧》，吉林出版集团有限公司 2010 年版。

顾宪成　高攀龙评传(存目)

步近智　张安奇

【评　介】

步近智(1933—2012)，江苏丹阳人，中国社会科学院历史研究所研究员。1949年参加中国人民解放军，退伍后考入山东大学历史系，1959年获得学士学位。毕业后分配至中国科学院哲学社会科学部历史研究所工作，师从著名思想史专家侯外庐先生。1991年担任中国文化史研究室主任，1992年获国务院政府特殊津贴。曾兼任《中国哲学》编委，北京大学韩国学研究中心特约研究员，中国实学研究会副会长，中国孔子基金会理事、学术委员和《孔子研究》编委等。研究范围涉及先秦、两汉、魏晋南北朝、隋唐五代、两宋、元明清乃至近代各个阶段的学术思想领域，尤其对于宋明理学、东林学派、明清实学等均有所创见。参与研撰《中国思想发展史》《宋明理学史》《明清实学思潮史》《中国学术思想史稿》《中华文明史》(十卷本)等著作。发表学术论文40余篇，目前已经合辑出版为《好学集——中国思想史学术论文选》。

张安奇(1933—　)，上海人，《人民日报》高级历史编辑，原上海博物馆研究员。参加《中华文明史》(十卷本)编写工作，担任第八卷《明代卷》的总纂，兼任全书编委并撰写《卷首语》。著有《论明后期自然科学中的近代因素》等论文15篇。由于步近智的身体原因，夫人张安奇女士协助其共同完成多部作品，其中包括《顾宪成　高攀龙评传》(《中国思想家评传丛书》第134种，南京大学出版社1998年版)。

步近智作为“侯门弟子”，受到侯外庐学术思想和风格的深刻影响。侯外庐是马克思主义史学大家，他采用唯物史观、阶级分析法来开展学术探索，撰成诸多名作。步近智的思想史研究也深受其影响。在《顾宪成　高攀龙评传》一书中，他以马克思主义唯物史观为指导思想，将思想史和社会史研究方法相结合，从晚明时期的政治、经济和文化思想整个时代大背景出发，对顾宪成、高攀龙等东林学派的思想理论、政治实践进行了深入的研究。全书不仅有扎实严谨的文献史料分析，同时还对顾、高二人的思想渊源、学术观点、政治气节和历史地位进行了详细评述。该书脉络清晰，提出了诸多新的见解，认为顾、高二人的思想体现了由理学向实学的转向。同时，在反对专制统治等方面，顾、高堪称是“明清之际早期启蒙思想的先驱”。

全书共分为八章：《顾宪成　高攀龙生活的时代》与《家世和生平》两章从政治、经济、文化的历史背景切入，着重介绍顾、高二人的生平事迹；该书的主体是以下六章，分别是：《思想渊源与学术倾向》《反对封建专制政治与早期民主思想的萌芽》《反对空谈心性的一场思想论争》《反对“孔言之弊”，提倡“讲”“习”结合和“反之于实”的知行观》《提倡“悟”与“行”结合的道德修养学说》《东林讲学和图新求实的教育主张》。这六章主要评述以顾、高为代表的东林学派的学术思想和教育观点。

关于东林党、东林学派产生的时代背景，作者对学术界讨论甚多的“晚明时期资本主义是否萌芽”这一问题予以详细的分析与回答。作者认为无论是从农业生产的进步、民间手工业的发展、商业经济的活跃，还是从阶级关系发生的新变化来看，资本主义萌芽已经发生。农业的冶炼技术、耕作技术大大改进，突破了传统的以生产粮食为主、棉麻为辅的自给自足式的单一经营模式，向多种经营模式转变。经济作物得到大面积种植和销售。虽然租佃制还是农业的主要经营体制，但是明代中后期在江南地区开始出现雇佣制，这已是具备了资本主义自由雇佣劳动的性质了。传统的地主也在积极寻求演变成为经营地主，他们开始追求土地的合理利用和生产方式的合理化，开始注重生产成本和收益。这些都标志着在农业中资本主义萌芽的出现。手工业生产技术也有了显著的进步，在多个行业领域如纺织业、矿冶业、榨油业、瓷窑业、造纸业等都出现了资本主义性质的雇佣制。这一切都在不断地改变传统封建经济面貌，促进商业经济的发展和繁荣。在明代后期，星罗棋布的市镇网络开始兴起，尤其是江南地区最为密集，其中还有一些“巨镇”在进行着发达的商业贸易。同时，具有地区性的商人集团也开始兴起，如徽商、西商、浙商、福建海商等，他们在全国各地经商，因商致富者比比皆是。在经济快速发展的影响下，阶级关系产生了新变化。地主阶级里存在着大地主与中小地主之间的矛盾，其中江南地区的一些中小地主开始转化为工商业者。农民有些已经开始转成城市平民，他们以雇佣的关系前往城市，构成了新兴市民阶层的主力军。

经济上出现的新兴气象，改变了时代进程。但明王朝政治上的黑暗腐坏、党派纷争、民不聊生，军事上的危机四伏，思想文化上的空疏颓废，都使晚明社会陷入了“天崩地陷”的局面。

在这样的社会历史条件下，顾宪成、高攀龙等东林学派人士走上了历史的前台。作者在叙述顾宪成、高攀龙的家世生平时，突出了以下几点：第一，顾、高二人(尤其是高攀龙)的家庭深受商品经济的影响。第二，二人出生于中小地主阶层，能够体会百姓疾苦，都是清廉正直、务实奋进之士。第三，都试图以学术正人心、正政事。其中，尤以顾宪成为著。顾宪成批评张居正“夺情”与专断，批评神宗在立国本问题上“以一己之私”而害“天下之公”，他重视吏治与人才，却因推荐首辅人选非神宗所好而被罢免。随后退居林下，重修东林书院，设帐讲学，创建了东林学派。顾宪成在推举并支持李三才入阁这件事上被指摘为“东林党”，以 63 岁抱憾病逝。顾宪成比高攀龙大 12 岁。高攀龙也曾因敢言直谏而被贬谪到广东揭阳，之后便与顾宪成共同主持东林书院，天启时在魏阉党祸之中自溺而亡。

以顾、高为代表的东林学派，在文化思想上试图通过“实学”来挽救时局，直面腐败的政治与深重的民族灾难。在该书第三章，作者首先论述了自明初到晚明学术演化的总趋势。明代前期程朱末流教条禁锢和知行不一，使程朱之学失去了思想活力。后期阳明心学兴起，但王学末流又形成空疏不学之流弊，并深受佛禅玄虚之风的影响。面对这两种或“拘”或“荡”的学风，晚明仁人志士开始反思，并以“实学”思想纠时学之偏。对于“实学”，作者认为应该包含如下三个含义与特点："（一）集成和发扬儒学'经世致用'的优良传统，要求学术为'治世'、'惠民'服务，并针对时弊提出了各种社会改革方案。""（二）强调实践、实证，突出'行'的作用，以批评理学、心学。""（三）启蒙色彩的出现。"①东林学派从"救世"出发，在朱学的思想基础上，提倡经世致用，提倡本体与工夫合一的知行观，反对心学的"空言之弊"，提倡"讲""习"结合，抨击、反抗专政统治，具有早期启蒙思想色彩。作者认为东林学派的学术思想正符合"实学"思想的核心理念，实开明清之际实学思潮的端绪。从第四章到第八章，作者对东林的"实学"观进行了细致的阐述分析。

东林学派的"实学"首先表现在政治思想和经济主张上，表现出了早期启蒙色彩。顾、高以东林书院为基地开展与议政相结合的自由讲学活动，他们以学术正人心、正政事，反对贵族大地主的专制统治，试图革新朝政，以达富国富民、天下大治的目的。政治上，他们提倡不分等级贵贱，破格用人，改革科举，整顿吏治；提出"天下之是非，自当听之天下"，上疏纠矫皇帝谋私行为，力主用"法治"来约束君主与不肖者；期望革除弊政，建设一个"行仁政、能代表地主阶级改革派和商人、市民利益的政府"。经济上，反对矿监税使对百姓的压榨，与贵族大地主集团进行了激烈斗争；主张把"商"与士、农并列而为"本业"，提出"惠商"思想，这是对传统"重农抑商"经济思想的一大突破，客观上也反映了农民、工商业者和一般市民的利益，顺应了明末时期资本主义萌芽发展的客观趋势。但是，作者同时也指出，囿于历史条件的束缚，东林学派的政治理念还无法脱离封建制度的束缚，但他们敢于批判封建专制的叛逆思想和精神十分可贵，对中国封建社会后期发展的刺激作用不可忽视。

在学术思想方面，作者主要从反对空谈心性、知行观和道德修养学说三方面论述"实学"。万历年间，东林学派与王学末流展开崇尚实学与"空谈心性"的思想论争。论争的焦点主要包括：本体"性善"与"无善无恶"之争，本体与工夫"合一"与分离之争，"统体之善"

---

① 步近智、张安奇：《顾宪成　高攀龙评传》，南京大学出版社 1998 年版，第 118~120 页。

(作为抽象本体)与“散殊之善”(具体的仁义礼智)的关系之争。顾、高等人严厉地指出“无善无恶”说的危害，包括“取消判断是非善恶的道德标准”，“助长乡愿恶习以及君子埋藏”、小人横行等。此外，作者还分别论述了顾、高对“佛学”和“三教统一”说的批驳。在知行观上，他们反对心学的“空言之弊”，提倡“讲”“习”结合，主张“务实学以治世”。顾宪成对王阳明的“知行合一”论进行了批驳，认为该理论生硬地割裂了知与行的统一关系。他指出“心与理合一”即“心即理”的翻版，认为“心”并不是客观存在的事物或规律，“心”并不含万事万物之理。他更赞成朱学的“心”“理”分别说。针对心学的蹈空玄虚之风，顾、高认为应“讲以讲乎习之事，习以习乎讲之理”，“讲”“习”应当紧密结合，相互促进，并求之于实。在道德修养观上，顾、高提倡本体与工夫“合一”，严厉批驳“见成良知”的观念。他们并不完全否认心学重“悟”的修身方法，但是更提倡“修”与“悟”并重，且“修”是为“救世”而“修”，是经世致用之“修”。

在教育讲学方面，作者试图从他们的讲学活动过程和内容中发掘其“实学”教育观。东林书院订立了《东林会约》，每年一大会，每月一小会，平时不仅在东林书院进行讲学，还会前往各地区的书院进行交流，形成了书院网络。东林讲学虽然历经曲折，但即使在书院拆毁被禁后，东林的讲学精神依旧得到了传承与发扬。在讲学的内容上，他们最突出的就是救世济民，提倡讲学与议政相结合。在人才培育上，他们提倡改革科举和教育制度，修改当时的教育内容，以图求实致用。

全书有三个方面尤其值得关注。其一，该书把作为学术团体的东林学派和作为政治派别的“东林党”区别开来。阐明东林学派以顾宪成、高攀龙为首，以东林书院人士为主体。讲学议政使之成为社会舆论中心，进而被阉党主导的腐朽邪恶势力冠上“东林党”的名目，扩大了成员范围。其二，该书在阐发顾宪成、高攀龙对于“党争”的看法时，分析了他们对传统专制政治的叛逆。东林不讳言党，重视“群”的力量，利用吴地士人君子的力量，以求政事的改善和革新，甚而提出约束皇权，这无疑是极具胆识的。据此，该书高度评价了东林学派所具有的早期民主思想色彩。其三，确切说明了东林学派在学术史和思想史上的地位，厘清了东林学派与明清实学思潮的关系。

顾、高虽为传主，但作者力图由个别到群体，以期通过深入顾、高二人思想，展现整个东林学派的基本面貌。具体地说，《顾宪成高攀龙评传》有以下几个特点：

首先，以马克思主义历史唯物观为指导，采用了思想史与社会史结合的治史方法。这一点作者在《评传》的后记中也早已表达得很清楚。全书多处可见马克思历史唯物主义观对作者的深刻影响，具体表现为：顾宪成、高攀龙被定位成地主阶级思想家；对于当时的党争问题，书中认为代表了地主阶级中下层，与贵族大地主集团激烈斗争，实则维护了新兴市民阶层的利益；顾宪成力排佛学中因果报应等宗教迷信说法，认为即便圣贤在世依然受社会客观规律所支配。作者对其"给予了实事求是的唯物主义的思想分析"，并对顾氏观点予以高度评价。侯外庐倡导的思想史与社会史结合的研究方法也在全书中展现得淋漓尽致。该书从晚明社会的整体来分析顾、高以及东林学派的整体思想，其中涉及明末政治、经济、哲学、教育、民风、自然科学、文化艺术等多个侧面。

其次，知人论事。该书开篇即从顾、高生活的时代写起，勾勒出了晚明时期的社会大势。在生平部分，从顾宪成、高攀龙的家世、生平，纵向考察两人思想的形成与发展的轨迹。顾、高等人果敢无畏，勇于反对以皇帝为首的贵族大地主及阉党势力的专权腐败，纠矫王学末流空谈心性、华而不实的学风，开创了明清实学思潮之端绪。在反对专制统治和文化禁锢方面，成为明清之际早期启蒙思想的先驱。该书兼顾传主生活时代与家世生平，充分体现了研究历史人物的基本原则，逻辑清晰严密。

再次，史论并重，评价客观、公允。该书重视第一手资料。评述立足于确凿的文献基础之上，思路明晰。作者始终以客观平允的学术态度对传主进行分析与评价，如作者并不讳言顾、高的阶级局限。又如，对于高攀龙希望通过从道德上改变党争的局面，消除门户之见，作者也客观地指出其乃"书生之见"。

最后，文风一贯，笔力均衡。二人合著，往往容易出现文风不一致的状况，致使各篇章前后难以连贯。然而，《顾宪成　高攀龙评传》恍如出自一人之手，不但思想畅达，结构谨严，用笔亦文从字顺，简明扼要。《中国思想家评传丛书》中拥有两位传主者，如《惠施、公孙龙评传》《焦循、阮元评传》等，大多分别立传。例如，《惠施、公孙龙评传》下分为“惠施评传”和“公孙龙评传”。因而两位传主虽同居一书，实际分割脱节。《顾宪成　高攀龙评传》则别具一格，注意顾、高二人之间生平与思想的形成发展的联系与相互影响，进而有机地展现了东林学派的风貌。

东林学派的创建，是历史发展到晚明时期的必然产物，源自明代晚期日趋恶化的社会环境。它是在民族危机的背景之下，新兴市民阶层进行反封建的斗争中兴起的。他们主张发扬儒学和宋明理学中“经世致用”的观念，对程朱理学进行修正，从救世济民的目的出发，崇尚实学。作者给予了顾宪成、高攀龙较高的评价——开启了明清实学思潮之端绪，同时也对他们批评朝政的行为予以了肯定，对他们在政治、经济和思想文化方面提出的革新主张与思想观念予以了较高评价。其中，作者视其为“早期启蒙思想的先驱”，是该书对顾、高的独到评价。学界对《顾宪成　高攀龙评传》给予了很高的评价，认为该书是“对明代思想史的一项重要贡献”。

步近智、张安奇相关论著目录：

《明清实学思潮史》(中编)，齐鲁书社 1989 年版。

《中华文明史》(第八卷)，河北教育出版社 1994 年版。

《顾宪成　高攀龙评传》，南京大学出版社 1998 年版。

《好学集：中国思想史学术论文选》，中国社会科学出版社 2003 年版。

《中国思想发展史》，湖北人民出版社 2007 年版。

《中国学术思想史稿》，中国社会科学出版社 2007 年版。

东林非党论(存目)

樊树志

【评　介】

樊树志(1937—　)，辽宁沈阳人，出生于浙江湖州。1957年考入复旦大学历史系，1962年留校任教，复旦大学历史系教授、博士生导师。长期从事中国古代史的教学与研究，研究方向主要为明清史、中国古代土地关系史、江南地区史，尤以江南市镇研究而著称。近一二十年又在晚明史上用力甚勤，成果丰硕。研究著作主要有《中国封建土地关系发展史》《明清江南市镇探微》《万历传》《崇祯传》《国史概要》《晚明史》《国史十六讲》等。

《东林非党论》是樊树志2001年发表于《复旦大学学报》(社科版)2001年第1期的一篇论文，同时期还发表了《东林书院实态分析——东林党质疑论》(《中国社会科学》第2期)，两篇论文有异曲同工之处，都对“东林党”的历史存在提出了质疑，用大胆的论证否定传统的固有认识，引起了学界的广泛关注。之后这两篇论文的内容都被收录于其个人专著《晚明史》第六章《东林书院与“东林党”》。

《东林非党论》一文主要从三个层面论证东林“非党”的观点：东林书院何党之有，东林书院如何被诬为党，关于《东林党人榜》和《东林点将录》。全篇推论逻辑清晰、逐步推敲、论证结合。同时，从文中还可见作者敏锐的眼光、咄咄逼人的质疑态度，以及对历史曲解的扼腕叹息。如在论文的开头，作者就用犀利的口吻抛出多个问题：“时人谓之东林党”的“时人”是谁？东林究竟是不是一个“党”？是政党还是朋党？历史上真的存在过一个“东林党”吗？一系列的问题都指向传统的史学观点。不仅如此，作者更是将矛头指向与东林同时期的史家，对他们似是而非的观点进行细致的剖析。

在第一部分“东林书院何党之有”中，作者用三个否定展开了“非党”的论证。第一，否定东林书院的政治性讲学内容，认为东林书院只是一个议论儒学，并非议论政治的场所。作者以东林书院的会约、院规为证据，说明东林书院无关政治的讲学之旨，他们不过是倡导程朱理学，反对王学末端流弊的论学之地，意在正本清源，使孔孟以来的正统学脉传承，而不为异端所迷惑。第二，否定东林领袖顾宪成与高攀龙的涉政、干政之说。这可以从顾宪成在启用他为“南京光禄寺少卿”时向朝廷递交的辞呈中便可见他远离政治的心态。高攀龙也是在给友人的书信中透漏不问政事的心境。第三，否定历来学者所认可的党派纠纷，尤其驳斥“东林党与浙党”对立这一观点。作者从现代政党的定义出发，指出晚明史上的“党”皆非政党，而是朋党，是官僚结成的派系。既是官僚派系，那么自然“它与民间人士无关”。顾、高二人既然已经被革职下野，不再是官员，所以他们与朝廷高层之中的党争又有什么干系呢？在这里，作者花了大量的篇幅对历来将“东林党与浙党”并提的说法进行了强烈的质疑。这一说法起始于明末夏允彝、蒋平阶的评点，他们视东林党与浙党为朝廷的两大派系，互持于朝堂之上，引来派别林立。樊树志对此大加批驳，他分两个步骤确立了自己的观点：第一，反对“浙党”头目沈一贯的那些官员，与东林大多并无关系。第二，也并无什么“浙党”的说法，更无“东林党与浙党”对立的说法。反对沈一贯的有刘元珍、朱吾弼、庞时雍、王元翰、李三才、姜世昌等，他们是出于对沈一贯本人恶劣行径的反对，是出于阁部矛盾(内阁与吏部的矛盾)，而与偏处东南一隅的东林书院毫无关系。在这里，作者引用了日本学者城井隆志《万历三十年代沈一贯的政治与党争》一文中的考证，指出攻击沈一贯的人自万历始有69人，但是其中被后来阉党指目为“东林党”的人不过10人，可见并不存在什么对立的说法。而“浙党”也是不存在的，沈一贯是沈一贯，浙人是浙人。

在第二部分“东林书院如何被诬为党”中，作者以追溯历史史实的态度“回顾”了当时东林被诬为“党”的原委。沈一贯下台之后，内阁里朱庚、李廷机继承了沈一贯的政策路线，受到了朝廷上不少正直之士的抨击。礼部仪制司主事郑振先上疏《直发古今第一权奸疏》，历数朱庚十二大罪。顾宪成对此予以赞许，这便被认为是“东林党”的行动了，而其实郑振先当时还是“昆党”的头面人物。“东林党”这一称谓作为一个“党派”的概念真正被广泛提出，起因还在于李三才。万历三十七年(1609)，李三才的入阁事件引来朝堂纷争，顾宪成在李三才受到攻讦时，向内阁叶向高等人写信支持李三才，不料信件被奸人利用，登于邸报，将顾宪成置于舆论的风口浪尖。随后，徐兆魁上疏指责以顾宪成为首的东林书院干预朝政，危害乡野。自此“党”的身份再也难以洗清，即便诸多人士给予辩护，也无济于事了，顾宪成就这样在抱憾之中与世长辞。回顾作者在论文开头的说法：“综观创办东林书院的顾宪成、高攀龙、钱一本等人的文集，根本找不到他们自称东林书院及其同人为东林党的文字。既然顾宪成等并不自称为东林党，那么，东林党必是政敌对东林书院的诬称。”可见，东林自身从未称党，“时人”便是指徐兆魁一干人等的对立派了。在这里，作者表达了对历史曲解的扼腕，顾宪成、东林书院的遭遇和南宋朱熹创办白鹿洞书院，讲明理学的遭遇是何其相似，都被诬为“伪学逆党”，抱憾而逝。作者的憾恨之情，跃然纸上。

在第三部分“关于《东林党人榜》和《东林点将录》”中，作者对黑名单里把李三才和叶向高视为“东林党”魁首这一情况的合理性进行了细致的考辨。卢承钦的《东林党人榜》列出“东林党”人员 309 人，王绍徽编写的《东林点将录》列出“东林党”108 人，他们将李三才与叶向高看作“东林党”的一、二号人物。作者分三点进行了驳斥。首先，李三才虽然被人诬告与东林结党，但是他自己并不以东林人士自居。他说：“今奸党仇正之报，不过两端：曰东林，曰淮抚。”表达了东林是东林，李三才是李三才，两者并无关系之意。而叶向高更不可能是领袖人物，因为叶向高与沈一贯等浙人的关系十分密切，在内阁期间也没有任何东林特色的举动。其次，如果叶向高和李三才同为东林党的领袖人物，那么应当会互相支持、密切配合，但事实并非如此，叶向高在李三才遭到弹劾之时，没有大力挽救，而是让其去职以平息风波。最后，如果叶向高是魁首，那么顾宪成便应当无须写信给叶向高施援李三才，叶向高会自行“营救”。但其实叶与顾“仅止于相互敬仰的层面上，叶向高从来不是顾宪成与东林书院在内阁的代言人”。

作者此文意在颠覆东林党研究的传统认识，从根本上否定这一党派的存在，而只认可东林书院的讲学史实。他同时期发表的另一篇论文《东林书院的实态分析》正是对东林讲学书院的剖析，可谓与《东林非党论》相得益彰，互相说明。在这里，作者主要认为东林书院只研究学问，砥砺道德，不批评时政。而指摘东林书院“讽议朝政，裁量人物”的说法，出自于敌对派徐兆魁所上《部臣借事发端疏》（周念祖辑《万历辛亥京察记事始末》卷三），自此被广泛援引，如后来清初在编纂《明史》时也记载“其讲习之余往往讽议朝政，裁量人物，朝士慕其风者，多遥向应和”①等，皆源出于此。作者以明末时刘元珍所撰的《东林书院志》为主要文献依据，从三个方面说明东林书院的运作实态。其一，顾宪成、高攀龙等人对阳明心学颇多微词，意在拨乱反正，推崇程朱理学。这是他们讲学的主要内容和思想主张。其二，东林书院的日常功课以及他们议论的焦点，并不在政治而在学术。《东林书院志》中所记载的顾宪成的“东林商语”和高攀龙的“东林论学语”，内容都是和学问做人、修齐治平有关。对此，樊树志评点道：“事事处处流露出以弘扬正统学脉为己任的士大夫心目中的儒学真髓，完全是一种与世无争的醇儒心态。”②其三，提倡“莫谈国事”的东林书院在其院规中特别强调“绝议论以乐时”和“屏俗氛以安分”这两条要求，杜绝政治议论，书院成员对此严格遵守。他们以书院讲学的方式整顿君臣的政治道德和士子的学术道德，以求补偏救弊。

樊树志在他的两篇论文中还对百年来三本研究东林的论著提出了异议。在《东林非党论》一文中，他对李棪的《东林党籍考》提出批评，认为这本考证之书，不经考辨真假是非就直接为东林人物撰写小传，这是很不严谨的，是对阉党所捏造的《东林党人榜》和《东林点将录》的变相认可。在《东林书院的实态分析》一文中，对王天有的《晚明东

① （清）张廷玉等撰：《明史》卷二百三十一《顾宪成传》，中华书局 1974 年版，第 6032 页。

② 樊树志：《东林书院的实态分析》，《复旦大学学报》2001 年第 1 期。

林党议》和小野和子的《明季社党考》提出批评，他否定这两本书中认为东林党形成于张居正执政时期的观点，对张居正的反对尤其是在夺情案中对张居正的抨击应当是“与东林毫不相干，因为当时东林书院还未出世。何以要把‘癸巳京察’定位为‘东林党的发端’？令人百思不得其解”。这样简单化的处理“恐怕是以现代政党的概念去诠释晚明朋党的结果”①。

“东林非党论”的观点大胆新颖，引起了学界广泛的关注，也招来了不少的质疑。复旦大学教授李庆发表《“东林非党论”质疑》②一文进行驳论。他引用了《顾端文公自反录》《钱一本行状》等文献证明东林党曾自称“吾党”，同时对东林党的成员进行了不同于樊树志的界定，他认为东林党并非只是东林书院的成员，而是包含了万历后期在“立国本”、多次“京察”、推举阁臣、反对矿税等一系列重大政治事件上与当权对抗的士人。他们在组织上有着相当密切的联系，较深介入到当时的政治纠葛之中，有着相当明确的政治理念。此后，济南大学文学院年轻教师张秉国也撰文《“东林非党论”质疑的质疑》参与论辩，他中和了樊树志、李庆的观点。南开大学博士生刘军作《东林党与东林学派辨析——关于东林是否为党的另外一种思路》，将东林人士作东林党和东林学派两分而论。围绕东林是否为党的问题，还有学者作了《东林是党非党问题研究综述》，可见学术界对此讨论之热切。对此，我们认为，樊树志的两篇论文颇具学术意义，诸多创见而具有说服力的观点对学界进一步研究东林问题很有启发。他将目光追踪至东林党本身，以质疑的态度考量由来已久的传统观点，考察东林党的由来、成员等，这对于打开研究思路，推进东林研究起到了积极作用。

全文治学严谨，钩索文献，注重实证，论证结合，得出的观点堪称允当，不少地方的评价很有见地。作者还引用了一些较少为人所引用的文献，如当时的官方邸报、当事人的文集、日记等，披沙拣金，这是较以往东林研究的一个进步。在精微客观的实证基础上，樊树志

---

① 樊树志：《东林书院的实态分析》，《复旦大学学报》2001 年第 1 期。

② 李庆：《中国典籍与文化》2004 年第 3 期。

还处处流露出对还原历史真实的强烈诉求，对历史曲解的扼腕痛惜，真正展现了一个史学家在探讨历史真实面貌道路上的至理与至情。

樊树志相关论著提要：

《中国封建土地关系发展史》，人民出版社 1988 年版。

《明清江南市镇探微》，复旦大学出版社 1990 年版。

《万历传》，人民出版社 1993 年版。

《崇祯传》，人民出版社 1997 年版。

《国史概要》，复旦大学出版社 1998 年版。

《晚明史（1573—1644 年）》（上下卷），复旦大学出版社 2003 年版。

《古代中国：传统与变革》，复旦大学出版社 2005 年版。

《江南市镇：传统的变革》，复旦大学出版社 2005 年版。

《国史十六讲》，中华书局 2006 年版。

《大明王朝的最后十七年》，中华书局 2007 年版。

《历史与文化》，复旦大学出版社 2010 年版。

《明朝大人物：皇帝、权臣、佞幸及其他》，复旦大学出版社 2011 年版。

《明史讲稿》，中华书局 2012 年版。

《明代文人的命运》，中华书局 2013 年版。

《晚明大变局》，中华书局 2015 年版。

东林党、复社与晚明政治(存目)

张宪博

【评　介】

张宪博(1954—　)，北京人。1986年毕业于北京师范学院。毕业后在中国社会科学院历史研究所工作，任至研究所研究员、中国明史学会副会长兼秘书长。主要从事明代政治史研究，代表著作有：《明代政治史》(2003，与人合著)、《晚明社会变迁——问题与研究》(2005，与人合著)。已发表论文有：《再论“移宫”》《东林党、复社与晚明政治》《复社的政党化趋向》《吴应箕实政思想略论》《明代体制弊端与复社名士的变革主张——以陈子龙、方以智、侯方域为例》《顾宪成赠谥、从祀文庙成败探析》等。

《东林党、复社与晚明政治》是作者于2004年发表在《中国社会科学院报》上的论文，之后在参与编撰万明2005年主编的《明代社会变迁：问题与研究》一书时，得以深度延展，形成该书的第八章。这次扩展继续沿袭了原文的框架结构，主要在内容上作了较多的扩充。该文主要分成三个部分：一是“从依附到参与政治文化的嬗变”，作者认为东林党人是独立于皇权体制之外的一种政治联盟，并且考察了多位东林人士反传统的思想主张；二是“政党萌芽的孕育”，作者认为东林党人不讳言“朋党”，顾宪成与高攀龙虽在朝外却心系朝政，有控制国家权力的意向；三是“复社的政党化趋向”，作者认为复社是作为东林党的后继者，比东林更加具有组织性和政党的特征，并通过科举和举荐的方式直接干预国家政治。

因为有“明末党争亡国”之说，所以历来对东林党的评价、褒贬不一。肯定者赞扬东林党人与阉党斗争时的高尚节操，或者在东林运动及承继者复社那里看到了近代政治思想的端倪。对其贬斥者，认为东林党人党同伐异，肆意攻击那些原本有政治才能的非东林人士，或者批评他们标榜道德，不能提出有效解决内忧外患的政策方针，对迂腐的卫道士形象表示反感。该文对东林党以褒为主，认为与汉代的党锢、唐朝的牛李党争以及宋代的新旧两党不同，东林党人的兴起是社会经济发展到一定程度的结果，经济的发展、时代的变迁是东林党与复社产生的物质基础，而反对朝廷掠夺民财，缓解社会危机是东林党形成的经济原因。该文摆脱了传统的对东林党的评价道德、政绩体系，赋予了东林党人近代政治思想开端的意义。这种评价标准与日本的学者沟口雄三、小野和子相类似。该文最重要的创见在于：面对“东林非党”说，作者将东林党与斯图亚特王朝复辟时的辉格党进行了比较讨论。辉格党作为资产阶级的代表并不主张彻底废除君主制度，而是要求限制王权，并通过不断改革议会，削弱国王的权利，最终实现了君主立宪制政体。作者认为，东林党的努力方向与这种渐进式的政治过渡有异曲同工之妙，只不过在明末乱世的背景下，东林党与复社等政治势力没有发展壮大就消弭于清朝的统治之下了。

作者在文中第一节首先指出明末社会存在着发展与倒退的两种势力。明初到万历年间，江南地区经济作物种植甚广，农业得到了发展，商业的发展扩大了白银的适用范围，农村的副业与手工业也逐渐兴盛，全国范围的物资交流也愈加频繁，开始出现由于经济力量推动而形成的经济中心城镇。作者认为，经济发展成果导致了人身依附关系的减轻，市民阶层开始扩大，东林党与复社因此而得以产生。与进步势力相对的是以腐朽暴力的专制皇权为代表的倒退势力。明朝权贵与宗族的土地兼并以及万历时期派遣的矿监税使，榨取民财，破坏了农民和市民正常的谋生途径与稳定的生活环境，激化了社会矛盾，很大程度上延滞了社会生产力的发展。而东林党人在反对矿税上的表现最为积极坚定(以李三才的上疏最具代表性)，形成了一种反对朝廷掠夺民财，缓和社会基层矛盾的势力。在作者看来，在上述经济背景下兴起的东林党人无疑代表了与封建传统相对的工商业市民阶层的利益。在思想层面上，与万历皇帝的无为怠政不同，东林党人想通过学术的振兴，图新政治，来实现经世致用的目标，遏制思想界消极颓废的思潮，“挽救社会危机是东林学派和以东林学派为核心的东林党形成的思想上的原因”。

如何看待东林之“党”，一直以来是学术界争论的焦点。作者认为东林党虽然不是完全意义上的现代政党，但却是含有平民权利要求内涵的近代政党的雏形，虽然组织形式“松散”，但也并非“无形”，从而反驳了“东林非党”论。东林“党”否？这能从东林书院开设的动机、讲学内容、是否存在议论朝政的现象上得出答案。作者认为，东林书院的《会约》中虽然没有明文提倡同道公开议论朝政，但是不能代表顾宪成与高攀龙在讲学时可以回避谈论朝廷时事，相反通过《九益》中的《广见博闻》所倡导的读书人要密切参与社会活动和钱谦益的一则回忆就能够说明东林书院对于政治积极参与的立场了。黄宗羲在《明儒学案》中将东林与政治的关系揭示得十分清楚。作者说：“黄宗羲不情愿承认东林是一个政治团体，但又对东林党人及其后人的政治活动十分敬仰，大加赞颂，实际上还是承认了它的政治影响和作用，不能自圆其说。”顾宪成等人不仅一向留意，而且直接干预朝政。吴中水灾异常，里居的顾宪成致书漕运总督李三才，望其“万万努力！万万努力！”万历三十八年(1610)，徐兆魁以顾宪成的“三书”为口实，上疏攻击顾宪成以在野之身干预朝政。就连为其辩解的光禄丞吴炯也不得不承认：“为宪成贻书救三李，诚为出位。”

东林书院与东林党的关系如何呢？作者独具慧眼地借鉴了理学家汤斌在康熙二十四年(1685)东林后人要求列祀东林党人一事中的批示，汤斌说：“启祯以后，号东林者几遍天下，其间直节清修，力排阉竖，扶植纲常者，皆可与顾、高诸先生争烈。然此可谓之东林党人，而与书院无与也。”作者认为，汤斌将东林书院与东林党之间的关系说得一清二楚，不应将参与东林书院讲习之人与东林党相混淆，因此不能因为参与讲习的人与政治无关，就否认东林党这一政治群体的存在。作者说：“‘三声三事’的实质表现了人在政治上主体意识的增强，从完全依附向独立自主转变，是形成独立政治人格的开始。”而从刘宗周对崇祯皇帝与臣下共同承担政治责任的进谏中也能够看出，这种以独立人格为基础的参与型政治文化对传统政治文化的冲击。作者进一步推断，这种以个人品德为支撑的冲击可以导致政治文化的转变，而政治气氛的改观将最终能够引起如同英国政党所完成的那种政治制度的变革。

在确立了东林党这一概念及其群体的真实存在之后，作者进一步分析了东林党人具体的反传统的思想主张。在东林党的孕育期，张居正为了强化内阁的权力，通过一系列的举措，企图削弱六部与言官的地位，这引起了部分官员的强烈反对。这些早期的东林党人普遍有着“天下一体”和“天下为公”的思想，一向反对个人专权。随后，作者具体分析了几位东林党人的政治主张，并赋予他们近代政治思想的特色。首先是钱一本对于内阁阁臣的任免，主张实行公开选举。钱一本说：“若非大破常格，公天下以选举，相道未可言。”在作者看来，虽然这一倡导只涉及政府高层的任免权，但体现了一种民主议政的要求，“实行选举，必然伴随任期制的建立，否则选举将失去意义；而选举、任期，则具有代议制制度的基本特征”。钱一本的这一设想表明，东林党人政治参与意识进一步提高，他们希望对国家行政决策施加更大的影响，开始萌生了变革政治体制的意识。在传统的君主专制社会中，“溥天之下，莫非王土。率土之滨，莫非王臣”(《诗经·小雅·谷冈之升·北风》)，臣民与君主是一种无条件的依附关系，而东林党的领袖之一高攀龙提出了“权民为重”的原则，是对依附关系的一种否定。此外，东林党人还关注刑法问题，陈龙正说：“回天在好生，好生无过减死”，认为锦衣卫与东厂是人主的私刑，不符合司法公正的要求，因而上疏提出废除这两种经常被滥用的刑法体系。作者将东林党人与传教士利玛窦的交流也视为一种思想开明进步的表现，而与传统闭关锁国、盲目排外的落后观念相对。总体而言，作者认为东林党人的思想体系已经与传统的皇权体系相背离，带有近代民权的色彩。

在作者看来，东林党的出现和发展孕育着现代政党的萌芽，并从三个方面说明其特征。首先，东林党人不讳言“吾党”，其含义已不同于传统的“朋党”。顾宪成在《柬高景逸》中说：“昨闻本孺有疏，不觉喜而欲狂，此正为天地赞化育之，而又出于吾邑，又出于吾党，尤不胜私喜耳。”(顾宪成《泾皋藏稿》第五卷)明确地标榜志同道合者为“吾党”，这已经超越了传统的朋党观念，将其视为一种团体的力量。

而承认“党”的存在，必然存在着起到领导作用的“党魁”。作者指出：“东林以前的明代文人讲学、结社，其地域界限十分明显，但从东林书院讲学开始后，由于参与者共同的思想倾向和一致的政治主张，地域界限逐渐被打破，形成了各地同道公认的领袖。”其次，东林党人有着控制国家权力的意向，作者认为顾宪成与高攀龙退出仕途，选择在书院讲习，并非不问时事，远离政治，而是因为身体疾病的缘故。所以，天子招而不仕，非不为也，实不能也。沈四维与王锡爵完全听从皇帝的命令，依附于君主的权威，没有想要变革体制的想法，而“李三才并不是皇帝一个人的代言，所代表的是多数人的利益，是政治参与的体现”。

作者将李三才置于一种基层代表的位置，并认为在明朝末年，君权衰退，权力运作开始向民主形式过渡，“东林党人希望掌握国家权力，并在国家事务和体制运作中处于主要的地位是无可非议的，这是君主专制社会末世，近代因素出现后，君主权力衰落并被逐渐分解的必然过程，是民主形式发展史上的普遍现象”。此外，基于今人在研究晚明政治时，将叶向高与李三才排除在东林党这一集团之外的情况，作者也作了相应的反驳，他认为“东林党人是一个自然形成的政治集团，共同的立场和观点是他们结合的基础，如果以缺少严密的组织系统而否定它的存在，必然放弃对于政治斗争乃至社会发展方面的许多综合性分析”。最后，作者以东林党人被捕时所引起的民变为例，来分析东林党人的经济地位与社会基础。东林党人被逮，激起当地民众的反抗，其中以苏州民变的声势最大。作者说这称得上一场规模空前的市民运动，并认为市民运动有发展成为更大规模暴力斗争的趋势。“苏州市民的反抗运动遏制了东厂缇骑对江南的骚扰掠夺，打击了魏党的嚣张气焰，体现了城市市民阶层力量的进一步壮大和开始登上政治斗争舞台的新特征。”

东林之后，复社而起。复社的前身是张溥、张采等人在天启四年(1624)倡办的应社。在作者看来，张溥之所以能以应社为基础合并江南诸社而为复社，首先在于“先重其人，后重其文”的定社标准。与明代一般的文学团体不同，张溥没有对社员的文章写作有硬性的要求，而是强调参与者的政治倾向，以政治的标准来构建复社的组织。

从应社到广应社，又从燕台十子之盟到复社，显然张溥等人对政治有一个逐渐明晰的认识过程。复社所蕴含的天下之志的理念是与顾宪成等东林党人一致的。作者认为，两者只不过在外化形式上有所不同，“张溥更注重组织上的联合与统一，因为各社分散的状态，显然力量过于单薄，无法形成一种社会力量去改变国家的政治。复社的成立，从一开始就酝酿着明确的政治动机”。张溥通过大量举荐的方式让复社的社员进入仕途，虽有控制科举选士之嫌，但对于政治力量的发展大有好处。在张溥帮助周延儒重入内阁的事件中也能窥视到复社在当时的政治影响力。如果说最初东林讲学的目的是“冀执政者闻而药之”，复社则力求直接获得重要职务，以控制朝政。明朝大厦将倾之时，复社中有一批人在明亡时投向大顺农民军。这一被许多正直之士诟病的软弱投机之举，在作者看来有另一层面的积极意义，从肯定李自成等农民造反者的角度出发，表示农民军对复社的降士礼遇有加。作者说：“有人说党社运动没有和农民战争结合起来，而周钟等人立场的转变业已表现出这种结合的开始；在复社成员与大顺政权之间不存在一条不可逾越的界限。”作者对于复社的分析，从近代政治思想的层面进一步跳跃到政党带领下工农武装革命的高度。

从整体而言，《东林党、复社与晚明政治》一文肯定了东林党与复社在明朝末年政治领域中的积极意义，并赋予其近代民主政治的色彩，比如李三才提出的内阁选举代议制；具有市民运动性质的苏州民变；刘宗周等人所倡导的民众与君主处于平等地位的思想，等等。这些都颇具新意，推动了东林研究的深入。但是，这种以主观的进步视角切入的历史观不免存在过度阐释之嫌，在对具体的历史现象进行分析时还需谨慎，比如论文结尾处对李自成农民起义军与复社社员结合的肯定。如果完全以先入为主的阐述模式解释历史，那么很可能无法达到历史的真实。

张宪博相关论著目录：

《明代政治史》(与人合著)，广西师范大学出版社 2003 年版。

《东林党、复社与晚明政治》，《中国社会科学报》，2004 年 5 月 18 日，第 3 版。

《晚明社会变迁：问题与研究》(与人合著)，商务印书馆 2005 年版。

《吴应箕实政思想略论》，《安徽史学》2007 年第 1 期。

《复社名士的变革思想——以陈子龙、方以智、侯方域为例》，《第十二届明史国际学术研讨会论文集》，2007 年。

《顾宪成赠谥、从祀文庙成败探析》，《中国史研究》2010 年第 4 期。

《试论东林学派及复社对清初国家治理的影响：以清初几位理学名臣为个案》，《明史研究》第 14 辑，中国明史学会汇编，2014 年。

顾泾阳、高景逸学述(存目)

钱　穆

【评　介】

钱穆(1895—1990)，江苏无锡人。钱穆，字宾四，笔名公沙、梁隐、与忘、孤云，晚号素书老人、七房桥人。中国现代著名学者，台湾“中央研究院”院士，台北“故宫博物院”特聘研究员。1930年因文章《刘向歆父子年谱》成名，由顾颉刚举荐，聘为燕京大学国文讲师，后历任北京大学、北平师范大学、西南联大、齐鲁大学、华西大学、四川大学、云南大学、江南大学教授。1949年赴香港，创办新亚书院(后并入香港中文大学)。1967年迁至台北，任中国文化学院(今中国文化大学)教授。1990年在台北逝世，两年后归葬苏州太湖之滨。钱穆著述颇丰，专著达80种以上。代表作主要有《先秦诸子系年》《两汉经今古文评议》《宋明理学概述》《朱子新学案》《国史大纲》《中国近三百年学术史》等。中国学术界尊之为“一代宗师”，与吕思勉、陈垣、陈寅恪并称为“史学四大家”。

《顾泾阳高景逸学述》(以下简称《学述》)一文1975年刊于《东方杂志》复刊第八卷第十一、十二期，后收入《中国学术思想史论丛》。该文分上、下两个部分，上篇为顾泾阳学述，下篇为高景逸学述。

《学述》一文如其题目所示，采用了传统学案体的写作方式，同时在行文上秉持了钱穆叙议结合、言简意赅的一贯风格，既收提纲挈领之效，又有证据确凿之长。该文从明清“学术转变”的大背景下着眼，力图将顾、高二人置于学术发展的内在理路中加以理解。“明代自阳明崛兴，提倡良知，天下风靡，遂绝少言及朱子。及其流弊褟著，学术界乃有由王返朱之倾向，而顾泾阳、高景逸之东林讲学，实为之唱。”此一变也。继而，东林之人参与国政，激起党祸，国运丕变。明末诸遗老“潜伏田野间，唱为经史实学，或多或少，胥受东林影响”。此再变也。入清稍久，“乃复一变为乾嘉考据训诂”，“此实与东林顾高讲学精神如南北极之相背”，则此时考证家埋首故纸堆中，学风终与东林一派迥别。在钱穆的视野中，顾、高二人的学说乃是明末思想史上“由王返朱之倾向”的产物。基于这一定位，《学述》一文之宗旨，便是将二人“由王返朱之倾向”揭橥出来，正如钱穆所言“兹篇专就顾高两人关于理学上由王返朱一转捩观点，略加引述”。

上篇论顾泾阳。钱穆开宗明义地揭示了顾氏的尊朱倾向，泾阳将朱子之“表章《太极图》等书，以推明周程诸大儒之道”与孔子之“表章六经，以推明羲、尧诸天圣之道”并言，犹谓孔、朱二人一为上古集大成之圣人，一为中古集大成之圣人，尊崇之意溢于言表。后细数泾阳尊朱表现：朱熹“其作《小学》书，乃欲在从事大学心性诚正工夫以前先安排一番小学工夫，有下学乃可有上达也”，此其一；朱熹又作《通鉴纲目》，“理学家中惟朱子最重史学，泾阳讲学不忘世务，故特称及此”，此其二；朱熹“表彰濂溪《太极图说》”，此其三。

其次，钱穆述及顾泾阳关于陆朱与朱王之异同的观点。陆朱与朱王异同是学术史上著名的公案，对陆、朱、王三人异同的判别往往可以体现一个思想家自身的思想取向。对于朱、陆异同，顾泾阳曰：“左朱右陆，既以禅为讳，右朱左陆，又以支离为讳。……然而尝读朱子之书矣，其于所谓支离，辄认为己过，悔艾刻责，时见乎辞，曾不一少恕。尝读陆子之书矣，其于所谓禅，藐焉如不闻也，夷然而安之，终其身曾不一置疑焉。”凡立学有所得则有所失，朱子于其失“悔艾刻责”，陆子则“夷然而安之”，此陆不如朱之处。对于朱、王异同，则曰：“朱子揭格物，不善用者流而拘矣”，“阳明揭致知，不善用者流而荡矣”。朱、王亦各有所失，一则易流为株守，一则易流为放荡。泾阳持论平允明通，并不厚此薄彼，非拘守门户者可比拟。故钱穆称之“是泾阳辨朱陆异同，用心甚平，绝不存丝毫门户入主出奴之见。而其辨朱王异同，则心益宽而语益和”。诚如是也。

然而，在钱穆看来，泾阳虽明各家相异，但并非欲兼采折中而已。其“于诸家异同，亦非漫无轩轾”，“于阳明不如濂溪朱子处，固亦明白指出”。如泾阳曰：“以考亭为宗，其弊也拘。以姚江为宗，其弊也荡。拘者有所不为，荡者无所不为。拘者人情所厌，顺而决之为易。荡者人情所便，逆而挽之为难。”泾阳论朱、王短长并非立足于学理，而着眼于其流弊(由其末流造成的社会影响)。效法朱、王固各有弊害，此势不可免。然而，两害相较宁取其轻，则与其有王学末流之放荡，毋宁如朱学末流之株守。钱穆尤其指出，正因对“其弊也荡”的反感，泾阳捣其根源，“于阳明晚年天泉桥四句教无善无恶心之体一语，尤致深斥”。

再次，钱穆述及顾泾阳论学极重有关“性”之体认。识“性”若从主宰处认取，则所得精纯，由此可识其真面目。泾阳曰：“吾侪要识性，须从主宰处认取。”即此意。而“性”之体认应不离“学”之工夫。故泾阳又曰：“性原于天，本自有定，在昔圣贤之语性，亦自有定。后人却见谓无定，辄以众说混之而性晦。学系于人，随其所入，千蹊万径，本自无定，在昔圣贤之语学，亦自无定。后人却见谓有定，辄以一说格之而学晦。”钱穆评曰：“性即是本体，学即是工夫。认识本体，始有工夫可下。实下工夫，始有本体可达。从前人认本体有定，只各人所下工夫可以无定。后人争本体无定，而各人所下工夫，必欲归于一定。泾阳此段辨析，极具见地。”前人工夫无定而本体有定，今人却争本体无定，反求工夫一定。此古今之异，殆未能识性之故。因之，顾泾阳兼言本体与工夫，“语本体，只是性善二字。语工夫，只是小心二字”。据此，泾阳又评当时学风自恃自肆，忽于诚敬。

继而，钱穆指出顾泾阳十分重视朱熹《小学》书之观点。泾阳以为孔子、朱熹之教在于“养人性地”，孟子、陆九渊之教在“发人性光”。一“养”一“发”，意味不同。“盖《朱子小学》，亦在养人性地上着意也。”钱穆更言及于“养人性地”一途，顾泾阳特别看重《中庸》之“庸”字。顾泾阳道：“只是无奈何许多聪明才辨不肯庸。乃知这一字真是照见天下后世学术之弊，预为点破。”众说纷纭而后性晦，朱子《小学》“养人性地”，着意于“养”之工夫；而泾阳立一“庸”字，亦从“学”之工夫着眼。钱穆评曰：“泾阳常称朱学曰平曰实曰拘，其实此等都是接近庸字处，正是泾阳所自己小心有意处也。”体认本体需有工夫之积累，言“实”言“庸”，大体相近，此亦为泾阳“返朱”倾向的一种表征。

钱穆又述及顾泾阳论韩愈辟佛。泾阳曰："吾圣人以人伦为实际，所谓心性，即在君臣父子兄弟夫妇之中。佛氏以人伦为幻迹，所谓心性，乃在君臣父子兄弟夫妇之外。"又曰："昔邵尧夫与赵商州论牡丹，谓洛人以见根拨而知花者为上，见枝叶而知者次之，见蓓蕾而知者下也。如待有君臣而后知有君臣，待有父子而后知有父子，待有夫妇而后知有夫妇，曾不异枝叶蓓蕾之见，而可以语无极乎！……必弃而君臣，绝而父子，离而夫妇然后可，无极其一偏枯之物而已。"钱穆就此论加以引申曰："心性即在君臣父子夫妇中，不在君臣父子夫妇外，此辨易知。心性乃在君臣父子夫妇前，不在君臣父子夫妇后，此辨难知。此即朱子谓定要为理气分别一先后，则理应在先，气应在后，亦即濂溪无极而太极之意也。佛家教人寻父母未生以前本来面目，不知此本来面目仍应存在于父母既生之后。理在气先，亦在气中。今必欲离弃父母以寻此本来面目，是谓理在气外也。而世俗又认为必待父母既生以后乃始有此面目，是则只能在枝叶蓓蕾上见花，不能在根拨上见花也。阳明言良知，必曰见父自然知孝，见兄自然知弟，此亦只重发人性光，不免于养人性地一面忽了。性地疏于培养，性光亦将晦失。"究其本身，泾阳言"心性"不离人伦物事而独在，佛家之旨则相反，欲求"心性"于人伦物事之外，如此推而至极，所得不过一偏枯之物。然而，泾阳所论只限于钱穆所谓"易知"之"辨"，所谓"难知"之"辨"却属钱穆借此言彼了。

最后，钱穆言及泾阳"尚友"的思想。钱穆称："此乃泾阳景逸诸人东林讲学一番精神所在"，"故自泾阳尚友一义，自可有东林讲会，又自必转入晚明诸遗老经史实学之一途。显微无间，体用一源，当不以只求反身自得为满足。而陆王心学之终不免其流弊，亦自可见"。正如钱穆所言，陆、王重体忽用，泾阳之言工夫，言小学，也正立足于"用"上予以反驳。钱穆称"故自泾阳尚友一义……又自必转入晚明诸遗老经史实学之一途"，复将泾阳置于学术发展脉络中加以观照，然此一转变已超出本文范围。

下篇论高景逸。钱穆依旧首先从学说倾向入手，述及高景逸之尊朱及判教言论。与顾泾阳不树门户不同，景逸"务于辨是非"，"两家立言多相同。而亦微有异”。对于朱、陆异同，景逸曰：“陆子之学，直截从本心入，未免道理有疏略处。朱子却确守孔子家法，只以文行忠信为教，使人以渐而入。”钱穆评曰：“此处分论朱陆极平实。”对于朱、王异同，高景逸分论孔子之教与孔子之学，孔子之教即前所提及“文、行、忠、信”四教。王阳明有大功于学，但无裨益于教，故而有所弊失。

钱穆指出，景逸将朱、王之异追溯到孔、孟之别：“一者在人伦庶物实知实践去，一者在灵明知觉默识默成去。此两者之分，孟子于夫子微见朕兆，陆子于朱子遂成异同。”钱穆以为景逸此论与泾阳“发人性光”与“养人性地”之辨，此一层皆承自朱子，大可注意。钱穆先前言景逸“务于辨是非”，似有树门户的意味，然观此言，陆之异朱亦犹孟之异孔，只有立意之别，不存高下之分。此外，高景逸还将朱、王之异理解为虚、实之辨。景逸曰：“阳明于朱子格物，若未尝涉其藩焉，其致良知，乃明德也。然而不本于格物，遂认明德为无善无恶。故明德一也，由格物而入者，其学实。其明也，即心即性。不由格物而入者，其学虚。其明也，是心非性。”由治学是否基于格物，故而有虚、实之分，其学虚者主“是心非性”，其学实者主“即心即性”，故而前者有“岐体用，岐本末，岐内外，岐精粗，岐心迹”之弊。此皆因为学途径而致异。钱穆形象地阐释道：“若必待见父始知孝，则未见父前，此心亦复有孝否。孝即是此心，善即是此性，体用本末内外精粗合一，故必格物，乃得致知。重视朱子小学，即所以纠王学之末弊也。”

其次，钱穆复申高景逸重教之说。钱穆曰：“一则景逸特别重视教。前引有曰：姚江妙悟良知，岂可不谓孔子之学，然而非孔子之教。此处又曰：无善之说，不足以乱性，而足以乱教。景逸此意，亦屡见于他处。”更引申曰：“孔子既曰学不厌，又必曰教不倦。古代如庄老道家，后世如乾嘉清儒，皆有学而无教。理学中如陆王，则语即流祸，教而有弊也。”“景逸之特重朱子，亦重在其立教之无弊，而阳明终自有快意下语处，故谓其是豪杰真色也。”“学求自尽其心，教则求尽众人之心。如学朱者泥文窒悟，阳明提倡良知，是亦开一世人之心也。然快意下语流祸，是未能稽万世人之心也。所谓学术之害，即指其立教失当之害言。”高景逸以为阳明立教失当，固因阳明有快意下语之弊，然而重心当在阳明讲“无善无恶”之说。

于是，钱穆述及景逸对王阳明“无善无恶心之体”的批驳。钱穆曰：“景逸解释阳明无善无恶心之体一语乃指念，非指性，此诚一语破的。所以然者，阳明盖认善之起在吾性感动以后，不认善在人生而静以上。朱子论理在气中，然复言理先于气。此一分辨，极关重要。前引顾泾阳《评韩愈辟佛》一篇，所论与景逸此条大义相通。”泾阳对朱、王之异的认知非限于皮毛，而是入其血肉，钱穆称其“一语破的”，诚是。然而，顾泾阳辨佛，以为佛氏离气言理，故流于偏枯；而高景逸之斥王，则以为后者“患其著焉”，故而将善属心念，不属性体，故失于立教。二论各有所指，钱氏“大义相通”不知何指？且景逸谓阳明立教失当是就学说之效用而言，钱穆纯粹以朱子学理驳斥阳明，则属离题发挥了。

再次，钱穆述及高景逸驳斥阳明为学本末的观点。景逸曰：“朱子一派，有本体不彻者，多是缺主敬之功。陆子一派，有工夫不密者，多是缺穷理之学。”钱穆指出：“景逸于朱学，最重敬字工夫。泾阳之言小心，亦敬也。景逸之主静坐，自言自幼无小学之教，缺此一段工夫，终不可无端居静定之力，故泾阳与景逸皆重《朱子小学》，亦是此意。”泾阳言“一念反躬，便是天理”，“人心明即是天理”，将主敬之功与天理之体认相联系，并且尤重工夫。“天理重在此心之存主，而此心之存主则即是敬字工夫也。”景逸以为，学者当端庄静一以存心，学问思辨以穷理，“明白说出朱子正欲合心与理为一，而所以合之之方，则尤要在端庄静一之敬”。景逸将格物、致知看作一事，“谓此即心与理一”。就此可知，“景逸于朱子，居敬穷理，两面用功，格物与致知，心与理，皆一非二。而重要在有一段工夫。阳明学之流弊，则正为忽视此一段工夫而来”。“敬即主一功夫，主一功夫之最高境界，达于天人，古今圣凡内外之一，则无以复加矣。然此亦只是理之穷到极处也。”可见，与泾阳一致，景逸亦将本体与工夫相贯通。

正如钱穆所言，景逸诸多学理大多本自程、朱旧说，但景逸之于朱子并非全然墨守。故钱穆又曰：“景逸于阐释大学格物致知义，一本程朱，然于程朱之改易《大学古本》而又为之作《补传》，则终不信守。”“景逸极尊朱子，而论《大学》版本则不惮有异同。”最后，钱穆加以总结道：“……惟东林顾高讲学，因其牵涉政事，党论与国运同灭，故后起晚明遗老如顾亭林，虽昆山无锡同在百里之内，人地相稔，其为《日知录》亦极反阳明，而颇不多称引顾高。东林遗响，其在清初，虽不骤沉，亦不久延。”此段文字再次照应开篇，反映了钱穆对明清学术转变的整体观照。

总体而言，钱穆《学述》一文大体有两个特点：从思想史的视角观照个人，将顾、高二人置于学术史的内在发展理路之中；行文简洁，夹叙夹议，并时有点睛之笔。这需要对钱穆论文的组织结构多加注重，对其辨析入微处多加留意，才能跟上其文章的发展脉络；同时，也需要对钱穆的相关论著有整体了解，才能把握其对于思想史上某个人物的分析。

钱穆相关论著目录：

《中国近三百年学术史》，商务印书馆 1937 年版。

《王守仁》，商务印书馆 1947 年版。

《国史大纲》，商务印书馆 1948 年版。

《中国学术史论集》，台北中华文化出版事业社 1956 年版。

《先秦诸子系年》(增订初版)，香港大学出版社 1956 年版。

《论语新解》，香港新亚研究所 1963 年版。

《朱子新学案》，巴蜀书社 1986 年版。

《中国学术思想史论丛》，安徽教育出版社 2004 年版。

顾泾阳、高景逸思想之比较(存目)

古清美

【评　介】

古清美(1950—2003)，女，台湾苗栗人，台湾大学中国文学系教授，本硕博皆就读于台湾大学，后留校任教。古清美长年受业于何佑森先生门下，奠定了扎实的学术研究基础。同时也追随方东美、唐君毅先生等，多方请教。学术研究以宋明理学为主，著有《黄梨洲的生平与学术思想》《明代理学论文集》《宋明理学概述》《近思录今注今译、大学问今注今译》《慧庵存稿一——慧庵论学集》《慧庵存稿之二——顾泾阳、高景逸思想之比较研究》《慧庵存稿三——慧庵诗文集》等。《顾泾阳、高景逸思想之比较研究》一书，2004 年由台北大安出版社出版。

该书除绪论与结论外，主体内容共五章。第一章叙述顾、高生平，其余诸章从不同方面对顾、高思想进行了比较分析。该书由台湾“中央研究院”研究员钟彩钧作序，书后附有详细的《顾高学行年表》，分为纪年、时事纪要、顾高学行、学术大事、时人生卒五栏。

在绪论部分，作者略述了研究顾高二人思想的历史、学术意义。作者认为，顾高二人以王学之失、人心之弊为出发点，阐释儒家实有性体以对抗当时阳明“无善无恶心之体”说，具有重要的思想史意义。在作者看来，顾高对于世道人心的针砭、传统纲常的维系和家国政治的意见，都寓于心性之学中。他们以学说兼自身的实践以为维世范俗、纲纪世道的当代砥柱。作者认为，通过顾高的异同比较可以窥见宋明理学于明末所产生的问题和利弊得失。

第二章共分四节，分别讨论了顾高二人对宋明儒的评论与取舍。

第一节，顾高对濂洛诸子的评述。顾泾阳极崇濂溪，而又特别推崇朱子，原因皆在于朱子有功于儒学传统以及对于纠矫明代学术之弊具有现实启迪作用。泾阳认为，朱王对学术的影响各有所长，但流弊则阳明更甚。在尊道统、矫流弊两大前提下，陆王终得让朱子一席。高景逸对濂洛关闽都极推崇，直尊朱子为宗而不宗"良知"。作者认为，顾高虽特推重朱子，但各有侧重："在泾阳是取其辨异说、维道统之精神，景逸除此外更取其重人伦事物的理则，能使学者能直下躬行实践。"

第二节，顾高对阳明"心即理"的态度。作者认为，顾高二人都对阳明"心即理"提出批评，主要是从王学末流恣肆颓放的流弊处着眼的，他们都以工夫扭转王学末流虚玄狂荡之风气，目的是要让自孔孟至宋明以来的心性义理之学能传万世而无弊。

第三节，顾高对王龙溪之"现成良知"及"打破毁誉"说的态度。顾泾阳虽然对于龙溪、罗念庵之辩持调和态度，但最终走出讨论的重点和致力的方向，不是从修证本心良知为圣贤作处，转而关心社会和政治方面。对于龙溪"打破毁誉"，顾高二人都提出批评，认为这是"无忌惮之中庸立了一个赤帜"，"此是欲率天下入于无忌禅"。作者通过顾高评訾龙溪、泰州门人欲"打破毁誉"的话头，把握了顾高欲风励名教，树立气节的精神祈向。

第四节，顾高论王门"天泉证道记"所产生的问题。作者准确地指出，顾高二人都认为"天泉证道"四句教中的"无善无恶心之体"乃乱教之源，二人都以"善"属"性"而不属于"心"和"念"，以杜绝无善之说。在此基础上，作者更发掘了顾高二人共同的理论创获，这就是以"善"属之"万物资始而资生"的"元"，"使善义大于虚寂之义，亦使'善'立于不为虚寂所破之地"。分析精准深刻。

第三、第四章具体讨论了顾高二人的论学内容。依古氏自述，第三章"主要在呈现两人如何以'躬行实践'和振衰起弊之根本精神，化入其所诠释的宋明理学中'心'、'性'和'善'的中心概念，并对'本体'、'工夫'两者的轻重本末作一番分疏"。分三节进行了分别论述。

第一节，论"心"与"性"。作者首先论述了顾泾阳的"以性宰心"论。顾泾阳认为"无善无恶"说的根源在于心本体论，因此，泾阳提出了“以性宰心”论，作者抓住了对“无善无恶”的驳诘是泾阳论学的逻辑起点。其次，论述了高景逸的“穷理尽性”说。作者从三个方面剖析其内涵：从有无虚实之辨显性、理之义；从“理”明心、性之别；以“天理”以权衡，“穷理”以尽性。在此基础上，作者认为顾高二人虽然都说“性即理”，但“一重性(泾阳)，一性理兼提(景逸)”。

第二节，论性善。首先论述了顾泾阳“由体知用”以言性善。作者指出，顾泾阳之提揭善，目的是破“无善无恶”说，而归趣则在于用。其次，论述了高景逸“以善为元”“以善为性”论穷理至善。作者深刻地指出，针对王学讲《大学》之心意知物俱无善无恶所产生的流弊，顾高欲以《中庸》“天命之谓性”的性体以补救之，认为顾高的共同的论学趋向是将“心”摄归于“性”，将“性”定于“善”。

第三节，从东林讲学精神看顾高二人之本体工夫之辨。作者认为，顾高本体工夫密切契合的精神是依儒学传统中的孔子言学、孟子言性、程朱重视学习次第、陆王提掇大本等基本要素融合而成。作者对顾高的本体工夫思想进行了细致辨析：“泾阳提‘性’必言‘学’，景逸从言性与理，经‘即事为学’落实为格物穷理，本体工夫的密切契合中，犹见其由言心之工夫以成性学之共同脉络。”

第四章，继续讨论顾高二人论学的内容。根据古氏自述，本章是承第三章“指出二人如何将前章所建立而标出的‘性’、‘理’、‘善’的宗旨，具体地落实在现实问题上一一讲求——在人事上明是非，在政局中辨善恶，而终于形成东林和朋党的实际问题”。共分四节进行分别论述。

第一节，论“《大学》不缺传”所包含的问题。先论“顾泾阳论‘修身为本’”。次论“高景逸论格物”。在此基础上，作者总结了顾高围绕《大学》的问题寄寓的深意在于：“将心意知物种种言论归于修身，然后更要以修身为管钥，而进一步推到家国天下之事上。”这就是顾高共同孜求的躬行实践的取向。

第二节，泾阳“浮云事业”与景逸“实念实事”之辨。作者指出，顾泾阳认为，“尧舜事业”与“不义之富贵”是有分别的，目的是要学者由心性之学讲到世道人心和政治国家上去。作者认为，高景逸之学终极的善义必止于实处，在己则修身，在物则求益于世道人心与家国天下，而为“经世宰物”之事。

第三节，泾阳是非善恶之辨与景逸“格好恶之物”。作者指出：“泾阳力标性善，故以善恶绝不并立，而必须扬善抑恶，景逸以格物工夫之所在必在好恶，这种主张终归结而为政治上君子小人之辨。他们秉持这种义理精神发而为清议，故为天下所尊得。”揭示了东林之士气节之学术根源。

第四节，论东林与朋党。作者为朋党置辨，认为在泾阳、景逸的意识中，朋党“只是义理之同然”，并辨析了顾高之异：“泾阳把性命德义拿到政治上讲，景逸把好恶、邪正、是非之辨收回到心性中讲。”结论甚为精辟。

第五章，论述了顾高二人讲学东林之影响及其学术之评价。本章的内容，作者谓之“一方面要探讨东林讲学如何成就一国的节义之风与其意义所在，一方面要说明顾高二人学说导虚入实的特色”。并通过后人对顾高之学的评价体现其在学术史上承先启后之功。共分为四节进行了讨论，分别是：东林讲学与节义之风，顾高之学的流传与清代东林书院之讲学风气，顾高与清初顾亭林、黄梨洲的经世之学，清儒对顾高之学的评价。根据分别论述，作者总结道：“从‘道脉’的观点来看东林，则正是梨洲所谓‘冷风热血、洗涤乾坤’的慷慨气魄，夏峰所谓‘孤阳一线’、‘绝续之关’的守死善道；而泾阳和景逸则本此涤乾坤、续道统之志，善述圣贤之学，克承理学正脉之责。仅历时二十年，但能结明末之颓风、开清朝风气之始，其所以以承先启后之意义，在中国道德意识为主的历史文化中必有其一席地位的。”

该书是一部对顾泾阳、高景逸思想作系统深入研究的力作，体现了作者深厚的理论底蕴。该书对于顾泾阳、高景逸的思想分析在《结论》中得到了清晰的表述与体现。作者主要从三个方面论述了顾高的学术、精神价值。

其一，肯定了顾高纠矫学术风气之功，他们面对明末学者往往惑于佛学的超玄，失去了对儒家天命流行、于穆不已的实有性体把握的现实，采取了精神一致、路径不同的纠矫，他们与明末学人只以绝去分别对待的空寂之心去了解性体不同，顾高言空的目的与方式是：“泾阳借《中庸》以言空只是不著声臭及喜怒哀乐，景逸谓空是循于理而私意不与，他们讲空是对付时人言空，而借此反显出性体实有的不可破坏。”

其二，肯定了东林的精神气魄。作者基本承继了黄宗羲《明儒学案·东林学案》的精神脉理，主要从论学的精神气魄而非学术本身肯定了顾高的历史贡献。作者认为，顾高之学并无先秦甚而宋代儒者所具的开放性、建设性，阐发的仅是与时弊有关的一些意见，而缺乏宋儒的精严博大与阳明的简易直接。但是，“他们有宋儒的严肃态度，亦有阳明活跃的生命感，具备了刚毅峻绝的冷风，亦有发于义理的热血，将先秦儒家的政治理想和宋明理学家的心性义理，用生命的鲜血书写在历史的扉页上”。顾高之贡献，在于救士风之不坠。“中国士人往往在权力下低下头，以君君臣臣之圣言，而为阿谀苟合以搏名利，更进而与权力结合以加害于执持良知和理想的士人。”“东林之出，本义理、持清议、论时政、凛然不可侵越，在此时代中其精神气魄更为难得。”

其三，顾高的贡献不在于理论的新变与拓展，而在于学脉的传承，说：“景逸要维护的是‘道脉’的不断；义理之学、道统之脉，不求光于一时，而期望传承不绝于后世。他们倾其全力，更付出了性命，所要讲求的义理，所要维系的道脉，岂不是为世世代代的中国子民?”其意有二：

首先，合通朱王。如，对于高景逸的学术承祧与发展的定位，作者认为，高景逸对阳明“心即理”并未完全否定，而是要在心与理之间加以“格物穷理”的工夫，是想通过穷理的途径复返于与性天相通，以体天之物的心。当然，景逸的这一路径必然失去阳明心体“昭昭灵灵”的特点。据此，作者的结论是，高景逸“实可谓是沟通和折衷朱王二家最典型的代表”。

其次，承孔孟而越宋明。作者认为：“顾高之学最能显现特色的，是在东林讲学精神。”而这种讲学精神是不囿于心性之辨或以格物为正心，而应与尧舜事业相联系。这种讲学精神与宋明儒有别：不同于以阳明只以“圆满自家心体”为目标，亦非程子所贬的“浮云事业”，这就是“景逸以当时人事上之义利是非为所格之物”。他们都奋身于翻云覆雨、险恶难测的政局之中，他们“以道德影响世风，以义理纲纪世道；以此义理而立儒家道德之体，发为议论以成事功，而显孔孟仁义之用。”作者认为：“此即是东林上承孔孟，然而不得不有所别于宋明儒者之处。”

在《结论》中，作者还客观地指出了顾高学术贡献与不足共存的事实：“泾阳对儒佛之辨未必能抉其精微，但对性体的实有之义却能清晰的体认并坚定把握。而其于无善无恶之说专从世道人心之患上痛论并力矫之，但对于性体、心体之义只略涉藩篱，未能完整而系统性地建立起来；由此见出泾阳终只是为利于世道和教化之作用论学，作为一思想家则终是有所欠缺。”

该书的一个重要特点是从学术史而不是哲学史上讨论顾高的贡献。诚如钟彩钧在序中所说：“学术史的研究考虑的是学问的意义、目标，学问与时代风气的互动，学科之间的互动与消长。因此，哲学与学术史的评价标准未必相同。例如初期宋学与清初经学在哲学上的成就并不算高，然而正因为其学问缺乏细致思辨，反而能得大体。”

当然，毋庸讳言，该书也存在着些许不足，这主要表现在作者往往站在顾高的学术立场对其进行学术定位。顾高乃惩王学末流而起，但对于“王学末流”，亦即嵇文甫所称的“左派王学”，或冈田武彦所称的“王学现成派”，自20世纪以来，学界或从阶级关系，或从儒释合通的角度，都对其富于生命力的学术品质予以肯定。但该书则完全是站在顾高的立场予以批判。事实上，顾高与王学末流两者之间尚存在着某些相通之处，如，王学末流或“异端”的重要特点即在于儒释会通，但作者对同样具有“杂禅”色彩的高景逸则进行了回护，说：

> 景逸明责佛学以“无理”，于儒家性体及宋儒之“天理”持守甚坚；然曾因参究本体而得悟境，又重静坐，后人遂有以“杂禅”论之。此中问题有甚不易言处。若要追问其究，则必溯至宋明理学是否确受佛学影响；此答案若是肯定，则论者无庸责备景逸注重静坐取道佛家，曾历悟境有似禅门；取径相似并不代表两者精神相同。宋明理学自有异于先秦儒家之处，但于《论》《孟》《学》《庸》及《易传》中所显的道体、性体确能承接而无隔；而景逸于性、理之宗旨坚信笃行，更有意以此挽救王学所生之弊，并

作为其静坐工夫所归向之目标。治学先须从大体上言，大处肯定，则异处往往因时代之影响而已；同样的，景逸能承接宋儒所言之性、理，此处肯定，则异处只是工夫取径不同而属其次。知此，则景逸之学是否杂禅，则不可轻下定论矣。

作者于王学末流之入禅则排击，于高景逸之“杂禅”则要推寻理学本身是否受佛学影响而后定。这显然有失公允。

古清美相关论著目录：

《黄梨洲之生平及其学术思想》，台湾大学文史丛刊，1978 年。

《明代理学论文集》，台北大安出版社 1990 年版。

《宋明理学概述》，台湾书店 1996 年版。

《蕺山学的儒释之辨》，《佛学研究中心学报》1997 年第 2 期。

《台湾学者对刘蕺山学术思想的研究——工夫论及学术史》《刘宗周实践工夫探微》，《刘蕺山学术思想论集》，台北“中央研究院”中国文哲研究所筹备处，1998 年。

《黄宗羲》，王寿南主编：《中国历史思想家 14》，台湾“商务印书馆”1999 年版。

《近思录今注今译、大学问今注今译》，台湾“商务印书馆”2000 年版。

《慧庵存稿》(一二三)，台北大安出版社 2004 年版。

明末东林运动新探(存目)

林丽月

【评　介】

林丽月(1949—　)，台湾云林人。1971 年毕业于台湾师范大学历史系，获学士学位。后继续在该校研读，1984 年获该校历史研究所博士学位。曾任台北市兰州国民中学历史教师，调往台湾师范大学后任至教授，同时担任台湾中国明代研究学会理事长、哈佛燕京学社访问学人、东京大学文学部外国人研究员等。现任台湾师范大学历史学系名誉教授。研究专长为明代史、明清社会文化史。主要著作有《明代的国子监生》《明末东林运动新探》《奢俭 · 本末 · 出处：明清社会的秩序心态》等，此外发表论文《阁部冲突与明万历朝的党争》《俎豆宫墙：乡贤祠与明清基层社会》《衣裳与风教：晚明的服饰风尚与"服妖"议论》《孝道与妇道：明代孝妇的文化史考察》《科场竞争与天下之"公"：明代科举区域配额问题的一些考察》等数十篇。

《明末东林运动新探》(以下简称《新探》)系作者的博士学位论文，由李国祁教授指导。共七章，除绪论、结论及书末附录、征引书目外，第二至第六章包括以下内容：第一，从议"国情"到争"国本"；第二，东林人物之分析；第三，东林的政治思想；第四，东林与内阁；第五，东林与宦官。全文通过深入考察东林运动的内外因素，阐发这一运动的性质，并通过东林运动了解明代政治文化，厘定其在明代政治、思想史上的地位。

绪论部分，作者梳理了民国以降中外学者关于东林的重要研究，总括为四类：东林党政治活动的研究、东林思想(侧重学术思想与政治主张)的研究、东林自主问题(侧重"道""势"之关系)的研究、东林党社会背景的研究。其中，自主问题相关研究较少。受贺凯“制度摩擦”一说启发，作者从明代统治机构的制度问题入手，以此探讨东林士大夫的自主问题。作者特别强调，篇名所谓“运动”一词，近似西文 movement，意即“一群人为达成某种目标或理想而从事的种种活动”①；所讨论的对象为万历至天启党祸之间狭义上的东林运动。并表明，广义的东林运动还包括崇祯至南明期间复社之救国运动，但世殊时异，二者面临的主要问题和活动方式不尽相同。其次，林氏对行文结构进行了说明，概而论之，此文分为两个观察角度：一是东林党，分别从其起源、东林人物分析、东林党人物的思想等方面，由浅入深发掘东林党之共同倾向。一是宦官问题和内阁问题，由此将东林党运动置身于明末现实政治环境中，对此政治活动和主张加以审视。

第二章《从“夺情”到争“国本”》，以张居正、申时行、王锡爵三任首辅为中心，阐述万历中叶前从“夺情”到“国本”等若干重大争议，讨论清流蔚起与明末朋党起源的关系。

作者追溯探究“清流”一词的起源和精神内涵。北宋以来，“清流”泛指清廉自许，敢于抨击时弊、不畏权势的士大夫。万历年间，清流中人所关心的具体政事虽有不同，却始终以内阁首辅为主要抨击对象。张居正的新政措施，外儒内法，内阁以考成法控制六科，抑制言官论事，实则形成以张居正个人为中心的内阁专制，一改言路风气。而张去世之后，张四维、申时行、王锡爵等人相继当国，才干识见均不如张，神宗个人刚愎自用，申时行等人受多方掣肘，政风务求宽厚，反使当政者受制于言路。党论由此而生。

第三章《东林人物之分析》，为全篇论述亮点之一。在本章中，作者立足于传世文献，沿着贺凯对东林人物量化分析的研究路径，探究东林领袖的交游关系，以此分析东林党人的组合形态。第一节，林氏强调，由于现存东林党人诸名目数量繁多、真伪相错，进行数据分析之前，必须要对研究资料进行辩证说明。名目方面，她择取了《东林党人榜》《东林点将录》这最为重要的两部。在充分吸收和借鉴朱倓

① 林丽月：《明末东林运动新探》，台湾师范大学历史研究所博士论文，1984 年，第 10 页。

《东林点将录考异》《东林党人榜考证》和李棪《东林党籍考》研究成果的基础上，对其进行分析考订。此外，对黄宗羲《明儒学案》、陈鼎《东林列传》、高廷珍《东林书院志》三书收录的人物传略进行了甄别辩正，参考了其中部分资料。综上，林氏本书所分析的东林人物，以见载于《东林党人榜》者为主，加上不见于党人榜但名列《东林点将录》或收入《东林列传》《明儒学案》《东林书院志》三书而与东林领袖密切相关者，共313人。第二到第四节，林氏分别就籍贯、科第、师友亲属关系等角度对所选东林人物进行分析。得出结论如下：（一）东林党并非有意结合利害一致的一个政治集团，籍贯虽非促成各阶段东林党人结合的普遍因素，就党内内部人际关系而言，同乡关系至天启年间仍然扮演着相当重要的角色。（二）出身、登第年代、科甲中座师与门生等科举中产生的个人关系对东林党人结合的影响并不十分显著，而科举与明末朋党之争有着密切关系。（三）个人关系对早期东林党人的联结有着相当重要的作用，大多数早期东林党领袖与东林书院的关系亦较密切；天启年间在朝东林人士之间的关系则较分散，与东林书院有直接关系者亦较前者为少。总而论之，地域、科举、个人关系等因素都非影响东林党人结合的主要因素，而政治上的共识和儒家教育下的共同理念才是使他们联结的根本因素。

第四章《东林的政治思想》，先就东林学派的哲学思想及其学术宗旨之特色加以论述，再分论东林人士的基本政治理念、政治目标及其实践。东林学派主要理论提出的最初目的在于力挽王学末流之弊，自有"从王返朱"现象，但旨在矫正学风，正本清源。东林学者标出"性善"为宗旨，力抗王学"无善无恶"之说，主张善恶并不纯是学术理论的问题，更是现实政治及社会问题的根源。《新探》认为，"性善"说是东林学派哲学理论之核心，而"好善"与"忧世"为东林思想之根本所在。针对王学末流废工夫而单言本体，东林学派提出"本体工夫，原来合一"，主张"悟修互通，二者并重"，与先前"性善"贯通，成为东林讲学最根本之大旨，其经世思想由其学术及于政治，影响重大。政治理念方面，作者以若干较有影响力的东林领袖人物为中心，从其著述中抽绎出部分理念，就君主、士人与君子、国是与国法三部分观念进行分述，体现出东林精神贵于明是非，别善恶，恶乡愿，倡节义，不肯混同一色，要做狂狷的君子。作者认为，这些思想充满传统儒家道德理想主义的色彩，但其“救世”思想落实在对天下庶民福祉的关怀，体现出远超于政治斗争的精神价值。政治实践方面，务求“众正盈朝”是东林人士的基本政治目标。《新探》从在朝与在野两方面分述其实际行动，客观中肯地点出东林进君子、退小人的主张实是基于明季官僚内部改革的现实反映，而非一个理想的高调。而其品类别白过甚，不免于矫激之弊，是其失败的重要原因之一。

第五章《东林与内阁》，从万历以后的阁部冲突与四次“京察”之争，研究东林与内阁的关系，领会内阁制度在明末朋党之争中的地位。先论明代内阁制度的演变，自永乐内阁创立至英宗室初年，内阁权势不断扩大，内阁官员地位水涨船高，渐由侍从、顾问而跃升为实际上的宰辅。“条旨制度”的出现，使宰相制度形同复活。然内阁不像六部具有正式的法律地位，始终处于畸形多变的状态。再以最具代表性的吏部与内阁间冲突为例，划分成万历以前、癸巳京察之争与初期东林运动、辛亥京察以后三个阶段，明晰废除宰相以后制度演变引起的“阁部摩擦”。东林领袖讨论官僚制度时，以“权”“职”区分“君”“臣”，认为官僚体系内部只有“职”，真正有“权”的唯皇帝一人。因而东林批评内阁首辅的核心，即是彼等专部权、窃威福的问题。乙巳京察后，东林支持的清流“久锢不用”多造成阁部冲突，而非全然是制度上部权为相权所侵的问题。明末东林运动中，制度摩擦色彩变淡，东林人士的反内阁斗争，本质上是政治道德之争。

第六章《东林与宦官》，揭示明代宦官权势高涨下，东林党对明末宦官权势的反抗与困局。明季宦官组织庞大，权势膨胀，终致专擅朝政，滥治刑狱、贪污纳贿、搜刮民财等恶行流毒天下，激起名节之士的反抗。万历年间，司礼太监多无大恶，此时东林反宦主要表现在反对矿税虐政方面。东林人士上疏请求罢除矿盐税使，并同情矿税激起的民变，力求收拾天下人心，防止国本动摇。《新探》提出，这体现的是“民为邦本，本固邦宁”的民本思想，进而批驳左派学者囿于阶级斗争，把东林运动置于士大夫支持“市民运动”一环的观点。此外，论文纵观神宗以后从陈矩到魏忠贤时期宦官权势的发展，详述东林与司礼太监之间的关系转移。对于东林运动的结局，又从外廷情势与君权两方面言之。不论是上章内阁制度中与首辅争夺用人之权，抑或宦官侦伺官僚制度中反矿盐税使，东林运动遭遇的最大困境实际上是君主专制体制下君权的限制。

末章结论，总括二至六章内容，反复点出紧要处，客观恳切地对东林运动进行全面评价。

有关东林的研究大致兴起于20世纪20年代，谢国桢《明清之际党社运动考》被推为初期研究的奠基之作，林氏篇名沿用于此。20世纪50年代后，美国和日本学者也开始发表晚明党社研究的论著，关于东林党、复社到底代表什么阶层，或者何种势力，其斗争的对象是谁等问题成为议论的重点。林氏自陈："我当时是受到贺凯那篇明末东林运动论文的启发，基本上，我的思路是将这群人在万历至天启期间的思想与行动，有如贺凯所说的当作运动（movement）来看待。"①《新探》受贺氏影响尤深，诸如"运动"的内涵与定义、东林人物地理分布、省籍地位、家世背景量化分析、"制度摩擦"等观点均有承袭并加以突破。不仅如此，传统史家评点，朱倓、李棪等人所作考证，黄仁宇、沟口雄三相关论述，凡古今中外相关重要研究成果，悉数为《新探》充分参考吸收，可谓集众家之所长而又独具特色。其突出特点可就以下三个方面分述之：

第一，考证方面，作者具有扎实深厚的史料功夫。首先，详征史料。野史、笔记、年谱、函札等取材全面，能以常见材料讨论较少关注之问题。对于大量外文资料的网罗和梳理尤其值得注意。其次，考证细谨。例如在分析群体边缘模糊的东林人物前，首先对运动牵涉的东林人士资料加以辨正。东林党人名录繁多，作者选取基本人名资料，"以《东林党人榜》为主，加上不见于党人榜但列名于《东林点将录》或收入《东林列传》《明儒学案》《东林书院志》三书而与东林领袖关系密切者"②。其中最重要两榜皆拣用广泛流传的版本，《东林党

---

① 萧琪：《专访林丽月教授》，台湾《明清研究通讯》第54期，2016年4月15日。

② 林丽月：《明末东林运动新探》，台湾师范大学历史研究所博士学位论文，1984年，第105~106页。

人榜》择陈鼎《东林列传》，《东林点将录》采文秉《先拨志始》。此外，两榜根据朱倓《东林党人榜考证》《东林点将录考异》，参以李棪校改后的《东林党籍考》等，各自辨正取舍，最终圈定东林党人数为三百一十三人。再次，立定原则。本书选定参校的书目版本后，又分别详细拟定对《东林党人榜》和《东林点将录》的具体考订标准，一方面帮助纠正人名中的讹错，另一方面折中各家说法，使人物的增删取舍近乎妥善。此外，中正平允。林氏并非偏向东林一方的立场，而是以持平公正之心，给予符合史实的评价。比如万历李廷机、朱庚、叶向高掌内阁期间，东林领袖当国，屡屡抨击阁臣，林氏批评这不但失去运动最初的积极意义，而且对改善政治造成很大阻力。并从法理地位与实际运作的畸形状态下，分析了阁臣最易成为抨击目标的原因。台湾典藏的明代史料虽然较为富有，但若干资料的不足往往成为影响研究者判断的限制条件。再加上在晚明复杂的历史环境中，党社集团利益胶葛纠缠，纷乱难理，史料的可靠性亟待辨正。林氏不惮繁难地接受考验，显出做学问笃实敦厚的特性。

第二，治史方法上，注重内在视角与整体视角的结合。20 世纪 70 年代以前有关东林党的研究，或集中于思想研究，或多带有阶级分析色彩，后者以国内学者最为显著。典型表述如“一般来说，东林党是以江南为中心的中小地主阶级与新兴商业阶层之利益，而浙、齐、楚、昆、宣等党则代表大地主阶层的利益”①。林氏从广义的思想史切入，颠覆前人这种对封建社会末期“市民运动”或“启蒙思想”的诠释，跳出发展阶段论或民主与专制等“进步史观”模式，将关注点落实到士大夫群体与内阁、宦官的“制度摩擦”上。一方面，从东林人士的哲学思想、政治实践及自身的内部交游与社会关系上，即所谓内在视角，探究他们与所处时代的关系。另一方面，从整体的视角上将东林运动中的群体置于明季社会的历史情境中考察，深入东林运动之本质，观照当时社会之政治文化。通过爬梳这些知识分子留下的文字资料，通过他们心灵世界的窗口，窥见那个逝去时代动态的历史样貌。这是该书“新”之所在，也是其生动兼深广处之所在。另外，

① 王天有：《晚明东林党议》，上海古籍出版社 1991 年版，第 20 页。

各个章节中善用量化和比较研究，使论证简明有力，更增进本书的学术价值。

第三，写作手法周密谨严。章节明晰，资料出处交代严谨。文辞简练精辟，连成一气，读之平易顺畅。说理议论条理清晰，层次分明。解析史实擅长引导分析，颇具启发性。能够在庞芜零乱的史料叙述中不失重心，且接续前人研究成果，或补足，或驳论，指向明确，可谓一部具有传世价值的力作。

泛观林氏此后研究，选举制度、社会流动、经济思想、性别文化、遗民认同等课题无不包含，但最终都可归于对知识分子的探寻。她并没有将明代的历史进行条块分割，而是秉一“整体史”概念，譬如本书虽然从思想史的广阔处着眼，但依旧保有与政治史、经济史的联系，呈现明代的部分社会图像。如此全盘广面的研究，凸显出统一、圆融、多面向的研究关怀。

林丽月相关论著目录：

《长期租赁研究》，台北联经出版社 1975 年版。

《明代的国子监生》，台北中国学术著作奖助委员会，1978 年。

《明末东林运动新探》，台湾师范大学历史研究所博士学位论文，1984 年。

《社会变迁》，邢义田、林丽月主编，北京中国大百科全书出版社 2005 年。

《奢俭 · 本末 · 出处：明清社会的秩序心态》，台北新文丰出版社 2014 年。

晚明东林学派孙慎行思想研究(存目)

郑志健

【评　介】

郑志健(1979—　)，台湾苗栗人，东海大学中国文学系学士，嘉义大学中国文学系硕士，现为“台湾中央大学”中国文学系博士生。硕士时期在苏子敬教授指导下完成《晚明东林学派孙慎行思想研究》学位论文，2012年由台湾花木兰文化出版社出版。

诚如郑志健所指出的那样，虽然刘宗周、黄宗羲十分重视孙慎行在东林学派中的作用，但学术界除了钱穆先生在《宋明理学概述》(见第五十四节，台湾学生书局1977年修订版)中对孙慎行的思想作了较高的评价，认为慎行之说“把已发未发的争辩解决了”①，避免了王学末流只言本体不言工夫与程朱格物穷理过于偏重工夫之弊，最后并以为“他的思想体系，告诉了我们宋明最后的归宿，而同时却是此后新思想新体系之新开端”②。钱穆先生指出的孙慎行的思想在晚明理学流变中的重要地位，则主要是指其对刘宗周思想的启示之功。其后的学者如黄公伟在《宋明清理学体系论史》一书中亦有《晚明新思潮与东林学派》的讨论(见台北幼狮文化出版社1971年版。)。但仍缺乏专题研究。大陆学者陈畅则认为，孙慎行思想的核心是慎独学。这一思想是由喜怒哀乐说奠基，再扩展成“隐见微显之独”和“慎独功夫”的

① 钱穆：《宋明理学概述》，台湾联经出版事业有限公司1998年版，第366页。

② 钱穆：《宋明理学概述》，台湾联经出版事业有限公司1998年版，第374页。

构架表述，从而构成了孙慎行慎独学的义理结构，并且认为孙慎行思想的意义在于在朱子学与阳明学之间打开了一个新的儒学论述空间、意义空间。其论颇具新意(参见《中国哲学史》2009 年第 2 期)。尽管这些学者已注意到孙慎行在晚明思想史上的地位，并且分析了刘宗周、黄宗羲推崇孙慎行的原因，但是，系统地研究孙慎行思想的著述仍然阙如。从这个意义上来说，郑志健所著的《晚明东林学派孙慎行思想研究》具有填补这一空白的意义。

学术界对东林学派的研究主要以顾宪成、高攀龙为焦点，但该专著则以东林学派的孙慎行为研究对象，其理据则根据刘蕺山所说："东林之学，泾阳导其源，景逸始入细，至先生(孙慎行)而集其成矣。"(参见黄宗羲《明儒学案》卷五九《东林学案二》)因此，作者认为，当研究晚明理学之转变与定位东林学派的思想时，便不能忽略孙慎行思想所具有的参考价值。郑志健在叙述孙慎行生平的基础上，对其天道论、心性论、慎独说进行了全面的分析。在生平叙述方面，郑志健指出他除了具有强烈的道德意识之外，也是一位通过行动来表现思想理念的儒者。并从思想史的角度切入，指出东林讲学针对的是王学所产生的流弊，但不论是他们讲朱子学还是评阳明学，东林学者最终还是形成了自己的学术特点，形成了独立的学派。

在天道论的讨论方面，郑志健阐发了孙慎行对于"超越天"的真切体认，并提出在"理气一元"的思想脉络中，超越的天道本体与气化流行的种种现象为一体两面的关系，亦即理与气是相融为一的。又指出，孙慎行以"诚"为枢纽来会通天命与人性，进而融会存在的根源与价值的根源于一体。孙慎行最后则是在"天人贯通、本体为善"的价值立场中，用天人双彰的论述方式，展现了儒家天人合德的思想传统。

郑志健认为，孙慎行的人性论是因时弊而发的，孙氏从批评"无善无恶"到反对"气质之性"，最后提出"性善气质亦善""不善乃习"等观点，都是为了坚持性善论的立场。其中，孙慎行对"形色天性"的理解是双向的，是一种"天性为形色，形色亦天性"的理解模式。并通过分析孙慎行对"已发未发"的理解，得出了这样的结论：孙慎行思想中的心性关系，是“性为心之体”而“心为性之用”的一而二、二而一的关系。

郑志健在该书的最后讨论了孙慎行对“慎独”的特殊见解，指出在其思想中“戒惧慎独”与“尽心知性”是可以结合在一起看的两组概念，这不仅表示孙慎行重新理解了孟子的思想，也反映了他对《中庸》与《大学》里的“慎独”概念也作了进一步的诠释。其中，孙慎行的工夫理论则是以“戒惧慎独”为中心而次第开展，并且认为能“戒惧慎独”则心中幽隐微妙的性体便得以呈现，作为天的性体也就会等同于人之心体。郑志健认为，这便是孙慎行所谓“尽心成性”的慎独之道。

以上的认识乃作者涵泳孙慎行的著作而后得，论述全面系统，尤其是不局限于广为学者所接受的慎独说，而对天道论、心性论都进行了系统的研究，开拓了孙慎行思想研究的视阈，具有学术意义。当然，作者的研究又是在汲取前辈学者思想的基础上展开的。如，日本阳明学研究专家冈田武彦在《王阳明与明末儒学》(参见《王阳明与明末儒学·东林学和刘蕺山》，上海古籍出版社 2000 年版)、唐君毅先生在《中国哲学原论·原教篇》中(参见《中国哲学原论·原教篇》，中国社会科学出版社 2006 年版)都对孙慎行“性气一元”的思想有所论及。这些思想都对郑志健对孙慎行思想进行系统研究予以重要的学术启示。

当然，对于孙慎行思想的评价仍然存在着可议之处。刘宗周、黄宗羲对孙慎行学术思想在东林学派中的地位给予的高度评价与刘宗周对孙慎行思想的汲取有直接的关系，这几乎是学界共识。有些学者则对孙慎行思想的不足提出过批评，如香港学者郑宗义在《明清儒学转型探析——从刘蕺山到戴东原》一书中，便对孙慎行思想的不足有所论及，认为“孙慎行讥讽宋儒变化气质之说是‘荀子矫性为善’可知他的‘气质亦善’是指气质本身就是善，这便见其不谛处，故慎行对于作为道德创造根源的形上性体并无真切的把握”①。再如，对于孙慎

① 郑宗义：《明清儒学转型探析——从刘蕺山到戴东原》，香港中文大学出版社 2000 年版，第 24~25 页。

行与阳明学及其泰州学派的关系，学术界亦有不同的认识。如，陈畅在《孙慎行慎独学的义理结构》一文中，认为孙慎行的喜怒哀乐说与朱子学性体情用的义理构架绝不相类，而是近于阳明学的“未发即已发”构架，指出：“在明代思想史上，将未发已发论述的重心置于喜怒哀乐上并非始于孙慎行。阳明后学罗汝芳已有相关说明。”①他提出阳明学的彻底的自律主义将人从定理的拘束中解放出来，同时亦提升了情意的地位，以确保心整体的浑然合一性，认为“在阳明门下，发挥自然性情以满足本心的学风代表就是泰州王艮——罗汝芳一脉”②，从而揭示了孙慎行与泰州学派乃至阳明学的联系。比较而言，《晚明东林学派孙慎行》一书，对于东林学派的形成基本还是沿袭了传统的认识，亦即主要是从救王学之弊的角度来认识东林学派的缘起。诚如作者在《余论》中所言：“相较之下，对于慎行思想与晚明理学之间的关系，如慎行思想与东林学派整体思想、学风之比较探讨，甚至东林学风对于明末清初之思想转变的影响等议题，即也还有努力的空间。”③尽管该书仍存在着一定的可商论的地方，但无论是其系统性还是研究的视阈，该书都为东林学派孙慎行思想的研究提供了颇具学术分量的重要成果。对于认识孙慎行在东林学派中的地位与作用具有重要的学术价值。

郑志健在认真甄别了孙慎行著作的诸种版本之后，最终选择了《四库禁止毁书丛刊·集部》所收录《玄晏斋集五种》中的《困思抄》《止躬斋慎独义》《文钞》作为研究底本，这样的选择是审慎的。当然，对于《玄宴斋奏议》《玄宴斋诗选》的内容亦不应排斥。值得指出的是，由于现存诸版本的孙慎行著作存在着各有不同的篇数与内容、篇名不同而内容相同、篇名相同而内容有所差异的复杂情况，郑志健先生将其主要著作《困思抄》《慎独义》以《四库禁毁丛刊·集部》所收的崇祯

---

① 陈畅：《孙慎行慎独学的义理结构》，《中国哲学史》2009年第2期。

② 陈畅：《孙慎行慎独学的义理结构》，《中国哲学史》2009年第2期。

③ 钱穆：《宋明理学概述》，台湾聯经出版事业有限公司1998年版，第147页。

本为底本，又参用明万历刻本、明天启刻本与《常州先哲遗书》本，全文标点附录于书后，为今后的研究提供了方便。

郑志健相关论著目录：

《孙慎行与刘蕺山思想之比较》，《当代儒学研究》2009 年第 7 期。

《晚明东林学派孙慎行思想研究》，花木兰文化出版社 2012 年版。

明季党社考(存目)

小野和子

【评 介】

小野和子(1932—),女,日本大阪人。1954 年毕业于京都大学文学部,毕业后曾在京都大学、三重大学、奈良女子大学等任教,师从日本著名的中国思想史专家岛田虔次。1995 年退休后被日本京都橘女子大学聘为教授。小野和子的研究领域主要为中国思想政治史和女性史,尤其对明清政治史创获较多。《东林派及其政治思想》是其发表的第一篇论文。代表作有《黄宗羲》《南明史》《明季党社考》《明末反税考》等。在女性研究方面,小野和子为日本的中国女性史研究作出了卓越的贡献,摆脱西方女权主义的影响,开拓女性研究的思路,用客观而不失温情的触角深入东方女性史,代表作有《中国女性史——从太平天国到现代》《五四时期家族论的背景》等。

《明季党社考》最初由日本同朋舍于 1996 年出版,中文本由李庆、张荣湄翻译,作为"域外汉学名著译丛"的一种,于 2006 年由上海古籍出版社出版。全书凡 34.8 万字,正文共九章,另有序章、终章和附表《东林党关系者一览》,该书主要为作者前期论文合辑而成,其中第四、六、八章的内容是新加部分。该书以明代万历年间至晚明政权覆灭的政治史为主要研究内容,围绕万历时期的张居正改革、立国本案、三案、天启时期的阉祸以及南明时期的党争等一系列重大政治历史事件,细致地考察了东林党及复社的形成过程、主要成员、政治思想观点、组织建构等。该书虽以"考"为名,但并非中国传统意义上的"考证"之作,而是夹叙夹议,以考推叙、以叙论证,全书"无一字无来历",求证严谨,堪称是一部从党争角度描述的晚明史。

《序章》首先对东林党研究史作了简要而又深刻的概述。作者从质疑的态度开始，提出了“明是否亡于党争”这一聚讼甚多的问题。作者将东林党争的发生置于商品经济发达、农民起义风起云涌、社会各阶层激烈动荡的“天崩地陷”的社会大背景之下，从宏大视角切入，通过对前辈们东林研究成果的梳理，表达作者的倾向性判断。作者所据的有侯外庐《论明清之际的社会阶级关系和启蒙思潮的特点》、刘志琴《论东林党的兴亡》、沟口雄三《所谓东林派人士的思想——前近代时期中国思想的展开》、朱文杰《东林党史话》、王天有《晚明东林党议》等，而谢国桢《明清之际党社运动考》、朱倓《明季党社研究》、汤纲和南炳文《明史》以及李洵、左云鹏、刘重日、许大龄、林丽月等人著作虽没有展开全面评述，但也都简要地阐释了其基本主张或历史地位。在对于这些成果的评价中，小野和子认为东林党旨在对皇权进行制约，努力利用言论自由等要求分权共治。作者突出了东林党这一学术与政治混合群体尝试对古代皇权政治体制变革的实践及其体现出的超越时代的意义与现代内涵。

小野和子将东林党的形成过程前推到张居正的执政时期，在第一章《东林党和张居正——以考成法为中心》中通过“考成法”与“开通言路”的对立冲突来考察东林党的形成背景。虽然东林党的初步形成是围绕国本的论争而形成的，而作者之所以从此前张居正执政时期开始切入是基于以下的考虑：“无论考虑东林党史，还是稍稍扩大到明末政治过程，张居正的政治作为一个坐标轴都占据极其重要的位置。”①在这里，作者选用东林党参与刊行出版的文献《万历疏钞》，试图从这个文献看出东林党与张居正的对立。

张居正的改革对明代制度性建设具有重要贡献，“一条鞭法”增加了政府的财政收入，缓解了当时的政治危机和经济危机，给“走下坡路”的晚明打了一剂强心针。而张居正的另一制度“考成法”却引起了强烈的抵制与抗议。言路和阁权的争执便是起于“考成法”。张居正在《请稽查章奏随事考成以修实政疏》中表现出了对于权力掌控的心迹——“抚按官有稽延者，该部举之；各部院有容隐者，科臣举

① 小野和子：《明季党社考》，上海古籍出版社 2006 年版，第 11 页。

之，六科有容隐欺蔽者，臣等(内阁)举之”。①这样，六科、六部都受到内阁的监督，作为言官的六科给事中、御史事实上都被架空了。小野和子敏锐地指出内阁“其责任，仅是对皇帝一个人的，与对议会负责任即所谓的责任内阁是完全不同的”②。“考成法”的实质便是通过上级对下级的逐级管制，使得权力集中于内阁，打造强有力的中央集权国家。赵参鲁、余懋学、傅应祯、刘台都因对张居正的批判而受到了严厉处分，邹元标对张居正的“夺情”提出抗议也遭到廷杖，这标志着言论自由被压制，从而进一步激化了至高皇权与言路之间的矛盾。万历七年(1579)，张居正下令毁天下书院。在作者看来，毁禁表现了张居正对于知识分子参与政治以及同志式结合的憎恶，而同志式的“横向关系”就是东林党人汲汲追寻理想政治的共同体，书院当然是承担此任务的最佳场域。对于“开通言路”而言，东林党人想要的结果是由底层发起的“从下到上”权力的倒逼机制。明太祖朱元璋的《卧碑文》给予了他们想要限制皇帝或者像张居正那样重臣权力的自信。因而在作者看来，东林党的出现所代表的不仅仅是统治阶层的权力之争，也是随着明末经济发展而崛起的地方势力与中央专权者的抗衡。小野和子特别提起刘志琴的观点，并予以否定。她认为东林党并没有反对张居正的“富国强兵”，而只是在享受权益方面更倾向于地方优于皇权，在“国”“天下”的概念上，与中国传统政治体制出现了偏离。小野和子更赞同沟口雄三所提起的“乡村支配权”的说法。东林党以“天下之公”、保护言论与政治批判的自由、保护地方权益的立场，是与皇权对立的。

第二章主要考叙万历前期的对外关系问题，以隆庆和议、明朝与日本政争为主要内容。第一节首先讨论了隆庆和议。旨在与蒙古讲和的隆庆和议，在张居正执政时期得到了坚定地执行。双方维持和平关系，展开边境贸易，使得明朝的军费开支减少，有力缓解了明末紧张的财政困局。其中，山西官僚王崇古、张四维等，以隆庆和议为契机，加深了与张居正的结合，他们合理现实的思想与举措，为国家财

① 小野和子：《明季党社考》，上海古籍出版社2006年版，第15页。
② 小野和子：《明季党社考》，上海古籍出版社2006年版，第16页。

政尽了力。这一节看似与东林研究没有直接联系，但作者意在探索张居正掌握权力的政治过程，为了解包括东林党争在内的万历政治史中的阶级构图提供视角。第二节主要阐述了明朝与日本和平交涉、朝鲜战争相关的历史事件。作者关注的与其说是战争或议和事件本身，不如说是由此引起的东林党人也参与其中的明朝政权的政争。对外关系的军事问题是后期党争的焦点问题。同时，作者对于明朝与蒙古、日本的对外关系问题研究还是为了展现战争影响下的民族主义精神，这对于此后满族入侵时爆发的激烈的民族抵抗具有深远的影响。国家的意识、民族的意识，正是在这一次次的军事事件中得到增强与发展。

第三章描述了东林党的形成过程。在这里，作者使用了前人较少涉及的两个文献：《万历邸钞》和《万历疏钞》。为增强文献使用的可信度和科学性，在使用之前作者展开了详细的调研和论证，对两者的编纂者及编纂过程进行了考证。作者认定这两书的编纂者分别为钱一本和吴亮，他们都是和东林党人有密切关系的人物。两人通过编纂万历年间的奏疏明确了自己的政治立场。作者通过对两个史料的解读，考察了“言路”在万历时期的状况。

首先，作者从对“言路”的概念解读入手，详细考察了明代官僚体系内外不同的上书进谏途径，理清了“广开言路”的应有之义。其次，考察了“立国本”和“三王并封”事件中“广开言路”与“政治密室化”两股力量的对抗，对于奏章的“技术性”操作如“留中”“密揭”表现了万历时代“温和型”皇权专制力的松动。其中，对两位首辅申时行与王锡爵的批判体现了东林党试图强化言官的权力，进而扩大言论对于专权限制的努力。正如作者所言：“东林派的人士要把言官的言论从君主权的范围中开放出来。不仅如此，甚至认为言官的言论当由‘天下’来规定。君主是‘天下之公’、‘天下之理’的实现者，重臣是应当辅佐作为那样存在的君主之人。”①最后，作者从“党”的概念出发，结合顾宪成与史孟麟的有关奏章，认为在和内阁的对立中，东林党逐渐产生了“公党”的意识。

第四章细致描述了东林书院及整个书院网络的形成，以及书院与

① 小野和子：《明季党社考》，上海古籍出版社2006年版，第219页。

党之间的关系。从儒家精神的个人实践发展成社会化的实践，从传统“国”概念的“一家之私”发展成“天下之公”意识的萌发，东林书院所象征的“朋友关系”在其中起到了巨大的推动作用。东林派的代表人物顾宪成、高攀龙回乡后重建东林书院，通过讲学集会、思想论辩扩大影响，与其他书院共同搭建起了立足江南、辐射全国的书院网络，将书院之风推向了继王阳明讲学之后的另一个高潮。书院是研究学问的场所，是读书人集结地，“如果那学问是实践性的，且具有政治内容的话，从书院到朋党之间的距离就绝对不远了，朋友关系成为促成自身的政治性党派的形成，也就是当然的事了”①。故从书院发端，东林成为被敌对者指摘的党派，但他们自身却从未避讳言之。赵南星追慕“同党”，设“思党亭”；钱一本作《黾记》、高攀龙作《朋党说》、丁元荐作《士风》共辩“党”义。他们期待着“天下万世之公议”为东林证明他们的正当性，他们超越了以道德和学术为媒介的朋友结合，更可以视他们为一种政治结社了，这样的结社即使被朝廷、内阁指责为“专权结党”，他们也无所畏惧。

第五章作者专门对东林党与李三才之间的关系进行了重点叙述。淮抚李三才监管凤阳、淮安、扬州等海盐集散地，是当时商品经济最为发达的地区之一，也是感受万历矿监税使肆虐剥削最为严重的地区。为了反对阉宦的经济榨取，李三才连上三道奏疏，谴责万历皇帝、宦官。在奏疏里，李三才提出“民又君之主也”，天下乃民之所托，帝王应当为百姓疾苦而忧，不应为所欲为，他对君主和官僚的批判，从根本上对君主的存在方式产生质疑。他的“君主论”与黄宗羲《明夷待访录·原君》的思想有相通之处。在反对矿监税使过程中，李三才展现了刚烈果敢的一面，赢得了东林人士的一致认可。在朝廷阁臣空缺之时，东林人士便努力推荐李三才入阁。东林的反对派则群起攻击李三才以阻止其入阁。最终李三才辞职而归，因此，“东林党”的名号也受到指责。

第六章主要叙述天启年间东林党人与齐、楚、浙三党以及之后的阉党之间发生的惨烈斗争。天启初，东林党的短暂得势让他们回归朝

① 小野和子：《明季党社考》，上海古籍出版社 2006 年版，第 270 页。

廷，掌握了一时的权力。但他们执意追究与“三案”有关人的责任，利用京察的机会排除异己，造成了政坛的激烈冲突，这也是他们失败的一大原因。之后阉党势力迅速增长，几乎全面把控朝政大权，东林人士杨涟上疏揭露魏忠贤的二十四条罪状，引发了历史最为惨烈的党争之祸，东林党被阉党屠杀殆尽。作为失败象征的《东林党人榜》《东林点将录》等阉党所编纂的名录在崇祯帝即位、魏忠贤自尽之后，又成为追索“东林党”成员的一个依据。

据此，作者对东林党人进行了较为客观的评定。作者承认东林派人士的思想里还存在着“皇权主义”，对于传统的君主政治还抱有一定的幻想，但她更注重东林试图通过君权解决各种政治问题的思想倾向，尤其是要把君权从政治体制、君主个人因素中解放出来。作者认为东林党是与过去的“朋党”性质不同的政治集团，她甚至将东林党与清末的戊戌变法相提并论。

第七、八、九章分别对东林党的后继者——复社及南明政权进行了专门研究。张溥与张采领导的复社被称作“小东林”，小野和子认为张溥自称“吾以嗣东林也”，体现了复社继承东林的经世致用传统。作为复社主要领导人的张溥，门下拥有很多弟子，具有掌控政局的手腕。他们通过科举、“公荐”、“转荐”、“独荐”等方法进入政界。他们利用会社的集会、刊物的出版等密切朋友间的联系，增长势力，在明末焕发异彩。作者从当时的社会大背景出发，基于江南经济的发展和社会变动，认为复社运动在这一时期培养出的政体模式，虽未成熟但却是走向中国近代化的滥觞。“在这样的意味上，可以说，它是为了政治运动的一种封闭性的组织，是有可能蜕变为有政治目标的近代政党组织。”①

最后，小野和子对东林党和复社的整个历史进行分期。前后分为六个阶段：第一，从万历初年到张居正死去，为东林前史。第二，从万历十年到二十年代末，为东林党形成时期。第三，万历三十年代到万历末，为党争前期。第四，天启时期，为党争后期。第五，崇祯年间复社活动时期。第六，南明政权下的党争期。作者认为，在东林时

① 小野和子：《明季党社考》，上海古籍出版社2006年版，第426页。

期，“支撑着他们旺盛的政治活动的，是只有他们才是‘天下之公’，也就是舆论的代言者这种自我感觉。他们中蕴存的言论，要求可发挥的通道，以‘开通言路’这样的政治主张表现出来”①，对东林党予以高度评价。而对于作者在该书开头所提出的问题——明是否亡于党争，东林党是否应该负主要责任，她给予了明确的答复。她认为，东林党与复社努力开通言路，尝试由下到上地限制个人专权，积极地通过书院、社团的形式组织朋党，他们代表了具有现代化意味的进步政治理念。因而，最后小野和子说：“明朝，与其说是亡于党争，不如说亡于阉党之手。”②

全书文献资料翔实，考证梳理严谨，注重对历史细节、具体事件的推敲琢磨，结合宏大叙事对东林进行观察。复旦大学李庆教授在序中，就关注到小野和子考证东林历史的客观性、丰富性、严谨性和独创性，多使用前人所没有使用的文献，关注前人没有看到的历史真实。如对张居正改革和山西商人关系的考证，对《万历邸钞》编纂者的考证，对书院网络的形成、相互关系的详细论述，及对复社和晚明江南地区的抗清运动关系的考察等，都是从史料中苦心挖掘、细致梳理、笃实求证、征引议论，基于以上严谨的文献而得出的结论自然更为扎实、可信。小野和子在关于东林党的几个较有争议的问题上形成了个人观点：东林党与复社的性质、阶层利益是与资本主义萌芽这样的经济大环境息息相关的，他们产生于富庶的江南地区，带有商品经济色彩；他们在阳明学的影响下，也参与进了中国近代思维的挫折这样一个历史过程；对于东林党的历史作用评价，认为东林党的思想主张与政治行动基本是象征着正义一派，有着明显的善恶判断。

除了史料的丰富性、立论的严谨性，作者在全书还贯穿了一种追求民主、限制专权、维护言论自由的可贵精神。以顾宪成、高攀龙等为代表的东林党不断地要求发挥言官群体在中国专制政治体制中的制度性作用，从器用层面追寻与形而上层面的儒家“天下之公”精神内核的契合性，维护言论自由、维护政治批判的自由、维护限制专权的

① 小野和子：《明季党社考》，上海古籍出版社 2006 年版，第 627 页。
② 小野和子：《明季党社考》，上海古籍出版社 2006 年版，第 631 页。

自由，努力奔走疾呼、视死如归。小野和子站在东林党的立场上，对其予以高度赞扬，甚至认为他们对后来黄宗羲、王夫之乃至清末改革派如康有为、梁启超等人的近代化政治思想都有一定的影响。最后，作者斩钉截铁地为东林申冤道，“明朝，与其说是亡于党争，不如说亡于阉党之手”。这是她经过严密考证之后为东林志士的呐喊。

小野和子相关论著目录：

《中国女性史》，成都大学出版社 1987 年版。

《明季党社考》，上海古籍出版社 2006 年版。

所谓东林派人士的思想
——前近代时期中国思想的发展变化(存目)

沟口雄三

【评　介】

沟口雄三(1932—2010)，出生于日本名古屋，著名中国思想史学家，多元文化论的积极倡导者，以研究中国宋代至现代思想史享誉学界。高中时代起，沟口雄三热心追随西方文化，大学时期以阅读《文艺讲话》为契机，开始思考文学在革命中的功能问题，转而关注中国文学研究。大学时期，他深受日本左翼思想影响，对于人民文学和赵树理的文学理论产生兴趣，并以赵树理文学的研究为主题完成毕业论文。1958 年，从东京大学文学部毕业后，继承家业从事商业活动长达十年之久，其间曾任日中友好协会名古屋事务局局长。研究生时代，师从名古屋大学著名学者入矢义高，进行中国思想史研究，以李贽研究为动机，阅读相关文献并研习中国哲学、印度哲学等课程，从而确立了打破学科界限的意识。在阅读岛田虔次的著作《中国近代思维的挫折》时，受其"中国近代思维"一说影响，于是，以批判的眼光重新审视日本及欧洲的近代化。

1967 年沟口雄三从名古屋大学大学院人文科学研究科毕业后，历任埼玉大学教养部助教授、教授，一桥大学社会学部教授，东京大学文学部教授。从 1978 年发表《所谓东林派人士的思想——前近代时期中国思想的发展变化(上)》到二十年后发表的《辛亥革命的历史性个性》一文，沟口雄三描绘了由官、绅、民互补而形成的中国秩序空间，并勾勒出由作为地方性集团的东林派发展到提倡"乡里空间"充实形态的辛亥革命的整个思想脉络。而通过对宋代天理观、理气论的研究，他提出，通常认为是自明性的原理实际上也是历史的产物。这些研究充实了沟口雄三对于中国思想特质的认识。在东京大学任职期间，他成功地打通了东京大学文学部文史哲的学科限制，建立跨学科的对话机制。退休后成为东京大学名誉教授，任教于大东文化大学文学部，同时在许多与中国学研究有关的机构中担任要职。其主要著作有《中国前近代思想的屈折与展开》(东京大学出版会 1980 年版)、《作为方法的中国》(东京大学出版会 1989 年版)、《中国的思想》(日本广播出版协会 1991 年版)、《中国的冲击》(东京大学出版会 2004 年版)等，曾主编《中国思想文化事典》(东京大学出版会 2001 年版)，《从亚洲出发思考》七册本(东京大学出版会 1993—1997 年版)，翻译作品有中国宋代佛教典籍《碧岩录》、王阳明《传习录》等。

20 世纪 80 年代至 90 年代前半期是沟口雄三创造力最为旺盛的时期。在此期间，他撰写了一系列与中国思想史相关的论文。《所谓东林派人士的思想——前近代时期中国思想的发展变化(上)》就是这一时期的力作之一，被作者誉为“翻过一次大山的尝试”。该文最初发表于《东洋文化研究所纪要》第七十五册，后收入其著作《中国前近代思想的演变》中。该书由本文和《中国前近代思想的屈折与展开》两篇论文组成，中文版分别由龚颖、索介然翻译，由中华书局于 1997 年出版。(需要说明一点，本文并没有下篇，而《辛亥革命的历史性个性》一文可看作本文的下篇。)

全文除序言、结语外，正文分八节。在序言部分，为廓清既有研究中欧洲中心论的流弊，在充分吸收岛田虔次、小野和子等学者研究成果的基础上，沟口雄三提出了中国历史的“前近代”时期这一概念——近代的萌芽时期或准备时期——以区别于欧洲历史评价中的“近代”划分。他认为，不同于欧洲，中国的“近代”不是以资本主义生产方式为基础的。仅就思想史而言，中国近代思想基本是在本国历史中独立发展变化而来的。在追溯中国近代思想即孙文的三民主义的原型时，学者应避开既定的以太平天国作为中国近代时期的开端。在中国近代史尤其是中国的思想史领域的历史分期问题上，沟口雄三力主学者必须尊重并按照中国固有的不同于欧洲的历史来把握其实际状况。所谓“前近代”时期，即以 15 世纪阳明学的兴起到清末的大同思想兴盛这一段时期。

他特别选用了所谓“东林派”人士的思想动向作为一个观察点，以更好地探究“东林派”人士思想与中国近代思想史的关系以及中国思想史上的“近代性”。需要注意的是，这篇论文虽集中着眼于17世纪前半期，论述所涉思想的历史跨度却从16世纪中后期到明末清初甚至是清代中期18、19世纪。对于所论述的“东林党”人士的性质也是反复论证，谨慎定义。这与沟口雄三一以贯之的朴实学风有关。面临历史本身的曲折迂回，学者需要长时段地分析历史，从不同社会群体入手，广泛收集资料进行研究。因此，沟口雄三也常面临许多打破已有定论和自己思维局限的挑战，从而给予我们新的思考角度。从这个意义上，本文是一条走近沟口雄三和他的思维世界的重要路径。

第一章讨论研究对象。论及东林党人的思想，首先要明确研究对象。作者一反传统路径，对东林党人的研究不局限于《东林学案》，也不局限于东林书院的讲学者，也不只是讨论反无善无恶论者，而是把基本焦点对准东林党人，把当时处于“正坐标方向”上的即具有脱离君主专制性的全部思想动向看作讨论对象，从而阐明作为本文题目的“所谓东林派人士的思想”。

第二、三章论述东林党人的阶级性质，并在此基础上讨论东林党争的实质。作者认为，东林派人士是在里甲制崩溃的过程中，开始摸索建立以城居、乡村地主阶层为基础的新的体制秩序的一批人。东林党人具有以下特征：他们中的大多数人是考取了进士的上层或高级官僚。这些人主要的依赖阶层是中小地主阶层。由于中小地主阶层被迫承受着过重的租税负担，这就使他们在里甲制的崩溃过程中成为矛盾集中的阶层。他们是谋求里甲制的改造、加强或通过里甲制的实质性解体，重新建立或强化乡村秩序的所谓乡绅阶层。他们一方面以官僚里长的身份被结合进专制体制内，另一方面，在现实中他们又是一群在旧体制下自身发展受到阻碍的地主和乡绅。故而这是一个自身不断产生分裂的阶层。因此，作者不把东林党置于反宦官、反内阁这样狭义的政治斗争中来理解，而是置于里甲式专制体制崩溃过程中产生的广泛的政治斗争中来理解的。东林党争的实质是皇帝宦官派主张维护皇帝一元统治的国家主导权，而乡村地主方面则力争乡村的主导权。

这新旧领导权之争是围绕专制体制更好的存在方式而展开的斗争。

第四章，作者以陈龙正为例做个案分析，对其为人、政治观念和活动予以考察，集中展示出在领导权自上而下的转向中，明末知识分子，特别是东林派人士是如何在具体的环境中主动参与社会活动，并以实际的救世举措顺应并推进这一转向的。

第五章，作者再次强调，东林派人士的阶级身份不应拘泥于大、中、小地主的量的概念；根据其强化地主阶级利益，强化地主制改造的本质目标，可将其统称为中坚地主阶层。由此在探讨了东林派人士与民变之间的关系时，作者认为他们具有两面性。沟口雄三并以东林派人士与李贽思想方面的激烈对立为例，指出东林派人士与无善无恶论的龃龉并非体制与反体制的对立，只是改良时政的路径不同。

第六、七、八章分别论述东林派人士的政治、社会、哲学思想。东林派人士政治思想最突出的特点是批判对皇帝一元化专制统治，主张在以中坚地主阶层的主导权下谋求安定和强化地主制式的结构。一方面，他们主张仅靠君主一人的聪明难以顾及全家，因而要求分治，要求某种形式的权力出让。另一方面，东林党人认为治政的关键并不在皇帝一己之德性，而在于如何取诸人。他们要求皇帝不要逞一己之聪明、刚愎自用，而要顺从公论；主张从一君德治的君主主义向分权公治的君主主义转变。

东林派人士的社会思想突出表现在他们对于农业技术革新的态度上。在东林派人士中，有一部分人致力于农业振兴，对于改造自然显示出积极而科学的意向。特别是陈龙正开发北方的倡议，既显示出他希望依靠经济开发实现大同的理想，又显示出被看作开发主体的江南巨室、地主、商人们对自身经济实力的自负，以及他们在这种自负基础上对推进地主制的展望。东林派社会思想的进步性也体现在他们的奴仆观中。以陈龙正为例，他站在同为人类的立场上试图建成一种新的等级制度，这种制度体现了一种相资相养的关系。东林派人士之所以能有这种开明的奴仆观，直接原因是各地奴变频发。此外，由于社会生产力的发展，社会关系由局部的、闭塞的转向全国性的、开放式的，王学中“满街皆是圣人”的主张深入人心。从内部而言，在中坚地主阶层追求安定经营的理想下，有意推动主仆关系转化。这些社会性变化对清代影响深远。

东林派人士哲学思想的一大特点是重视格物，此一倾向与反无善无恶论互为表里。他们所主张的格物用通俗的语言讲就是具体问题具体分析，而与朱熹穷极万物、寻求宇宙真理的格物不同。从明代后期开始，“理”的概念由孝悌忠义等内向性的道德，开始转变为追求贵贱、贫富等社会关系之间各得其“分”。这个“理”，并非具有法律地位和社会契约性质的存在，而是植根于个人道德实践而确立的理。而格物的主要目的是在复杂的社会现实中调和社会关系，正确发挥“仁”。与之相应，他们尤为重视工夫和“修”。发生这种变化的理由如下：与前一个时代相比，明代社会矛盾更加复杂，人际关系、社会关系更趋向开明化，社会已发展到了模式化的定理所不能概括的阶段。在宋代，治世之学为官僚士大夫阶层垄断，到了明代，无官的里长户阶层也被吸收进这一队伍中，这些阶层作为乡村秩序的实际责任者成长起来，仅这部分力量就使得治世之学的承担者的范围得以扩大。而就思想史评价而言，作者认为东林学派的思想不仅仅是对朱子思想的继承和发扬，也在于当探求理观时继承了阳明学说中考证、经世治用的历史性遗产。

长期以来，人们简单地将近代化等同于西化，沟口雄三却一改研究视角。从早年进行李贽思想的研究开始，沟口雄三就发现西方中心论的研究方法仅是就偏向研究对象中符合“欧洲的近代”的那一部分作评价，完全忽视了李贽思想所固有的历史价值。对于不戴西方有色眼镜的沟口雄三来说，他越是阅读中国自宋代至近代的文献，越是加强一个信念，即中国思想中存在着不同于欧洲思想史的展开过程。以本文为例，他将东林党人士放在近代化潮流中，考察其思想的独特性及其价值。他认为中国的近代化有其自身的思想根源，从阳明心学开始到三民主义产生之前的思想历程，便是孕育中国近代思想的前近代思想史，而以孙中山三民主义为代表的中国近代思想是从中国本土思想的土壤中孕育出来的果实。基于这一认识，作者将东林党人的思想看作孕育中国近代思想的链条上的一环来进行考察，视野独特。

首先，就具体论述来看，作者尤其注重概念之间的界定区分，如“前近代”“中坚地主阶层”观念的提出，“东林派”的限定，东林派人士对于“理”的理解，等等，都作了细致的说明和辨析，为问题讨论廓清范围，亦是作者本人独特见解的具体呈现。其次，本文虽是从思想史上研究东林派人士的性质，却将东林派人士的思想置身明季社会环境之中，并通过个案分析，生动展示了东林派人士的政治、思想理念与其政治、社会活动之间的关系。作者没有拘泥于具体的政治身份和政治斗争事件，而是将东林派人士定义为中坚地主阶层，认为他们代表了乡村这一层面的利益；将东林运动视为中坚地主阶层与以皇帝宦官派为代表的君主集权派之间争取领导权的斗争。从本质上讲，东林派是新兴的、具有政治性和社会性的势力，主张公治是他们的重要理念之一。沟口雄三主张，对于东林党人与内阁、魏党的政治斗争，也应从更广阔的视野来理解。这尤其突出地表现在沟口雄三对张居正与东林党人历史作用的评价上。作者认为，张居正依然是要在贯彻皇朝权力的一元化独裁的方向上寻求出路，他的改革脱离乡村的实际状况。废止书院、限制生员等肃正官纪的行动，使得他与乡绅地主阶层之间产生了裂痕，导致了两者之间意识形态上的对立斗争。他不断地将年幼的神宗皇帝强行置于明天子的地位上，还以此镇压反对派。于是在他死后一年，就发生了被剥夺谥号、官位，没收家产，家属发配边关的悲剧。此后，明朝的皇帝及其周围小团体持续专横，一路走向了灭亡，这条灭亡之路不过是一条张居正曾试图强化的皇帝独裁式专制路线。因此，作为与张居正的政治理念相对的东林派的主张，恰是顺应了历史的潮流，被作者看作历史坐标上的“正方向”。这与其他学者对东林党人作出肯定评价的原因有所不同。传统史学家的评价往往基于对东林党人道德价值的判断，认为他们是政界的清流，是儒家精神的积极践行者而作出的。对于东林党人的思想观念所表现出的历史进步性少有论及。部分学者对东林党持激烈批判的态度，如黄仁宇在《剑桥中国明代史》的《东林书院和朋党之争》一节中，认为东林党人对于异己极端排斥，对于明末的社会毫不知情，以为仅凭借道德的热情就可以解决政治、经济与社会的危机。沟口雄三并不避讳他们的历史局限，更着眼于他们的积极贡献，比如他们靠格物的姿态，适时顺应了历史趋势，并推动了“理”从自我内在之德行到社会关系相互有“分”的调和的理再到“欲相互间之条理”转化的历史性潮流。他们还历史性继承了阳明学说中考证和经世治用的思想等。我们通过沟口雄三的这篇论文，从一个全新的视角去审视东林党人到底在明末的社会中扮演了什么样的角色，又是如何影响了中国历史的走向。

该文是沟口雄三早年思想的一个整体提升，也是了解沟口雄三史观的一个切入点。其意义在于，作者用东林党这样一个实例，非常出色地诠释了作者以本土的眼光观察中国历史与中国社会这一理念，为中国学界以及每一个承负着中国历史与文化的中国人，重新去理解自己的文化传统打开了一个窗口。沟口雄三所寻求的不仅是“反西方中心论”的简单申诉，而是基于对学理之真的渴望，对中国历史动力进行持续探究。晚年时，他更是将关注点从明末、清末扩展到民初和“五四”，企图通过一系列多元文化价值研究，对历史关键环节的把握，揭示中国思想史的内在脉络和特有价值。他的研究为我们勾勒出了一个多民族多文化形态的世界的部分轮廓。同时，他在论文集《作为方法的中国》和《中国的冲击》中为后来研究者指出了一条路径，即“以中国为方法，世界为目的”①，希望能揭示中国的特殊性，建构出有效解释中国的模式，也只有建立起真正意义的多元视野后，世界史才会形成。

沟口雄三相关论著目录：

《中国前近代思想的屈折与展望》，东京大学出版会 1980 年版。

《作为方法的中国》，东京大学出版会 1989 年版。

《中国的思维世界》，江苏人民出版社 2006 年版。

《中国的公与私·公私》，三联书店 2011 年版。

《中国的冲击》，三联书店 2011 年版。

《中国思想史：宋代至近代》，三联书店 2014 年版。

《中国的历史脉动》，三联书店 2014 年版。

《李卓吾·两种阳明学》，三联书店 2014 年版。

---

① 沟口雄三：《作为方法的中国》，三联书店 2011 年版，第 130 页。

晚明东林运动(存目)

贺 凯

【评 介】

贺凯(1919—1994),本名 Charles O. Hucker,美国著名汉学家。出生于圣路易斯,1941 年毕业于得克萨斯大学,并在“二战”期间加入美国陆军航空部队服役,因表现卓越荣升少校,获得青铜星章嘉奖。战后,贺凯投身于东亚史研究,并成为 20 世纪下半叶西方重要的中国史研究学者之一。1950 年,在芝加哥大学获得中文博士学位后,历任芝加哥大学、亚利桑那大学、奥克兰大学、密歇根大学教职。贺凯生逢其时,1958 年美国政府颁布国防教育法,加大了对非西方语言及区域研究和教育的投入,美国汉语教育势头高涨。作为 20 世纪 50 至 60 年代亚洲学术研究项目的主要发起人,他对推动西方的东方学、中国史研究作出了极大贡献。他曾是洛克菲勒基金会的研究员、美国国家人文基金会的高级研究员,同时也是美国教育部、基金会和高等院校的资深顾问。1965 年,贺凯成为密歇根大学远东语言和文学系主任。1974 年,被奥克兰大学授予人文科学名誉博士学位。1979 年,在美国国家科学院和中国社科院联合主持下,和少数美籍中国史学者一同参观了中国学术中心。贺凯的主要研究领域是明史,尤其是对明代政治制度研究颇见功力,可以说,20 世纪六七十年代,他和牟复礼等汉学家共同开启了明史研究的序幕,并推至繁荣局面。其主要著作有《中国古代官名辞典》、《明代的传统中国政权》、《中华帝国的过去:中国历史和文化导论》、《中国思想与制度论集》(与他人合著)、《在行动中的儒教》(与他人合著)等。他还参与撰写了《大英百科全书》《美国大百科全书》《剑桥中国史》等集体著作。他的著作《中国 1850：短史》(1975)被作为大学教材广泛学习阅读。

《晚明东林运动》一文最早收入于 1957 年费正清主编的《中国思想与制度论集》(*Chinese Thought and Institutions*, in John K. Fairbank (ed.), 1957, pp. 132-162)(1976 年该书由台湾联经出版社翻译出版，2008 年由世界知识出版社再次翻译出版)。《晚明东林运动》出版后被学界广泛征引，其主要学术观点影响了黄仁宇等一批汉学家。正是在此文中，贺凯较早使用了“东林运动”这一概念。全文分为六个部分，分别从东林运动发生的历史条件、制度条件、理性条件等层面梳理晚明党争的来龙去脉，并基于政治、制度与哲学、道德之间的关系研究，认为东林运动是一次不被政治体制认可的道德运动，而且带有强烈的理想主义色彩和悲壮情怀。

导言部分，贺凯开门见山地表明东林运动对研究传统中国社会的思想和政治制度之间的关系具有特别意义。在他看来，东林运动并非是简单的知识分子官僚反对宦官专权的斗争，而是一场具有哲学与政治两个层面的道德运动。哲学层面上以东林书院为活动中心的在野士大夫们为代表，致力于重新树立公众道德；政治层面上则以朝廷内一帮坚持名节、卷入党派之争的官员为代表——他们进行了一系列反宦官专权的政治斗争。这场斗争根源于明朝独特的统治结构带来的体制冲突。最终，东林运动以政治斗争的失败而遭到魏忠贤为代表的宦官势力的清算。在这里，作者抛出了本文的关注点，哲学态度与政治行为之间是何种关系？二者是如何相互影响又相互背离的？中国传统社会思想对政治的影响又有哪些是不同于西方社会的？

第二部分“明朝晚期的中国”概述了晚明历史的发展状况。作者追溯至万历时期，揭示了东林运动发生的历史背景。他认为从万历朝开始就为明代帝国大厦的倾倒埋下了祸端。万历皇帝的刚愎自用、奢靡放纵、不负责任，使整个国运走向衰退。张居正的贤明治理并没有被这个皇帝所容纳，一方面，皇室奢侈无度，另一方面，皇帝颁布了一系列不明智的军事政策。张居正在位时期边疆安定、吏治有序、经济繁荣的景象很快被年岁渐长的神宗所推翻。也正是在万历朝，满族政权崛起，努尔哈赤自封可汗，建立新王朝，谋划着出兵灭明。从神宗至熹宗再到思宗，政治上，朝纲不振，官僚腐败，风气低迷，积重难返；经济上，赋税不均，横征暴敛，土地兼并严重，经济状况日益恶化；军事上，边防无力，内乱四起。

第三部分“16 世纪晚期体制冲突”分析了东林运动发生的制度条件。贺凯称，明朝独有的统治结构不可避免地造成了体制冲突。明朝的统治结构由外廷和内廷组成，而明初废除宰相制，六部之上无宰相，行政大权集于皇帝一人之手。作者援用中国史学界的传统论断，认为宰相制的废除是明朝后来政治虚弱甚至明朝灭亡的根源。外廷无宰相，皇帝成为外廷最直接的首领，这就提高了对皇帝勤政能力的要求，但是晚明的几位皇帝都不具备这样的政治素养：神宗荒废朝政，聚财大兴土木；光宗在位之期仅一月；熹宗对朝政不闻不问，宦官专政弄权。这样的政治结构，一方面导致宦官权势扩大；另一方面催生了“内阁”这一处于内廷和外廷之间的非正式机构。内阁实际上辅助皇帝处理政务，却并没有得到官方认定，大学士们也没有被赋予实际上的行政权，人员变动常常因皇帝个人好恶决定。正因为它的尴尬身份，导致晚明党争的持高不下，官员互相指责，争议就开始了。这样的争议，自一开始就带有道德伦理色彩。在张居正夺情留任的事件上，外廷反内阁的声音居高不下，其中就有后来东林党成员和东林书院创始人的身影。在他们看来，张居正所享有的政治优势是不合法的，且悖逆人伦。张居正本人和他的家族在失势之后，也遭到了反对者无情的清算。

在张居正之后的内阁成员，也时常被卷入内廷和外廷的政治斗争中，往往不能专心为国家服务。在贺凯看来，到 1606 年“京察之争”中沈一贯去职之时，党争由内阁与外廷之间的对垒逐渐扩展至外廷内部，有被具有鲜明道德倾向的新斗争焦点湮没的趋势。在这一过程中起主导作用的正是东林书院的发展。

第四部分“东林书院与东林党”，作者从理性层面剖析了东林运动的道德主义。他先是回顾了东林书院的建立及其主要活动。顾宪成、高攀龙、顾允成、史孟麟、钱一本等这些被驱逐出政坛的官员们联合了一些学者齐聚东林书院，他们制定了会约，如期聚会或者进行哲学讨论，并印刷、分发讲会记录。顾、高常年在此讲学，也在周边学院巡讲，带动了周围一系列书院的发展和活动，并和它们保持了密切联系，享誉深远。不同于当时避世而居、纯粹谈论哲学分歧的学者，他们的讲学表现出对政治的关注与投入，在潜心研道、修身养性的同时，要求知识分子关注世事，裁量人物，讽议朝政。他们的倾向性是很明显的，目的就在于以学问救世。他们认为政治斗争的制度性问题远没有道德性问题严重，他们没有明辨出党争源头的“内”与“外”的政治结构性的分歧，而是着眼于人的道德的分歧。他们将政治和哲学联系起来，认为哲学上心学的“荡”败坏了传统道德。他们的决策是，通过哲学层面上的纠谬来复兴政治领域中的道德。那么，这个“道”从何而来？显然，过于反叛的李贽并不符合顾宪成的取法对象。在多方考量之下，朱熹的理学思想成为他们拣择的治一时世疾的良药。顾宪成没有全然否定王阳明心学的革新作用，但在面对世道涣散时，他们站在了朱学“修”的方法论战线上，并且坚决抵制王学“四无”说，保守住儒家哲学的精神核心——“性本善”的本性观念。

东林学派的书院讲学制成功引起了政坛的关注，他们被卷入多层面的斗争当中，不断受到反对派的攻击。在多次的京察人员考核中，他们逐渐被指责成“东林党”。天启初年的京察，让东林一派有了一个短暂的胜利。但有政治影响力的东林党人纷纷退出斗争漩涡，政治势力殆尽；随着顾宪成的去世，东林集团的学术领导地位也丧失了。

第五部分“东林党与魏忠贤”详述了东林党重新崛起与其反宦官专权的政治斗争始末。随着光宗、熹宗继位，朝中新一代东林党人在皇帝的有意回护下得到了重用，政治势力有所恢复。但反对党依然活跃，这使东林党人重开书院讲学之路的企图成为泡影。与此同时，宦官权势日益高涨，东林党遭到了宦官和反对派的联合剿杀，高攀龙自尽，东林书院被毁。这是中国皇权历史上宫廷政治和道德败坏的最低谷，也直接导致了东林集团核心力量不复存在。即使在思宗即位后，幸存的受害者得到补偿，但东林党残余势力也未得到重用。

论文的总结部分，作者再次对东林运动的道德性质进行了论证。通过对东林运动的研究，贺凯说明在传统儒家体系中道德与政治是紧密相连、不可分割的。作者通过三个层面的“否定”，来分析东林运动属于道德斗争而非政治斗争。其一，否定不少学者认同的统一地域性。作者通过对《明代人口和争斗的党人的地区分布》统计图表进行分析，认为东林党派中不存在明显的地域分布模式。其二，否定不少学者赋予东林党的阶级性界定。作者通过《争斗的党人的政治身份》图表分析，认为东林人士家族历史中不存在“世家”集团的迹象，同时也不属于“新兴家族”，不代表新兴阶层的利益。其三，否定东林党作为一个“党”的性质界定。“东林党”这个称谓是敌对派妄加的，“党”内人士间存在诸多不同意见，不存在“铲除奸佞”以外党派团体的纲领。列举了这么多不一致性，那么，东林党的一致性体现在什么方面？作者指出，东林党“具有基本一致的道德观”。他们将朝廷道德败坏归咎于哲学潮流，誓死捍卫正统的哲学思想，以此来恢复传统政治道德。

作者在文中反复提及社会运动的两种范式，让人不得不怀疑其背后的深意。这两种范式分别是“制度性”运动与“道德性”运动。前者反映的是从政治结构角度革新，而后者则期待道德的完善，是从思想上进行的革新。作者虽对二者没有明确的表态，却让读者在字里行间能体味出一个西方汉学家对于中国传统政治运动范式的独特观察。

政治与哲学有着密切的相关性。牟宗三在《中国哲学的特质》里曾说：“中国哲学特重‘主体性’与‘内在道德性’。中国思想的三大主流，即儒释道三教，都重主体性，然而只有儒家思想这主流中的主流，把主体性复加以特殊的规定，而成为‘内在道德性’，即成为道德的主体性。”①中国传统思想里，儒家主张“德化”式治道，并影响政治体系，从而形成人治主义特征。中国政治哲人关注“内圣外王”，最适宜于统治天下的政治个体，关注政治权力的占有者、行使者和参与者，将一国之治寄希望于个别人，可以说这是一种“道德的政治”。而与之相对应，西方哲学从古希腊发展而来，受到宗教主义的影响，他们更关注统治结构的制度性特征，与中国传统政治生态的“道德化”成为两种截然不同的思维方式、政治运行方式。故而，牟宗三强调：“以西方哲学为标准，来在中国哲学里选择合乎西方哲学的题材与问题，那将是很失望的，亦是莫大的愚蠢与最大的不敬。”

① 牟宗三：《中国哲学的物质》，上海古籍出版社 1997 年版，第 4 页。

经过以上中西方政治与哲学关系的分析，贺凯对于东林运动性质界定与评价的思想来源也随之显露。幸而贺凯的评定是客观而真实的，没有褒彼贬此。因之，我们才得以既观察出一位西方学者关于中国政治制度研究的不同视角，又感受到他们对于不同政治生态的客观及尊重。费正清、赖肖尔的《中国：传统与变革》也曾评点东林书院"以一场道德的改革运动重新确立儒家行为的传统准则"①。可见，这样的认定不仅是贺凯一人的观点，或许也正是西方学者对中国政治思维范式的普遍认识。根据这样的认识，我们就不难理解西方人对东林运动失败原因的解释了。

全篇剪裁颇为用心，从历史条件、体制条件、理性条件三条线索循序渐进叙述开来，逻辑十分清晰。作者文笔简练、精确而畅达，常用简单的文字把重大历史事件、理学与心学的思想交代清楚，颇见其中韵味。贺凯的部分著作被列为西方高校里关于中国史的教材性书籍，可见其语言的通达性功力。我们也在这样的语言中，感受到他对于东林人士既惋惜又敬佩的矛盾感情：那不切实际的堂吉诃德，那视死如归的真正儒者。

贺凯相关论著目录：

《中国思想与制度论集》(与他人合著)，台湾联经出版事业公司1976年版。

《中国古代官名辞典》，北京大学出版社2008年版。

---

① ［美］费正清、赖肖尔著：《中国：传统与变革》，江苏人民出版社1996年版，第210页。

《剑桥中国明代史》之隆庆、万历时期(存目)

黄仁宇

【评　介】

黄仁宇(1918—2000)，祖籍湖南长沙，著名历史学家，中国历史明史专家。受家庭环境影响，少年时期即显露写作热忱。1936年考入天津南开大学电机工程系，1938年因抗日战争爆发辍学，先在长沙《抗日战报》工作，后投笔从戎，入国民党成都中央军校。毕业后，历任国军下层军官，1950年退伍。退伍后，赴美求学于密歇根大学，由新闻转攻历史，先后获得学士(1954)、硕士(1957)、博士学位(1964)。曾任教于南伊利诺大学、纽约州立大学分校、哥伦比亚大学及哈佛大学东亚研究所。1979年离开教学岗位，专心写作。2000年于纽约病逝。曾参与撰写《明代名人传》《剑桥中国史》《中国的科学与文明》等集体研究著作。其主要著作有《万历十五年》《赫逊河畔谈中国历史》《十六世纪明代中国之财政与税收》《中国大历史》《大历史不会萎缩》《放宽历史的视界》《资本主义与二十一世纪》《现代中国的历程》等。

黄仁宇创导“大历史观”的历史研究方法，主张要“从技术上的角度看历史”，高瞻远瞩地考察中国历史的发展进程，在史学界影响深远。他否定传统历史研究方法，如史料的堆砌、具体历史事件的描述等，而注重对历史进行宏观线条的勾画，从社会、经济结构的发展进而观察历史的脉动，并在区域历史的相互比较中凸显中国历史特质。黄仁宇的研究方法及其作品引起史学界的极大关注和讨论，在好评不断的同时，也受到诸多批评，可谓毁誉参半，褒贬不一。

《东林书院和朋党之争》《次要争端和根本原因》两篇论述由黄仁宇撰写，出自海外汉学家崔瑞德、牟复礼主编《剑桥中国明代史》一书第九章《隆庆和万历时期，1567—1620 年》。该书 1988 年由剑桥大学出版社出版，后经杨品泉等人译出，1992 年由中国社会科学出版社出版。

《东林书院和朋党之争》一文包含三个部分，分别是“东林党”“从 1593 年京察到东林书院的建立”“政治斗争中的东林”，主要描述勾勒东林党及东林运动的发展脉络和历史轨迹。《次要争端和根本原因》一文随之对东林运动及当时的政治社会进行政治结构、经济结构层面的解构，作者以“国本之争”争端为切入点，认为东林运动仍然不能脱离道德伦理斗争的窠臼，当时无论是在政治上、经济上都还不能说是具备了民主色彩抑或是促进资本主义萌芽，整个社会统治类型还都是典型的农业社会。

第一部分“东林党”概述了东林党的基本特征、政治思想以及形成这些特征背后深层次的文化和心理因素。在这一部分，作者集中表达了对东林党的态度。首先，对东林党的“党”作了简要的解释，认为它非现代意义的政治党派，而带有“派系”、“宗派”或“帮伙”的含义。这代表了它并不是一个严格的政治组织。但这个组织有个显而易见的特征，那就是其成员坚持儒家的伦理道德，并将之置于其他一切事物之上，甚而不惜在抵制皇权的过程中遭受酷烈的惩罚而赢得正直的名声，他们“死谏”并以此为荣。

在黄仁宇看来，东林党人兼有“学者”和“官员”的身份，修养品性是他们在思想上的共识。他们提出的一系列革新完全是以道德的考虑为基础，而并不是想要改进国家的行政体制或改变权力结构。这使他们并不能担当起“自由主义者”“革命者”的高度评价。或许“空想”“理想化”这些字样会更贴合东林党人的思想和行动，他们想要通过谋略和发表议论来匡正时局和恢复职位，他们向往一种组织上松散的政府，反对任何基本制度上或财政上的改革，这些都能看出他们的不切实际。黄仁宇认为，东林运动在体制意义上是倒退了一大步的。当然，东林党人全然出于道德考虑的政治理念，在实际操作中还是产生了一些好的影响，比如表达了对内阁擅权的担忧，维护吏部和言官的独立性，等等。

第二部分“从1593年京察到东林书院的建立”主要讲述了万历朝朋党之争的焦点——京察以及东林书院成立的条件和影响。1553年、1557年、1581年、1587年、1593年，这五次人员的考核给政坛造成了轩然大波，结党倾轧，互斗置气，朝政一片混乱。东林党人也卷入了朝廷的人员考核之中，他们暴露了自身的狭隘和偏见，把个人道德等同于行政才干。在1593年的那次京察中，赵南星等几个主政的东林党人清除了不少品德有缺陷的官员，而这些被清除的人员并不是因为他们失职，而是因为他们与内阁成员有联系，而且支持万历皇帝三王并封的意见。这种做法明显带有清除异己的意味，因而引起了皇帝、内阁及其支持者的怨恨。

黄仁宇不仅认为东林党存在这样的道德评价倾向，同时还指出当时的历史资料也都以道德标准互为标榜，偏向于东林集团，“道德问题很大程度上扭曲了同时代作者的观察力”。在他看来，这给后来学者研究这一阶段的历史造成了困扰。

经历了多次京察和宦海沉浮，东林集团人士基本都遭到贬谪。这成为东林书院和东林党得以成立的重要契机。1604年，东林书院的成立标志着朝廷上权力斗争进入了下一个阶段。东林书院吸引了众多长江中下游地区的学者，带有强烈的地域性，他们以修身养性为日常学习目的，引导着道德实践的正义开展。他们一年一大会，一月一小会，在发挥着学术机构作用的同时，也充当着公开讲坛，针砭时弊，影响时局。顾宪成及其支持者直率而公开的批评明显刺痛了当朝者。

第三部分“政治斗争中的东林”叙述东林书院成立后，他们的植党及与反对派的政治斗争。东林党里并没有直接相关的人员进入统治权力的中心地带，但他们在政权内部聚集了一批支持者。后者虽然与东林书院并无关联，但也被看作东林党。东林党人与其反对者的斗争又通过京察展开来。1605年的京察，考核提出要求207名京师官员和73名南京官员免职和降级，在漫长的派别制衡之后，内阁首辅沈一贯被迫辞职，国家行政也陷入瘫痪。随后，东林党人推荐李三才入阁，在反对派的斗争中没有成功。他们又寄希望于王图，也未成功。党争造成政府机构大量的职务空缺，政府的行政进一步趋于瘫痪。而在派别斗争之中，齐党、浙党和楚党与东林党形成针锋相对的势力，他们皆无济于时政之改革，却让时局更糟。

从这一篇《东林书院和朋党之争》来看，黄仁宇对于东林党的历史作用评价基本是否定的。这一态度在《次要争端和根本原因》这一篇中可以见得更为透彻。

第一，否定东林党人在政治行动中的道德评价取向，更对后来学者对于东林党人持有的同情给予批判。

东林学院领袖人物顾宪成、高攀龙在学术与道德上有着双重造诣，这更增强了他们在现实政治斗争中的失败给众人带来的同情感。由于他们坚持己见而遭到阉党极惨烈的屠杀，他们表现出舍生取义的精神，是对千百年来融入在中国知识分子血脉中的儒家道德的积极实践。这样的行径使得东林党人被贴上了文化与道德楷模的标签。而这正是黄仁宇所反对的，他认为一味的道德取向不仅影响了东林党人的政治路径，是愚忠的表现，同时也影响了同时代人和后来学者对他们的评价。黄仁宇作为一个海外学者，用别样的思路给予抨击，认为东林党不仅于政治无补，更是一种倒退。

第二，否定东林党人政治行动的民主觉醒意味，认为他们并未实现政治结构的革新。

中华人民共和国成立后，史学界开始以马克思主义阶级分析法来研究中国历史，历史学家在东林党人身上挖出了一些新的意义。侯外庐认为，东林党属于“地主阶级的反对派”，他们“利用数百年来就存在的书院形式，作为进行政治活动的基地，作为联络组织‘同志’的场所”，“具有改革经院，推翻偶像的进步作用”①。他们反抗专制制度，代表了资本主义萌芽时期的进步思潮。李洵认为，东林党的斗争是中小地主或地主阶级改革派反对贵族大地主对江南地主势力的斗争，反专制、反皇权，他们的斗争目的是为了解除贵族大地主对江南地主势力和城市势力在政治上和经济上的两重压迫。

在多数研究者褒扬东林党人、肯定他们的历史作用的情况下，黄

① 侯外庐：《中国思想通史》第四卷(下册)，人民出版社 1960 年版，第 1099 页。

仁宇再次从政治结构、经济结构层面表达了对东林党人的否定。作者总结道，东林运动只实现了一个政治目标。他们只是把问题聚焦于国本之争，阻挠了万历皇帝改变继位顺序的企图，却并没有触碰到传统封建社会所倚靠的政治和经济根基。他们对于继位争端和矿监税使的反对言论，他们对皇权的压制和书院论政的形式，与西方的议会政体，只是形式的类似，而实质上并没有从财产权上、经济结构上进行革命。他们是伦理的，而非制度的。如若没有国本之争以及矿监税使等争端，或许党派之争并不会持续多久。言下之意，东林运动只是一个偶然事件。

作者的批判集中表达了这样一个观点：政治与道德是分离的。东林党人基于道德的实践是“空想”“不切实际”，他们对于政治改革的无能和结党营私的行径给政府带来了致命的后果，使行政全面瘫痪。对于明末的党政时局之败坏，东林党人是有责任的。

在这里，作者抛出了一个问题，那就是关于历史发展进程中政治与道德的关系研究。黄仁宇提倡“大历史观”的研究方法，他的各种史学著作从不掩饰他的一贯信念：西方现代化体制要高于中国传统的道德诗性化管理方式，人类历史的发展进程就是要从传统农业社会走向现代化理性机制。在他看来，中国人重褒贬，写历史时动辄将历史人物讲解为至善与极恶，由此容易将书写历史当作一种抒情的工具。而以狭义的道德造就的历史势必将一段伟大的事迹分裂为无数片段，公允与否不论，已经等同于否定了历史。他写历史，一直在避免让自己掉进道德评价的陷阱，不急切地以道德的名义论断，“重于已经发生的事情之因果关系，而不注重私人情绪上之好恶”①。他说：“我写的历史是从技术的角度看历史，不是从道德的角度检讨历史。”②与此同时，他主张“以宏观眼光看历史时，注重非人力因素（impersonal

① 黄仁宇：《大历史不会萎缩》，广西师范大学出版社 2004 年版，第 80 页。

② 黄仁宇：《中国大历史》，三联书店 2015 年版，第 5 页。

factors)所产生的作用"①，"大历史的逻辑必与当事人的逻辑不同"②。总之，"大历史"的研究方法，本身即是一种综合性的宏大研究，又仍待微观的分析订正。这样的方法论引导着他进行的晚明历史研究，也更具体化到对东林党及东林运动的评价上。所以，他更倾向于用政治机制、经济结构、议会体制、财产权等这类富有技术意味的词语来剖析晚明历史的走向，以西方资本主义发展的脉络为标准，检省既有晚明时期出现资本主义萌芽、民主意识的觉醒等说法，最终得出结论，认为当时仍然是传统的农业社会。至于东林党这样专注于修身养性、道德实践的团体，黄仁宇自然嗤之以鼻，认为它无益于历史滚滚车轮的前行。

黄仁宇将古今中外都装进"现代化""技术理性"这个大篮子里，用统一的标准评定各家历史。但是我们也必须指出，儒家思想塑造了国人的精神命脉，修身、齐家、治国、平天下的治世主张本就具有道德意蕴。我们不应该忽略东林书院的创立初衷及以顾宪成、高攀龙为核心的学术知识团体的思想主张。他们推崇朱子之学，反对泰州学派的主观主义，致力于培养自身品德，也务求改变政治与社会现状。朱熹主张将"道统"作为"政统"之外的另一种权威性存在。在他为代表的理学家们及其后人看来，自三代之后没有一个皇帝能达到"圣人"的境界。如果一个皇帝想要成为理想君主，他就应该接受理学家们的适时引导和劝谏，遵循"天理"，"诚意正心"，而不是拒绝监督，因私废公，压制公议。正是本着这样的使命，理学家们热衷于道德教化，并相信道德之于社会的规范力量。忽略这样的历史文化语境，黄仁宇强行用西方政治变革标准来衡量史料，失去了其本应具有的客观性，自然有失偏颇了。

另外，作者语言平实，叙述多为粗线条勾勒，较少引用史料论证，这对于历史对象的性质判定自然也就显出其粗糙了。比如在论述

---

① 黄仁宇：《大历史不会萎缩》，广西师范大学出版社2004年版，第134页。

② 黄仁宇：《大历史不会萎缩》，广西师范大学出版社2004年版，第138页。

东林书院的时候，作者说书院中“哲学方面的讲演很少不触及当时的事件”，又说作为主要的演讲者顾宪成，“习惯于评介个别官员的品性”。这个问题其实相当重要，因为它涉及在朝的敌对派对于东林党人“讽议朝政，裁量人物”的批评是否为诬陷。而作者没有用任何史料来证明自己的说法，显然是欠严谨的。又比如作者讲到，东林支持者抵制任何基本制度上的或财政上的改革观点：“他们认为技术性的解决办法过去不成功，也不可能成功。因为他们偏爱行政改革的空想……”这种印象从始至终左右着该文的写作，但作者依然没有提供有说服力的证据以表明东林党人仅仅是一群罔顾政治现实的空想家，更没有去探讨东林党人所主张的行政改革的具体细节。建立在模糊性描述的基础上，作者对于社会图景的描绘过于印象化，对于东林党人的评断则未免难以令人信服。

黄仁宇用“大历史观”的方法论对晚明历史、东林党人进行了评断，让人耳目一新。他企图抓住历史洪流中某一剖面的大时代背景，结合细微事件臧否人物，让我们看出时代涌动之势，虽在人物评定和思想评价上有失偏颇，其方法论仍不失其鲜明特色和参考价值。

黄仁宇相关论著目录：

《万历十五年》，中华书局 1982 年版。

《地北天南叙古今》，台湾时报文化出版社 1991 年版。

《中国大历史》，三联书店 1997 年版。

《赫逊河畔谈中国历史》，三联书店 1997 年版。

《资本主义与二十一世纪》，三联书店 1997 年版。

《从大历史的角度读蒋介石日记》，中国社会科学出版社 1998 年版。

《十六世纪明代中国之财政与税收》，三联书店 2001 年版。

《放宽历史的视界》，三联书店 2001 年版。

《大历史不会萎缩》，广州师范大学出版社 2004 年版。

《明代的漕运》，新星出版社 2005 年版。

《缅北之战》，新星出版社 2007 年版。

《现代中国的历程》，中华书局 2011 年版。

独立自主的代价：知识分子与明清政治(存目)

魏斐德

【评　介】

魏斐德(1937—2006)，出生于美国堪萨斯州堪萨斯城，美国著名汉学家、社会活动家。本科就读于哈佛大学，主攻欧洲历史与文学方向，后受到当时就读于芝加哥大学的柯文的影响，在硕士研读期间经加利福尼亚大学伯克利分校教授唐纳德·夏夫利介绍转而研究中国历史文化。毕业后一直任教于加利福尼亚大学伯克利分校。他在中国史研究方面的突出成就以及在教学、社会活动中的献身精神和组织工作才干，使得他与孔飞力、史景迁并誉为“美国汉学界三杰”，曾任美国历史学会和社会科学研究会会长、中国研究联合委员会会长、加利福尼亚大学东亚研究所所长等职务。

魏斐德一生著作等身，共有论著8部以及论文约150篇，代表作有《大门口的陌生人》《中华帝国的衰落》《洪业》《伟大的事业：满洲在17世纪的中国重建帝国秩序》等。《洪业》于1987年获美国亚洲研究协会颁发的列文森奖。他还曾获得美国城市历史协会颁发的非北美城市“最佳历史书籍奖”。由于他对美国中国史研究和加利福尼亚大学伯克利分校教育事业的突出贡献，被授予“伯克利最高奖章”。

《独立自主的代价：知识分子与明清政治》这篇论文发表于1972年美国科学与艺术学会主编的学报《代达罗斯》(*Daedalus*)上。在魏斐德去世后，被收录于由其太太梁禾主编的《讲述中国历史》这部非同凡响的文集中。这篇论文是魏斐德专注于研究中华帝国知识分子困境的组成部分，它以17世纪东林书院学者和19世纪90年代士人改革者这两个知识分子集团为例，探究了知识分子在社会体制下为精神独立而付出的代价，以及他们为寻求精神独立而采用的各种方法。

这篇论文共分为 12 个板块(引论与 11 个小篇目)：明代知识分子力争上游的途径；专制政治及其臣仆；张居正与中央集权的影响；公义与私党；书院；东林书院的致用说与主静说；东林派的政治地位；东林派抗争的高潮；东林派抗争的本质；清末的学会；结社的新意识形态。

作者在引论部分首先对中国的“知识分子”进行了界定。他按照对公与私参与的程度将中国晚期的知识分子分为五大类：“(1)政治家与决策者；(2)实际改革者与行政官员；(3)道德理想主义者；(4)玩赏家；(5)隐士。”他详尽阐释了这五类人的特征，并对其中的道德理想主义者加以强调：“公私兼顾，既未为恬淡思想所吸引，以致拒绝承担政治责任，也未汲汲于从公而放弃了道德的义愤。”魏斐德认为，以第三类为代表的知识分子与国家之间存在两种相互矛盾的关系，知识分子既是监督者又是批评者，他们个体具有评价功能的抗议权力，但是多以道德牺牲作为代价。而当知识分子结合在一起成为“党”或“群”，超越传统的价值标准，突破与君主的传统联结而寻求完全的独立自主时，往往是孤注一掷，甚至遭受巨大损害的。随着论述的逐渐展开，他提出了两个著名知识分子集团——17 世纪的东林书院学者和 19 世纪 90 年代士人改革者，以此论证他的观点。

在第一至五篇目中，作者论述了明代社会的考试制度、政治体制、晚明时期的历史现象如张居正时期中央集权与广开言路之间的矛盾、书院的兴衰发展等，以探求东林书院成立以及东林政治运动产生的先决条件。

明朝成立后，为了加强中央统治，稳固政权，解决当时存在的地域性经济利益纷争和政治上的动荡不安，朱元璋不得不利用考试制度来加强知识分子对于官僚制度的依赖。考试制度成为政府征用人才、底层人士向上流动的主要通道，知识分子纷纷追求功名，试图加入士绅的队伍。与此同时，明代的考试内容以理学为主，尤其注重向知识分子灌输专制政治的意识形态，打造符合正统与效忠的士绅，从而使国家“在制度上失去对君主日增的个人权威之制衡权力”。通过考试制度选拔出来的知识分子，已无法从思想根源上制约甚至否定皇权的不合理性。

明朝废中书、建内阁、重宦官的体制使得政权更偏向于专制君主这一方，而皇帝无能、内廷权力独大，都制衡着外廷力量、“局外人”言路的发挥，使得明朝历代难有安宁之日。张居正的革新，使明朝恢复了150年来所未有的安定，但是他的专制强权也相应地造成其他官员及普通民众对他的不满。不少官员如顾宪成等纷纷要求广开言路，平衡内廷与外廷、统治者与士人。同时，张居正时期禁止设立书院的法令随着他的去世而失效，全国掀起了新的一波建立书院的风潮。

东林书院和东林政治运动正是在这样的历史背景下产生的。在这里，必须提及中国古代对于“党”的看法。《尚书・洪范》提出“无偏无党，王道荡荡；无党无偏，王道平平”，这句话一直影响着历代知识分子的言行，给“乐群”的知识分子上了一道枷锁，历朝历代因结党而导致的流血事件也时刻提醒着知识分子群体。欧阳修首先对此发难，他在著名的《朋党论》中对君子之党和小人之党进行了辨别，认为君王应当分辨朋党之真伪，不必对君子之党也全面否定，因为它们是可以为国谋福利的。这样的辩说为传统“朋党”观打开了一个思想上的豁口，却也引来另外的争端。领导者的德行成为判别君子之党或小人之党的标准，同时成为党派争端的焦点。党派间互相粗鲁、尖刻地争辩与诋毁，乃至陷入黑白之争的窠臼，对政治的正常运转产生了不良影响。东林党派的诞生及其政治参与，无疑也落入这种黑白之争的窠臼，没能从政治主张和统一的政纲上推动政治局面的好转。

第六至九篇目主要对东林书院的思想主张、东林派的政治地位、抗争高潮和本质进行了深刻的剖析。

东林书院围绕着顾宪成和高攀龙二人形成了两种不同风格的思想倾向。顾宪成虽不完全否定王阳明对于直悟的主张，但是在朱熹理学的“拘”和阳明心学的“荡”之间，他更倾向于前者。他反对心学之道德含混性及“无善无恶”说，提出大胆实践的致用学说。高攀龙则提倡采用读书和静坐的方法，在个人日常的社会关系中实践道德，恢复本性至善。他们二人的思想倾向虽略有不同，但是都秉持关心政治与社会、反对遁世的观念。在这里，作者还特别提及东林派人士史孟麟提出的“关头”说。这是一种在有损生命的危险境地检验德行的英雄主义，只有经历失败才能成就自我、忠于自己。作者认为这样的观点吸引着东林派人士，让他们视死如归，激励着他们完成带有牺牲色彩的政治使命。

集结在东林书院及周边一些书院的知识分子共同组成东林派，他们通过书院讲学辩论，参与政治。正如前文所提及的，他们自持君子立场、“精英论”而势必要与其他党派划分界限。顾宪成为李三才事件而致信叶向高被公之于众，拉开了东林派正式参与到党争的序幕。之后从顾宪成逝世开始，东林党争进入高潮。从1615年至1629年，东林派与其他三派及之后的阉党分别就国本问题、对满洲的军事问题、书院论政问题等争论不休，他们经历了得势与失势的交替，最后几乎全部沦丧于魏党的屠刀之下。这样的结局，是“关头说”的实现，是为了道德理想而进行的惨烈牺牲。

对于东林党争的本质，魏斐德指出他们的问题所在，也认为他们有一定的先进性。东林派从来没有从根本上想要获取独立权力，这是他们的思想局限。他们只是想要获得一定的影响力，通过道德至善的争辩去影响当时的思想，通过京察获得人事控制权以维持派系的生存。他们摒弃了多元化的取向，不懂得用变通之道来维持发展，最后惹来杀身之祸。但是他们架起了社会与政权之间联结的桥梁，具有一定的自主倾向，为后世的知识分子及社会革命提供了榜样和思路。

第十至十一篇目中，论述的对象切换至清末士人。面对国家内忧外患的局面，在中日甲午战争之后，康有为等人奋勇而起，成立强学会、保国会等，“开风气，开知识，合大群”。一时间，三百多个会社成立，形成清末的会社高潮。此一时期的会社，多还与东林书院成立的初衷有所类似，旨在唤起知识精英的意志和精神，属于半自主的意识状态。随着局势的不断演进，会社的重心也有所改变，从关注精神层面具体化到地方事务，主张将西方的“技”与中国的“道”结合。

同时，清末会社也显现出在制度上的较大转变，要求加强组织建设，将东林书院由小团体水平式的集结变为向下向外式的伸展模式。

从康有为、梁启超追溯至东林党，他们对待王权的理解已经产生了显著的变化。东林时期，知识分子还在天命付托的“国”里踽踽独行。到了清末时期，知识分子已经推翻了传统的国家政治概念，而认为国家即“群”，“国”这个社会集合体的统治者必须以集体或者人民的民义来推举和治理，这显然是对天命王权理论的极大挑战。从东林到清末，我们可以看出其中的发展痕迹：儒家的民本主义已经转变为一种真正的民权理论了。

全文通过对明清知识分子在社会环境下追求独立自主途径的剖析，揭示了知识分子从充当社会与政权之间的中间人到逐渐将二者合而为一的艰难过程。那么他们追求独立自主的代价是什么？作者给出了最终的答案：在政治上受到疏离。这样的结局，在作者看来，颇具讽刺意味。东林党因为观念的限制而失败了，但它还至少坚守着独立自主的精神。但是从清末的改革者开始，知识分子在获得民权主义之后便觊觎太多，想要得到一切，不仅逐渐脱离群众，而且不能担当德行，最终便是与政治疏离。

论文视野广阔，蕴涵着历史纵向比较的宏伟之气，而又不失对知识分子的同情之感和底蕴深厚的学者风范，是整个论文集《讲述中国历史》中不可多得的佳作。全文在思想上、写作方法上大致呈现出以下特点：

其一，以客观公正的态度追寻历史真实。二战后，美国的中国史研究形成以费正清为代表的“冲击-反应”模式和以列文森为代表的“传统-近代”模式为主流的历史研究倾向。“冲击-反应”模式指的是在针对中国的传统政治制度、历史沿革发展以及地区性的人物、发展方面进行研究过程中主要引导人们关注中国对西方冲击所作出的反应。“传统-近代”模式指的是在针对中国的思想史进行研究的过程中关注中国人对世界变化进行的反思。这两种研究模式都是以“西方中心论”为出发点，在这个范畴内，认为中国从古至今是一个“停滞”的社会，应当将西方社会的发展模式运用于中国发展。在这样的思想预设下，这篇写作于20世纪70年代的论文则显得难能可贵。魏斐德摆脱“西方中心论”的影响，开始从中国历史发展进程自身的角度去研究中国历史与政治，致力于“在中国发现历史”，从中国内部探寻历史发展的规律和前进的动力。他的这一创新性举动也影响到了美国中国史研究的当代发展趋势。在这样的观念指导下，魏斐德将研究的目光聚焦于中国明清时期。他认为从这一时期开始，中国社会内部开始形成新的发展动力，跨越明清直至20世纪初臻于成熟。在《独立自主的代价：知识分子与明清政治》这一篇论文中，魏斐德就从东林派叙述到清末改革人士，从他们思想上的变化、从民权主义的提出来印证中国自身的历史发展逻辑。不可谓不客观公正。

其二，比较法的广泛使用以研究知识分子的不同程式与中国历史发展。作者站在西方政治与文化的视角上，以客观态度研述中国历史的发展进程，中西视角的融会贯通让全篇论文极具通达深远之气概。第一，中国传统知识分子类型的中外比较。在论文开头，作者对中国传统知识分子进行了分类比较，各自不同的特征在中国历史文化中各显光辉。主要就其中的第三种类型即道德理想主义者进行了详细的论述。随后，便将中国传统知识分子的类型与西方知识分子进行比较，指出中国历来缺少专业技术人才和先知类型。第二，将东林派与清末改革人士进行比较。这正是该文撰写的主要目的之一。作者力图由这两个群体思想主张上的演变来映射历史之变迁。东林派相较后者在针砭时弊上更具有遗世独立的自主精神，清末改革人士相较前者在制度上、技术上、组织上有了更革新的诉求，却也遗失了那一份独立自主。从这二者的比较研究上，叙说中国知识分子追求独立自主的代价。第三，对于“国”的概念的比较研究。“国”的概念直接反映中国政治发展的内在理路。中国传统社会的“国”是天命付托，经清末知识分子的革新运动开始，“国”的概念已不同往昔。民权主义已将“国”改变为一种社会集合体的概念，赋予了人民的含义。从“国”的含义演变也可看出知识分子随着历史发展的演变与知识分子命运息息相关。

其三，文风畅达，线索结构明晰。作者以知识分子求索独立自主的路径为线索，从东林书院、东林政治运动发生的历史条件、过程、思想主张、党争的本质一直叙述到清末改革人士的学会结社现象及民权主义的提出，步步深入知识分子的精神内核。沿着这样一个结构脉络，我们清晰地看到知识分子的命运和历史作用。同时，全文毫无脱节之感，即便去掉小标题依旧是连贯畅达，前后呼应，一气呵成。

其四，钩索文籍，资料翔实。作者的文献功底扎实，全文诸多地方皆引经据典，有理有据。在清末学会部分，作者将清末学会的类型和会社成立的数目以及学会的地理位置中心点按照年份以表格的形式展现，清晰地呈现出 8 种学会类型、138 个会社在不同年份间的活跃程度，以及学会集中点的变化。此外，文中附着的资料种类丰富，有文类如顾宪成的《质疑续编》、高攀龙的《高子遗书》等，有史类如《尚书·洪范篇》《明史》《明实录》和夏允彝的《幸存录》等，有关于私立学校发展的地方志，还有相关的杂志、报纸等。故而，该文虽出自一位美国学者笔下，却史书、文集、杂志、报纸等诸多史料皆备，足见作者在中国政治历史方面用力之勤。

总之，该文脉络阔达宏远，又不失细腻精准。作者用精细的文笔演绎着东林对传统政权既抗争又维护的矛盾心理，演绎着清末改革人士面对过去和未来、传统和超越的痛苦和矛盾心理，演绎着知识分子的孤注一掷最终不过是被政治疏离的代价和命运，颇有秋风萧瑟之感。

魏斐德相关论著目录：

《中国现代化问题：一个多方位的历史探索》，汪熙译，复旦大学出版社 1994 年版。

《中华人民共和国的明清史研究》，孙卫国译，上海辞书出版社 2008 年版。

《中华帝制的衰落》，邓军译，黄山书社 2010 年版。

《上海警察》，章红译，人民出版社 2011 年版。

《上海歹士：战时恐怖活动与城市犯罪》，芮传明译，人民出版社 2011 年版。

《间谍王：戴笠与中国特工》，梁禾译，新星出版社 2013 年版。

《洪业：清朝开国史》，陈苏镇，薄小莹译，新星出版社 2013 年版。

《讲述中国历史》，梁禾译，人民出版社 2013 年版。

《历史与意志：毛泽东思想的哲学透视》，李君如译，中国人民大学出版社 2013 年版。

《大门口的陌生人：1839—1861 年间华南的社会动乱》，王小荷译，新星出版社 2014 年版。

近百年东林党研究论著提要

明清之际党社运动考

谢国桢著，上海商务印书馆1934年出版。《明清之际党社运动考》一书是谢国桢具有代表性的学术著作之一。1932年，谢国桢经胡适、傅斯年介绍，赴南京中央大学任教，教课之余著成此书。该书详尽地分析了党社运动的因果，叙述了各地党社活动的历史情况，着重表彰了正直的士大夫和老百姓对黑暗的专制势力的抗争。全书包括《万历时代之朝政及各党之纷争》《东林党议及天启间之党祸》《崇祯朝之党争》《复社始末上》《复社始末下》《几社始末》等十三篇文。另有《自序》和附录五种。附录为《明季奴变考》《清初东南沿海迁界考》《清初东南沿海迁界补考》《记清初通海案》。在谈到写作宗旨时，谢国桢指出明虽亡于党争，可是吾国民族不挠的精神却表现于结社，故以党争和结社为背景，来叙述明清之际的历史，以唤起民族之精神。该书是东林党研究领域较早的作品，是党社研究方面的经典和奠基之作，开创了明末党争研究尤其是东林党研究的先河。鲁迅先生曾在《且介亭杂文二》之《集题未定草九》中赞扬该书钩索文籍，用力甚勤。

东林与复社

王耘庄著，上海开明书店1935年出版，“开明中学生丛书”之一。该书虽为当时中学生历史读本，但史料翔实、考据精准、分析独到，亦不失为东林党研究领域的力作。全书分为上、下篇，上篇述东林，下篇论复社。作者以“东林”而非“东林党”来作为研究对象，显明其对于“东林”政党身份是否存在的质疑。上篇分为十章来溯其源，穷其流：第一章《论明代党祸之起始于张居正之当国》，第二章《言路攻击之习之大开》，第三章《国本问题》，第四章《东林名义之由来》，第五章《李三才案》，第六章《五党之合攻东林》，第七章《三案》，第八章《天启初年之起用东林》，第九章《客魏专政》，第十章《党祸之余波》。历史叙述脉络清晰，同时指出，后世将明亡之责怪罪于东林党的说法实乃颠倒是非，并以国土丧失之时事喻之，为东林辩白。

明广东东林党列传

朱希祖撰，1935年初次刊载于中山大学《文史学研究所月刊》第

3 卷第 3 期，1942 年又发表于《文史杂志》第 2 卷第 7、8 期合刊。该文列有晚明广东籍东林党人《区大伦传》《郑云霄传》《冯奕垣传》《曾用升传》《樊王家传》《曾陈易传》《李希孔传》《林枝桥传》《陈熙昌传》《黄公辅传》《陈子壮传》《何吾驱传》共十二人传，作者博辑志乘，释人名，述事迹，列著述，其中不乏东林党人抗清斗争的事迹展现，表彰了他们对南明的忠诚。

东林派与王学修正运动

稽文甫著，初载于《力行》1943 年 7 月第 8 卷第 1 期，后为嵇文甫著《晚明思想史论》第五章，上海商务印书馆 1944 年出版。此文分述东林派顾宪成、顾允成、高攀龙、刘宗周的讲学大旨，并提出“东林派虽然有时候表示从王反朱的倾向，但实际上他们的学风和王学右派相近，是‘尊德性’一路，不是‘道问学’一路”，认为东林派只是反对王学左派的猖狂无忌，他们“与其说是王学的反对派，不如说他们是王学修正派，他们究竟还是从王学中演化来的”。嵇文甫对东林学派的认识与传统观点不同，将其视为王学修正派的论断较为少见，同时也影响了后来的学者对东林学派开展更进一步的研究。

明季社党研究

朱倓著，重庆商务印书馆 1945 年出版。此书是作者研究明季党社的相关论文集，其大部分论文发表于 20 世纪 30 年代，与谢国桢《明清之际党社运动考》属同一时期作品，都是研究明末清初党社问题的较早期作品。此书共包括《东林党人榜考证》《东林点将录考异》《东林著述考》《明季南应社考》《明季杭州读书社考》《明季杭州登楼社考》《明季桐城中江社考》《几社始末》8 篇论文，皆注重细节考证，对历史文献辨别讹误，对历史史实鉴别真伪、辨正是非，针对明季社党尤其是东林党之发起、流变和成员姓氏事迹等多有考订，学术价值很高。同时，作者也并非仅仅为考证而考证，而是证之以实，使东林党伟且著：“然后世之人，或有不知其姓名，反不若魏忠贤荼毒生灵之煊赫，余用是悲之，间尝搜辑诸君子行状碑传小纪，拟作东林碑传集以表彰之。”

明末东林党的形成及其政治主张

李洵著，发表于《东北师范大学科学集刊》1957 年第 3 期。该文是作者另两篇论文(《试论明末东林党的形成》和《东林党的政治主张——十六世纪末到十七世纪的政治斗争》)的合辑。受到 20 世纪五六十年代阶级分析方法的影响，该文大量使用“地主阶级”“政治斗争”“资产主义关系”等字眼，意图从 17 世纪前期社会基本矛盾和阶级关系角度来分析阐明东林党形成的社会原因及政治主张中的经济因素与阶级因素。全文主要分为三个部分：前言，提纲挈领，将阶级斗争分类，视东林党争为中小地主阶级改革派对贵族大地主的斗争；第一章节，探讨东林党形成的原因，从政治上、经济上追根溯源，认为东林党形成于阶级矛盾激化和江南地域性资本主义萌芽；第二章节，介绍东林党的组成及政治、经济方面的主张，并得出结论，东林党是“江南地主势力与城市反封建的中等阶级趋向联盟的政党”。

东林党籍考

李棪著，人民出版社 1957 年出版。李棪以天启五年魏忠贤矫诏颁布的《东林党人榜》为依据，同时参考《东林列传》《东林点将录》《东林籍贯》《东林同志录》《东林朋党录》《盗柄东林夥》《天鉴录》等资料为“东林党”309 人每人著小传，分籍贯录和登科录二类，在前人的基础上大量增补修改，虽因史料未所及，尚阙 21 人不可考，仍不失为研究东林党史的重要参考资料。但李棪传述 309 名东林党人之壮举却也引发后来部分学者的不满，如樊树志在《东林非党论》中提出“因为这份名单是魏忠贤为了打击异己势力而炮制出来的，事实真相并非如此……该书的出版无异于肯定了《东林党人榜》《东林点将录》的可信性，与历史真相相去甚远”。

明代东林党争的社会背景及其与市民运动的关系

左云鹏、刘重日撰，载于《新建设》1957 年第 10 期。该文同样受到 20 世纪五六十年代阶级分析方法使用的影响，大量引用马克思、恩格斯的话语作为方法论，从明末社会政治经济关系的变化、阶级关系的变化等方面来研究东林党的性质属性以及党争的形成过程。全文分为七个部分，展开详细的叙述："东林党是在反对极端皇权的斗争过程中形成的"，"东林党是东南沿海，特别是江浙地区的非身份性地主与商人阶级的利益的代表者"，"与市民的利益在某些方面有一致性，所以它始终支持参与市民阶级反对封建特权的斗争"，"东林党的性质与市民运动的广泛兴起，反映了明代中期以后社会经济结构的巨大变化，说明这一时期社会经济中已经产生了新的生产关系的萌芽，而不是典型的封建社会"。由东林党的运动反推明末资本主义萌芽现象的存在，是该文的一个独特观点。后此文收录于南京大学历史系中国古代史教研室编《中国资本主义萌芽问题讨论集(续编)》，三联书店 1960 年出版。

东林党争的历史意义及其社会思想

侯外庐著，收录于其著作《中国思想通史》第二十五章，人民出版社 1960 年出版。全文分为两个部分，第一部分"东林党人文化斗争的形式"，第二部分"东林党人的社会思想"。此文用阶级分析方法研讨东林党的性质与历史作用，"东林党人的政治斗争代表了中等阶级反对派的利益"，同时多次将东林学派与泰州学派相比较，认为东林学派相对温和和陈旧，而"泰州学派的人物所采取的斗争方式和所运用的思想武器是比较激进的，他们所遭受的迫害也是残酷的。随即兴起的东林学派，带有中等阶级反对派的性质，他们所采取的斗争方式比较温和一些，特别是他们的理论武器则更显得陈旧一些"。"中等阶级反对派之所以是近代自由主义改良派的前身，从东林党人的依违两可的主张，也可以看出来的"。总体而言，侯氏对东林党作出了较为公允的历史评价，认可其历史进步意义，"历来封建的与资产阶级的学者们论到东林党人时，都崇赞他们的个人修养与'正直'，而称之为'乾坤正气'。我们不应当过高估计东林党所具有的封建的伦常观念与封建的气节，而对于东林党人的活动及其社会政治思想应就其当时的进步意义，予以历史主义的评价"。

晚明东林运动

［美］贺凯著，收录于费正清主编的《中国思想与制度论集》，台湾联经出版社翻译出版，1976 年版（该书 2008 年由世界知识出版社再次翻译出版）。在此文中，贺凯较早使用了“东林运动”这一概念，出版后被学界广泛征引，并影响了黄仁宇等一批汉学家。全文分为六个部分。第一部分“导言”表明东林运动对研究传统中国社会的思想和政治制度之间的关系具有的特别意义。第二部分“明朝晚期的中国”概述了晚明历史的发展状况。第三部分“16 世纪晚期的体制冲突”分析了东林运动发生的制度条件。第四部分“东林书院与东林党”从理性层面剖析了东林运动的道德主义。第五部分“东林党与魏忠贤”详述了东林党重新崛起与其反宦官专权的政治斗争始末。总结部分，再次对东林运动的道德性质进行了论证。该文从东林运动发生的历史条件、制度条件、理性条件等层面梳理晚明党争的来龙去脉，并基于政治、制度与哲学、道德之间的关系研究，认为东林运动是一次不被政治体制认可的道德运动，而且带有强烈的理想主义色彩和悲壮情怀。

所谓东林派人士的思想——前近代时期中国思想的发展变化

［日］沟口雄三著，发表于《东京大学东洋文化研究所纪要》第 75 册，1978 年。后此文收录于沟口雄三著，索介然等译的《中国前近代思想的演变》（中华书局 1997 年版）一书中。沟口雄三批判性地吸收、继承了荒木见悟、岛田虔次等日本具有代表性的中国史思想研究者的思想理论，尤其对西方“近代”概念进行了亚洲化的重新定义，将“近代”一词从欧洲标准中解放出来，赋予其亚洲色彩身份。这是沟口雄三中国史思想研究的独特立场。正是基于这样一种理念，沟口雄三提出了“前近代”的概念。该文就是在这种理念指导下的力作之一，被作者誉为“翻过一次大山的尝试”。论文选用了所谓“东林派”人士的思想动向作为一个观察点，以更好地探究“东林派”人士思想与中国近代思想史的关系以及中国思想史上的“近代性”。作者认为，张居正与作为乡绅地主阶层代表的东林派人士之间的对立，既是政治图谱上国家主导抑或乡村主导的意识形态之争，也是具体政治路线的对

立。作者对东林派给予了极高的评价，认为他们是明清之际具有社会性、经济性以及公治理想的新兴势力，代表了一种新的历史趋势。该文创作的意义在于，作者以本土的眼光观察中国历史与中国社会，为中国学界重新去理解自己的文化传统打开了一个思考路径。

东林党之争

吴晗著，收于《明史讲座(吴晗遗稿)》，北京师院学报丛书，1979 年出版。《明史讲座(吴晗遗稿)》收文四篇，系吴晗 1962 年 12 月至 1963 年 1 月于中央高级党校的演讲稿。1979 年，吴晗平反后，由《北京师院学报》连载出版。吴晗是我国现代明史研究领域的开拓者和奠基人，对东林党争历史事件也尤为重视，在这四篇演讲稿中以较大篇幅论述东林党，将其视为明代最重要的几个问题之一。该文通过"京察"案、"国本案"、"梃击案"、"红丸案"、日本侵略朝鲜、"封疆案"、魏党屠杀东林党人士等历史事件梳理东林党在万历、天启、崇祯三朝的发展和历史作用。同时，该文用阶级分析的方法研究东林党争、明末农民起义、市民暴动事件，涵盖了明朝后期政治、机构制度、社会、人物等各个方面的内容，以真实史料为基础，深刻揭示了明朝后期的基本面貌和发展脉络。全文文字通俗易懂，可读性佳。

论东林党的兴亡

刘志琴著，该文最早发表于《中国史研究》1979 年第 3 期，之后与《中国文化近代化的开启》、《明代的饮食思想与文化思潮》等十余篇论文一同收入《晚明史论：重新认识末世衰变》一书，于 2004 年由江西高校出版社出版。全文分为三个部分：一为《从统治阶级内部斗争中崛起》；二为《并不高明的救世药方》；三为《没落阶级的悲剧》。全文对东林党的历史作用持否定观点，认为他们缺少实绩，无所作为，门户斗争严重，对封建朝廷愚忠。"东林党无论从哪方面都没有建树"，对于张居正"是一种倒退"，"称不上是地主阶级改革派"，"主要的精力和才智都消耗在教化人心和进行党争上"。刘志琴语出惊人，引起了东林学界的巨大反响，在研究东林党学者中独树一帜。

顾泾阳、高景逸思想之比较研究

古清美著，原为作者于 1979 年撰写的博士学位论文，后于 2004 年经台湾大安出版社修订出版。该书全书主体部分共为五章。第一章主要叙述顾高二人的生平；第二章分别讨论顾高对宋明儒的评论取舍；第三、四章具体讨论分析顾高二人的论学内容，如“心”与“性”、性善论、本体工夫之辨、是非善恶之辨等；第五章论述顾高讲学东林之影响及其学术之评价。该书由台湾“中央研究院”研究员钟彩钧撰写《序》，书后附有详细的《顾高学行年表》，分为纪年、时事纪要、顾高学行、学术大事、时人生卒五栏。该书旨在论述明末东林顾泾阳、高景逸二人的思想主张，认为顾把性命德义应用到政治上，高把好恶邪正、是非之辨收回到心性中，二者构成儒家用世哲学的一个完整论述。他们在学术史上有着承先启后之功，能结明末之颓风，开清朝风气之始，在中国道德意识为主的历史文化中有其一席地位。

晚明东林党议

王天有著，最初是作者于 1980 年完成的博士学位论文，1991 年由上海古籍出版社出版。全书共分为七个部分：《引言》《万历、天启朝纵横观》《东林党议的性质》《东林党议与张居正改革》《东林党议的是非》《东林党人时代和阶级的局限性》以及《结语》，围绕“东林党议”的问题梳理党争的内容与过程，运用阶级分析的方法对党议历史事件的性质及历史作用进行了全面系统的分析，并结合明代政治制度、晚明社会特征对东林党议进行了客观评价。

试论明后期的东林党人

许大龄著，收录于《明清史国际学术讨论会论文集》，天津人民出版社 1982 年出版。1980 年 8 月 5 日至 8 日，由著名的明清史专家、南开大学副校长郑天挺教授发起和主持的“明清史国际学术讨论会”在天津召开，1982 年出版与会学者论文集。许氏此文分为三个部分。一为《东林党人究竟代表了地主阶级内部哪个阶层的利益?》；二为《东林党人究竟在历史上起了哪些积极作用?》；三为《东林党人所受到时代和阶级的局限》。全文运用阶级分析方法对东林党的性质属性、历史作用作出了评定，认为“东林党代表了中小地主的利益，他们之中的一部分人也兼营工商业，与新兴市民阶层，即城市的下层比较接近”，在历史上起到了积极作用，但同时也因地主阶级的身份而存在阶级局限性。

明末东林党

李尚英著，中华书局1983年出版，中国历史小丛书(插图本)。全书近两万言，分为六篇：《东林讲学，热切关心国事》《党争频起，“三案”更兼“京察”》《惠商恤民，反对矿、税之弊》《不顾迫害，猛烈抨击奄党》《气节凛然，誓死抗击清军》《结束语》。作者用简练生动的语言深入浅出地介绍东林党的学术讲学与政治活动，对东林党人高风亮节之气概、为民请命之赤胆、坚守道义之诚心给予了高度赞誉。全书史实准确、图文并茂，受到学界和读者的普遍欢迎。

明末东林运动新探

林丽月著，台湾师范大学历史研究所1984年博士学位论文，由李国祁教授指导。全文共有七章，分别是《绪论》《从议“夺情”到争“国本”——清流蔚起与明末朋党之起源》《东林人物之分析》《东林的政治思想》《东林与内阁》《东林与宦官》《结论》，另有附录《东林人物姓名籍贯传略资料一览表》。全文通过深入考察东林运动的内外因素，分析东林党人的社会关系，从制度层面、政治思想层面等对他们进行了深刻的阐发。作者尤其重视东林党人自由自主精神的倡导，给予了东林党人较高的历史地位评价。

论东林党争与晚明政治

李焯然著，刊载于《明清史集刊》1985年第1期，后收录于其《明史散论》中，台北允晨出版社1987年初版。此文开篇反对黄宗羲、吴应箕等人为东林人士“结党”的辩护，“但顾宪成等人重建东林书院，其实是希望通过讲学去实现他们的政治理想，正学术只是手段，重整政治才是他们最终的目的”。“如果我们摆脱了传统上‘小人有党，君子无党'的观念去衡量'党'，而且不去把'党'视作君子和小人的彻底界限，则东林已经俨然是一个有政治目的的'朋党'集团”。针对 20 世纪五六十年代阶级分析方法的使用，李焯然也给予了否定，“但党争不足以证明是来自两个不同地区，或两个不同阶层的矛盾”。而对于东林党的历史作用，作者更是严厉批评，“在重建东林书院的时候，他们表现得很积极和充满希望，但在实际政治上的表现，他们却一无是处，而且门户之见使政治越弄越不成样子”。“晚明党祸的发生和明代中央政制有密切的关系。东林党争代表了晚明政治上内阁、吏部和言官之间的矛盾和权力斗争”。“就东林党而论，综观他们的政治立场，从反对内阁到与三党对立，还不是为了争一己的政治地位，未见得对国家利益有怎样的贡献”。“虽然阉党对东林党人的残酷镇压，使东林赚得了不少史家的同情，但党祸始于立门户，东林实亦难辞其咎”。综观全文，李焯然对东林党的总体评价是否定的。

东林学派与江南经济

洪焕椿著，最早由南京大学历史系明清史研究室于 1985 年出版成小册，后刊载于《九州学刊》1987 年第 3 期。全文分为四个部分：《东林学派崛起的社会经济背景和阶级基础》《东林学派的经济思想和经世致用的求实精神》《反对宦官专权为发展江南经济开拓道路》《市民势力的成长表明江南经济方兴未艾》，着重研究东林学派的经济主张及对江南地区经济发展的历史作用。全文还值得注意之处是，作者认为顾宪成、高攀龙等东林核心人物是深恶朋党的，他们否定与党争有关联，故论文以“东林学派”为立足点展开论说。

东林党史话

朱文杰著，华东师范大学出版社 1989 年出版。全书包括二十章，每一章节均围绕一个重要的历史事件或具有典型性的历史现象展开，大致以时间为主线进行串联。分别是：一、明神宗万历皇帝；二、张居正父丧夺情贪位；三、长期立国本之争；四、万历朝苛政与反对矿监税使；五、匿名妖书攻讦事件；六、顾宪成会推阁臣；七、顾宪成里居与东林书院讲学活动；八、推举李三才入阁；九、万历三十九年京察党争；十、轰动朝野的梃击案；十一、光宗服药身死红丸案；十二、敦促李选侍移宫案；十三、天启初年东林官员奉公图治政举；十四、客氏魏忠贤合谋弄权；十五、揭露阉党乱政罪行；十六、大兴冤狱迫害东林党人；十七、拆毁东林及全国各地书院；十八、人民对阉党黑暗暴政的激愤和抗击；十九、钦定逆案昭雪平反东林党人；二十、东林志士与阉党残余势力的斗争。另有附录三种，为《明朝世系简表》《明天启年间阉党编造诬陷东林官员的有关名单》《崇祯二年(1629)钦定逆案被查阉党名单》。该书将东林党置于明末矛盾激化的社会大背景下进行全景式的描绘，涵盖了东林党发端、兴起、遭受迫害直至昭雪平反的历史始末，将民间、朝堂、宫廷的大小事件贯穿于东林党励精图治、振兴邦业的思想与实践之中，内容宏大，体量丰富，视角清晰而全面。

叶向高与明末政坛

冷东著，汕头大学出版社1996年出版。该书是国内第一部研究叶向高的专著，其中多个篇章是作者之前发表的关于叶向高研究的学术论文。作者视叶向高为明末的功臣，从政治角度切入，分皇帝、群臣、宦官、军事四个方面对叶向高进行了全面深入的研究。全书分为五个章节。第一章节主要阐述叶向高的家世、生平与著述情况；在《叶向高与皇帝》章节中，冷东叙述了叶向高在“福王之国”这件事上所发挥的作用及实施的办法，展现了努力保持国体政体的平衡、匡正朝政的忠臣形象；在《叶向高与群臣》章节中，作者展现了叶向高整顿内阁、平息党争、努力保持气节的君子形象，同时辨析叶向高与东林党人的关系，认为叶向高是同情东林党人的非东林党人；在《叶向高与军事》中，主要介绍了叶向高的军事思想以及在辽东战事上的失败决策，展现了面对军事束手无策的书生形象；在《叶向高与宦官》中，作者论述了叶向高抑制矿监税使的努力以及他避免阉党干政而做的努力。该书对叶向高与东林党的关系进行了辨析，一反自明代末年历史资料中提出的“东林党魁”说法，而认为叶向高非东林党人，只是一个中庸调和派，但叶向高对于万历、天启时期的政治作用发挥则是不容抹去的，是一大功臣。

东林书院与东林党

朱文杰编著，中央编译出版社 1996 年出版，《吴文化知识丛书》之一。全书共二十八个章节，从宋代东林书院的创设时期开始叙述，论及杨时的理学思想与学术贡献，并以明末顾宪成、高攀龙主持时期的东林书院为主要内容，阐述东林讲学的活动、特点、内容等，同时介绍东林党争的诸多历史事件，勾勒东林学术与东林政治的历史全貌。作者对东林书院和东林党给出了较高的历史评价，认为他们对挽救明末社会颓风和反对封建统治起到了极大的推动作用，对清代乃至近代政治都有着重要影响。

明季党社考

[日]小野和子著，最初由日本同朋舍于 1996 年出版，中文版本由李庆、张荣湄译，作为“域外汉学名著译丛”的一种，于 2006 年由上海古籍出版社出版。全书凡 34.8 万字，正文共九章，另有序章、终章和附表《东林党关系者一览》。该书主要为作者前期论文结集而成，其中第四、六、八章的内容是新加部分。以明代万历年间至晚明政权覆灭的政治史为主要研究内容，围绕万历时期的张居正改革、立国本案、三案、天启时期的阉祸以及南明时期的党争等一系列重大政治历史事件，细致地考察了东林党及复社的形成过程、主要成员、政治思想观点、组织建构等。求证严谨，堪称是一部从党争角度描述的晚明史。

东林党学术研讨会、薛福成学术研讨会论文资料集

江苏省政协文史资料委员会、无锡东林书院文物管理处编纂，由江苏文史资料编辑部于 1998 年出版。论文集包含两部分。一是 1994 年 10 月在无锡举办东林书院重修三百九十周年纪念会议上的学者论文资料；一是 1994 年 11 月在无锡举办薛福成逝世一百周年纪念会议上的学者论文资料，与东林相关的是前一个会议。该次会议共有 70 余人参加了研讨活动，最后选择论文 20 篇形成论文集，如步近智的《论东林学派的历史贡献》、刘志琴的《东林悲歌、千古绝唱》、范金

民的《论东林党人周起元在江南的活动》等。这次会议是中华人民共和国成立后第一次举办的专门以东林党为课题的学术研讨会。

顾宪成、高攀龙评传

步近智、张安奇著，南京大学出版社 1998 年出版，《中国思想家评传丛书》第 134 种。该书共有八章，分别是《顾宪成高攀龙生活的时代》《家世和生平》《思想渊源与学术倾向》《反对封建专制政治与早期民主思想的萌芽》《反对空谈心性的一场思想论争》《反对"空言之弊"，提倡"讲""习"结合和"反之于实"的知行观》《提倡"悟"与"行"结合的道德修养学说》《东林讲学和图新求实的教育主张》。该书以马克思主义唯物史观为指导思想，将思想史和社会史研究方法相结合，从晚明时期的政治、经济和文化思想整个时代大背景出发，对顾宪成、高攀龙等东林学派的思想理论、政治实践进行了深入研究。作者认为，东林学派是程朱理学的延续，提出东林学派在明末时期开创了实学，成为理学、心学之外新的儒学发展方向，是明清之际早期启蒙思想的先驱。

东林非党论

樊树志著，收录于《复旦学报》，2001 年第 1 期。论文对"东林党"的历史存在提出了质疑，从三个层面论证东林"非党"的观点：东林书院何党之有、东林书院如何被诬为党、关于《东林党人榜》和《东林点将录》，用大胆的论证否定历来的固有认识，逻辑清晰、逐步推敲、论证结合，引起了学界的广泛关注。

晚明书院结群现象研究——东林书院网络的构成、宗旨与形成

陈时龙著，收录于《安徽史学》2003 年第 5 期。晚明时期，吴地文人社团和书院勃兴以东林书院最为著名。吴地书院群以东林书院为核心，通过会讲的方式，紧密地结合为一个地域相邻、宗旨相近、成员重叠的书院网络。该文分为三个部分：一是东林书院网络的构成，包括了书院和会社两种组织形式；二是东林书院网络宗旨，要求克服无善无恶论；三是东林书院网络的形成。

东林书院重修400周年全国学术研讨会论文集

朱建平主编，时代文艺出版社2004年出版。2004年10月，由无锡市人民政府举办纪念东林书院重修400周年全国学术研讨会，会议吸引了诸多海内外专家学者，是一次为期3天的盛会。会议收到论文33篇，如步近智《略论泰州学派与东林学派之异同》、鹤成九章《论东林学派“性学”思想之成立》、何宗美《复社兴起的诸因素分析——兼论复社与东林的关系》等。这是一次东林历史学术研究的集大成，具有重要的肇始之功与思想文化史价值。

东林书院丛谈

朱文杰著，方志出版社2013年出版。全书分为23个篇章，对东林书院从宋代到明清各朝的兴废沿革、讲学教育、修缮情况、学脉传承、主要人物、楹联匾额、碑记序跋、书院改制等有关史事进行了客观探索考述。全书以档案、调查、史料为支撑，材料丰富；引述了不同派别的理论及其他学理分析，论述较深入；不少材料和观点颇具新意，可以说是一部学术水平与历史价值较高的著述。全书兼具论述性与资料性，对东林书院有史以来的研究进行了一次大整合，用54万字的篇幅综合东林书院的历史、人物和遗存，可以说填补了东林书院研究的一个空白，同时也对中国书院文化研究具有进一步的推进作用。

“东林非党论”质疑

李庆著，收录于《中国典籍与文化》2004年第3期。樊树志先生提出“东林非党论”，该文对此提出质疑。对樊树志“综观创办东林书院的顾宪成、高攀龙、钱一本等人的文集，发现根本找不到他们自称东林书院及其同人为‘东林党’的文字”这点，该文发现了一些他们自称“党”和“东林”的文字，认为还有考察余地。至于东林是否是一个政治团体，论文认为从东林人自己的表述和他们的实际活动可以看出，东林明显是一个政治性的团体。而东林代表性人物对“党”的看法有一个变化的过程，不能简单地说“东林非党”。从宏观的历史角度来看，东林党之“党”，实际是处于中国传统“朋党”之党到现代政党的过渡阶段的“党”。

“‘东林非党论’质疑”的质疑

张秉国著，收录于《聊城大学学报》2006 年第 5 期。在樊树志提出“东林非党论”、李庆对“东林非党论”提出质疑之后，张秉国提出自己的看法和观点。全文主要分析了三个问题：第一，“东林党”是否是一种诬称；第二，党邪？非党邪？——东林是否有结党之意图；第三，学术讲堂还是政治论坛。论文认为“东林党”最先的确是政敌对东林人的诬称，东林人并没有组党的意识，他们是学术性团体，却不能排除议政的可能。同时还认为“东林党”作为一个历史名词，其内涵应当放到历史实境中去探讨，用现代观念称其为“非党”值得商榷。

从朋党到党社：明代党争之浅见

商传著，收录于《学习与探索》2007 年第 1 期。论文主要阐述了明代朋党到党社的流变。万历时期，党争勃兴，朋党成为明朝廷政治主流，此时兴起的东林党却与传统朋党不同，他们的政治主张和政治集团都呈现了与以往朋党不一样的特征。复社的立场与东林党一脉相承，因其组织方法和规程更具先进性，影响更为深远。论文认为，中国近代党会实与明末的结社有着密不可分的关系。

复性收摄：高攀龙思想研究

周炽成著，人民出版社 2007 年出版，《中国哲学青年学术文库》丛书之一。全书分为八个章节：第一章《高攀龙的心路历程》、第二章《面对王学》、第三章《身说》、第四章《心论》、第五章《性理论》、第六章《生死观》、第七章《为学之道》、第八章《高攀龙在思想史上的地位》。以东林学派代表人物高攀龙的思想主张为主要研究对象，首先回顾高攀龙思想的成长、成熟过程，考察师友对他的影响，之后对其思想渊源、思想内容和体系、思想影响等进行系统而深入的分析。该书较多使用比较法的研究方法，其中包括将高攀龙与朱熹、王阳明及其后学思想的比较；高攀龙与顾宪成、李见罗等的比较；高攀龙与刘蕺山以及其他学者的比较；研究高攀龙的不同的学者的比较等，进一步将高攀龙的思想研究引向深入。

东林党议与晚明文学活动

张永刚著，中国社会科学出版社 2009 年出版。该书在作者博士学位论文的基础上编纂而成。作者以政治、文学的多重视角，辨析东林党与东林书院的关系，并逐层探讨东林党议对晚明文学活动全方位的影响，诸如流派更迭、社团演变、思潮沿革等，兼及地域文学研究。全书主要内容包括《东林书院与东林党的关联》《东林书院与东林党的文学活动》《东林党的地域分布及文学创作》《东林党议与复、几社的文学活动》《东林党议与性灵派的文学活动》《钱谦益对晚明文学的总结》六个章节，最后对复杂多变的晚明文学提出了“两期说”：以天启四年为界，前期的性灵文学与后期的社团文学形成递嬗的局面。全书视角独特，资料丰厚，论证严谨，思路清晰，是研究东林党及晚明文学的有力之作。

高攀龙理学思想研究

陈美吟著，台湾花木兰文化出版社 2011 年出版。全书共八章。第一章为《绪论》；第二章《高攀龙之生平与学思历程》，介绍研究动机、研究方法等；第三章《浩然之气》，探讨高攀龙以气为本的本体论思想；第四章《浩然之气即性》，进一步阐释高攀龙的性论；第五章《浑身是心》，解析高攀龙的心论；第六章《物融为知》，介绍高攀龙格物进知之历程；第七章《变化气质》，重点介绍高攀龙的工夫论；第八章《结论》，介绍高攀龙思想之学术价值与对后世的影响。全书建立于高攀龙原典之研究，通过分析比较，以掌握其思想精髓与价值。

东林名贤吴应箕

田胜平著，黄山书社 2011 年出版，被列入“安徽省地域文史论丛”。全书以东林人士吴应箕为主要研究对象，分三个章节进行人物历史介绍：第一章《求学崛起》，第二章《复社中坚》，第三章《起兵勤王》。

《启祯野乘》与东林

张永鑫著，上海辞书出版社2014年出版，“祠堂文化研究丛书”之一。此书经无锡祠堂文化研究会成员张永鑫等人十余春秋的笔耕研究，以40余万字的较大体量，为世人呈现出了一部清晰的东林史。全书分为上下两篇：上篇记述《启祯野乘》与东林史；下篇记述《启祯野乘》与无锡惠山祠堂群中礼祀东林志士的业绩。此书对于东林书院、东林党人、惠山祠堂群所陈列的英杰多褒扬，主要与为惠山古祠堂群申遗相应和，为申遗添上了浓墨重彩的一笔。

东林英烈李应昇

游振芳著，文汇出版社2014年出版，同时被收录于文汇出版社出版的《华夏文史博览书系珍藏版(第二辑)》。此书为江阴市顾山镇人民政府和江阴市档案局主编并主推的地方人物著作，以弘扬地方优秀传统文化。正届明代东林党人李应昇诞生420周年，游振芳经3年而著52万字作品，分编五章和附录，以细腻真实的笔触，描写了李应昇的光辉业绩和可贵品格。此书不仅填补了国内研究李应昇的空白，同时还为研究明代东林党人与阉党的殊死斗争提供了珍贵的历史资料。

（高晓敏　编撰）

近百年东林党研究大事记

20 世纪 10 年代

◆ 1910 年,《国粹学报》第 6 卷第 8 期刊载《逆党魏忠贤东林党人榜》(天启五年十二月乙亥朔颁示天下)。

◆ 1915 年 10 月,《国学杂志》第 5 期刊载高攀龙《周易孔义》。

20 世纪 20 年代

◆ 1920 年,(明)蒋平阶的《东林始末》由上海涵芬楼影印(据清道光本)。

◆ 1922 年,王桐龄著《中国历代党争史》由京华印书局出版发行。该书描述了先秦至清末中国历史上出现的朋党现象,第九章主要讲述明末东林党祸。

◆ 1925 年,由徐炯主编,成都昌福公司排印的《大成会丛录》,从 1925 年第 12 期至 1927 年第 18 期连续刊载(其中第 14 期未录)《东林两先生学说》之《顾端文学说》《高忠宪学说》;第 18 期刊载陈达著《高忠宪云有口如簧至之故安在》一文。徐炯倾心宋明理学,以期拯救世道,其曰:"顾端文之言曰:'官辇毂,志不在君父,官封疆,志不在民生,居水边林下,志不在世道,君子无取焉。'盖端文者,富于积极上之道德者也。予故亟录其学说以为当世状告焉。"

◆ 1925 年,佚名编著《东林纪事本末》线装本,《明季稗史续编(六种)》丛书之一种,由上海商务印书馆出版。

◆ 1925 年,佚名编著《东林事略》线装本,《明季稗史续编(六种)》丛书之一种,由上海商务印书馆 1925 年出版。

◆ 1928 年,为纪念无锡第一所近代新学堂——竢实学堂建成三十周年,唐文治特作对联,"莘都习泰伯仲雍遗型,沾将化雨卅年,培成南国无双士。羁贯罗景逸泾阳后裔,吹遍春风万里,争放东林第一枝"。以东林顾宪成、高攀龙为榜样,鼓励无锡学子成为有节之士。

20 世纪 30 年代

◆ 1931 年，谢国桢完成《晚明史籍考》八十万言一皇皇巨著。1932 年，由北平图书馆印行。此书一出，受到大量赞誉。朱希祖先生在序中认为这是一部“自非气魄弘伟、毅力坚贞”者难以完成的专著，使人“一扩耳目，增益知识”。此书录有关明代万历年间至清朝康熙年间的文献一千一百四十余种，未见书目六百二十余种，蔚为大观。

“凡研究明末清初的党社运动、农民起义、抗清斗争、郑氏、三藩、史狱、文学、人物和南明诸政权，都可以按图索骥，获得所需要的资料知识。”（转引自何龄修：《悼念谢国桢先生》，《清史论丛》第 5 辑，中华书局 1984 年版，第 1~9 页。）关于“党社运动”方面，该书分列两卷即卷四、卷五专门研究明清之际的党社问题，广泛搜罗野史稗乘，并将“东林”单列为一个子目，可见谢国桢对于晚明党社问题的重视。这也直接为 1934 年《明清之际党社运动考》的写成和出版奠定了浑厚的文献基础。

◆ 1931 年，王桐龄著《中国历代党争史》由北平文化学社再版。

◆ 1933 年，“作为一个明史专家，他最敬佩的是明末那些有骨气、有气节的东林党人。1933 年春，吴晗在旧书摊觅得一册描写东林党人与阉党斗争事迹的《碧血录》，激动地在书后写道：‘读完此书，胸中不知是甜是辣，因想及自己将来如何死，若死在床上则未免太笨拙，最好是自己作一主意，想一洒脱干净死法，活得不耐烦，便撒手告别，岂不快哉！’尽管是一介书生，吴晗的内心还是有一点壮烈情怀的，东林党人，这大概是他心目中所理解的知识分子，充满正义和良知的知识分子。虽不能至，仍然心向往之”。（转引自许纪霖《吴晗：可怜一觉开封梦》，《大时代中的知识人》，中华书局 2007 年出版。）

◆ 1934 年，朱倓撰《东林点将录考异》发表于《国立中山大学文史学研究所月刊》第 2 卷第 1 期。“然东林党籍中，往往有阉党混迹其中，而不能分析，点将录其尤纷乱而难理者也。”“为之分析异同，辨别真伪，然后东林碑传集，乃得完成。”

◆ 1934 年 8 月，谢国桢的《明清之际党社运动考》由上海商务印书馆出版。此书不仅“以党争和结社为背景，来叙述明清之际的历史”，还在于希图“唤起民族之精神”。故全书史料丰富，观点鲜明，而且笔端充满情感，文采飞扬。此书为东林党研究领域的奠基之作。

◆ 1934 年 11 月，唐文治《东林学派论》在《国学论衡》第 4 期上发表。未见，存目。

◆ 1935 年 1 月，朱希祖《明广东东林党传》发表于《国立中山大学文史学研究所月刊》第 3 卷第 3 号。

◆ 1935 年 11 月，王耘庄《东林与复社》由上海开明书店出版。

◆ 1936 年 3 月，中国历史研究资料丛书之《东林始末》由中国历史研究室主编，由上海神州国光社出版。

◆ 1936 年，朱倓撰《东林党人榜考证》发表于《燕京大学燕京学报》第 19 期。全文分为八个部分：第一《总论》，第二《党人榜之版本》，第三《党人榜之作者与颁行之年代》，第四《党人榜之考订》，第五《党人榜之篡改》，第六《党人榜之无可稽考者》，第七《党人榜人名错误及重复者》，第八《结论》。作者感念东林党人之伟大，以魏党颁布的《东林党人榜》为考证文献，逐一考订东林党人身份之虚实，剔除错讹，以期正观。

◆ 1936 年，章太炎撰《论东林误国事》发表于《制言》第 26 期。章曰：“緊明之存亡是系？任其责者，非向高(叶向高)则谁乎？”“向高之罪，非忠贤(魏忠贤)所能代也。”章太炎将明亡之责怪于东林党，具言之，则为怪于东林党之首叶向高。

◆ 1937 年，朱倓撰《东林著述考》发表于《广州学报》第 1 卷第 1 期。“尤有进者，东林诸君子政论学说，影响于明季政治外交文化各方面者，亦至巨大，盖有左右朝政之力，操纵考试之权，改变学术风气，介绍西方历数之学，著作弘富尤占当时文坛重要地位。”此文以“七录”为辨别东林党人身份的依据，即《东林党人榜》《东林点将录》《东林同志录》《东林朋党录》《盗柄东林夥》《东林籍贯》《夥坏封疆录》，通过细致的考证，遂将东林党人数认定为六七百人，有著述者三百二十余人，著述计有千数百种。作者用力颇深，每有著述者辄列其作品于后，可见考证翔实，殚精竭虑。但同时，也将袁中道、刘宗周等虽被阉党列于“七录”之中，却实则未过多参与东林党争之人视为东林党，可见作者并未对“七录”名单进行更为深入的筛选，是一种广泛的、非严格意义上的东林党人及其著述定义。

◆ 1937 年 7 月，王季子撰《东林与复社》发表于《中山季刊》第 4 卷第 3 期。全文分为五个部分：第一，《引论——中国历史上党的问题》；第二，《东林与复社产生的背景》；第三，《东林与敌党的争端》；第四，《复社的继起及其所取的途径》；第五，《结论》。作者认为，“东林与复社的政治运动虽具有不少的缺点，但在那样的专制时代，能表现如许成绩，总算难能可贵，稍尽他们历史的使命了”。

◆ 1937 年，方豪撰《东林党与天主教》发表于《天津益世报人文周刊》第 24 期。未见，存目。注：方豪(1910—1980)，浙江杭县人，历史学家、天主教神父。曾任浙江大学、复旦大学教授兼系主任、院长。1940 年赴台湾，任台湾大学历史系教授，并在天主教会任指导司铎、主任司铎。曾任台湾教育主管部门学术审议委员会委员，连任三届台湾中国历史学会理事长，台湾“中央研究院”院士，等等，主要研究中国历史和中西交流史，颇具造诣，著述甚丰。1980 年病逝台北。著有《中外文化交通史论丛》《中国天主教史论丛》《宋史》《中西交通史》《中国天主教史人物传》《明清之际中西血统之混合》等。

◆ 1939 年 4 月，中国历史研究社编的《东林始末》汇编本(《中国内乱外祸历史丛书》之一)由上海神光出版社再版。

20 世纪 40 年代

◆ 1941 年，容肇祖著《明代思想史》，由开明书店出版发行。作者以明代初期、中期及后期理学的发展和演变为主要脉络，以人物为中心，对明代各派思想进行评述。作者认为，明朝后期东林学派和顾宪成、高攀龙两大儒师将自己的思想主张融入社会的政治生活，批评王学末流，抨击时弊，他们是以后启蒙思潮的先驱。书末附录详细介绍了复社的起源、成立、宗旨、组织、活动、影响及与东林的关系等，高扬了明代社会的个体意识和主体精神。

◆ 1942 年 8 月，朱希祖《明广东东林党传》再次刊载于《文史杂志》第 2 卷第 7、8 期合刊。

◆ 1943 年 7 月，稽文甫撰《东林派与王学修正运动》发表于《力行》第 8 卷第 1 期。“至于在学术上的立场，他们虽然有时候表示从王返朱的倾向，但实际上他们的学风终不类朱，而倒和王学右派相接近，是‘尊德性’一路，而不是‘道问学’一路。曾文正公批评他们：‘排王氏而不塞其源，是五十步笑百步之类。’所以与其说他们是王学反对派，不如说他们是王学修正派，他们究竟还是从王学中演化出来的。”

◆ 1945 年 5 月，朱倓《明季社党研究》由重庆商务印书馆出版。此书是朱倓 20 世纪三四十年代关于明季党社研究论文的合辑，以考证方法为著。全书包括《东林党人榜考证》《东林点将录考异》《东林著述考》《明季南应社考》《明季杭州读书社考》《明季杭州登楼社考》《明季桐城中江社考》《几社始末》8 篇论文。

◆ 1946 年 11 月，中国历史研究室李季、程演生、王独清主编的《东林始末》(《中国历史研究资料丛书》) 由上海神州国光社出版第三版。

◆ 1947 年 4 月，中国历史研究室李季、程演生、王独清主编的《东林始末》(《中国历史研究资料丛书》) 由上海神州国光社出版第四版。

◆ 自 1947 年开始，东林书院全面整修。吴稚晖、唐文治、钱基博、顾宝琛等多位地方名流发起，地方各界人士捐款全面修葺书院。顾宪成十四世孙顾希炯特据惠山顾宪成祠中楹联，制成“风声、雨声、读书声，声声入耳；家事、国事、天下事，事事关心”一联，悬于书院内，使东林精神重为世人珍重。

◆ 1947 年，徐宗泽撰《徐光启非东林党》发表于《东方杂志》第 43 卷第 5 期。辨正“徐光启为东林”之说，“徐光启一生以不党为心，未尝贪尊容，恋爵位，既无媚人之骨，故尝独立而不倚；与东林正人君子有道交而不隶党籍”。

◆ 1948 年，郭绍虞著《明代的文人集团》一文发表于《文艺复兴》9 月刊。全文分为十四章节探讨有明一代将近三百年之文人结社，前后论及168个结社，尤其对明末时期(万历朝以后)的文人政治性结社给予了关注和重视。谈及东林党，“至于有了结社以后，受到时代的激荡，不免发些正义感的呼声，于是就由学术性的团体转变而为政治性的团体。在起初，不过随意加些批评指摘，发些正义感的呼声罢了。但是正义感的呼声，总不免为有些人所忌，于是加以污蔑，加以名目，送他一顶帽子，好为一网打尽之举。却不知名目一加，声势更盛，于是政治性的倾向反更为明显”。作者认可黄宗羲《东林学案》对东林党的评价，认为“东林党”是小人加的名目。后此文收录于《照隅室古典文学论集》上编，上海古籍出版社1983年出版。

20世纪50年代

◆ 1951年8月，《中国历史研究资料丛书》之《东林始末》由中国历史研究室主编、上海神州国光社出版第五版。

◆ 1952年12月，《中国历史研究资料丛书》之《东林始末》由中国历史研究室主编、上海神州国光社出版第六版。

◆ 1955年，李洵撰《试论东林党的形成》发表于《历史教学》第10期。

◆ 1956年，陈鸣钟撰《万历年间东林党的斗争》发表于《新史学通讯》第6期。陈氏观点与李洵同，“东林党人所提出的政治主张以及他们的实际行动，不但反映了中小地主阶级的利益，同时也反映了城市工商业者的利益”。同时，认为东林党人也存在局限性，“在另一方面，东林党人本身与封建土地所有制有着深厚的血缘关系。他们不可能与市民阶级完全站在同一立场，更不可能与当时的农民斗争相结合，在基本上变更整个的社会制度”。

◆ 1957年，李洵撰《东林党的政治主张——十六世纪末到十七世纪的政治斗争》发表于《历史教学》第1期。

◆ 1957年，李洵撰《明末东林党的形成及其政治主张》发表于《东北师范大学科学集刊》第3期。

◆ 1957年9月，李棪著《东林党籍考》由人民出版社出版。

◆ 1957年，左云鹏、刘重日著《明代东林党争的社会背景及其与市民运动的关系》一文发表于《新建设》第10期。后此文收录于南京大学历史系中国古代史教研室编《中国资本主义萌芽问题讨论集(续编)》，三联书店1960年出版。

◆ 1957年，东林书院被列为江苏省省级文物保护单位。

◆ 1958年，(清)钱人麟《东林别乘》由广东省中山名书馆出版。

◆ 1958年，刘伯涵撰《论袁崇焕与东林党的关系》发表于《历史研究》第4期。该文首先从社会阶级矛盾、科举制度、同乡会、书院讲学等方面详细介绍了东林党形成的历史背景和原因，再从诸多历史事实出发，梳理袁崇焕与东林党之间不可分割的紧密联系。激烈的党争与袁崇焕个人的命运紧紧相连，袁崇焕案又最终导致东林党人政治上的失败，二者共沉浮患难，在明末政治生活中产生了巨大影响。

20世纪60年代

◆ 1960年7月，邓拓游江南，在《光明日报·东风》上发表了《江南吟草》组诗。《其三》中就有两首是写东林党人，即《过东林书院》《访高子止水》。“莫谓书生空议论，头颅掷处血斑斑”更是成为脍炙人口之诗句。

◆ 1960年，侯外庐著《东林党争的历史意义及其社会思想》，收录于其《中国思想通史》一书第25章，由人民出版社出版。此文是使用阶级分析方法评议东林党的代表作。

◆ 1962年2月，马南邨(即邓拓)撰写《事事关心》一文话东林党领袖顾宪成之著名对联“风声、雨声、读书声，声声入耳；家事、国事、天下事，事事关心”。收于《燕山夜话》第二集，由北京出版社出版。

◆ 1962年3月29日，邓拓于《北京晚报》发表《为李三才辩护》一文。当年12月，《燕山夜话》第五集由北京出版社出版，其中载有该文。李三才被魏忠贤阉党视为东林党领袖人物，与顾宪成、高攀龙交往甚多。然而历史上对李三才的评价却分两个极端，莫衷一是。《为李三才辩护》一文通过史料论证李三才乃一代耿介之忠臣，理据充分。

◆ 1962 年 11 月，国家原副主席董必武巡视无锡，参观东林书院时挥笔题诗："东林讲学继龟山，高顾声名旧史传。景仰昔贤风节者，瞻楹履阀学弥坚。"

◆ 1964 年，谢国桢著《增订晚明史籍考》，由北京中华书局再版发行。此版在 1932 年《晚明史籍考》的基础上，又增补至 24 卷，题为增订本。此书是迄今为止有关明末清初史籍搜罗最全的书目汇考，也是从事明末清初史学研究工作的必备用书。此书 1981 年又由上海古籍出版社重印出版。党社文献集中在卷四、卷五。卷四《党社上》，记明季门户党争及争论三案之书、记东林及魏阉事迹之书。卷五《党社下》，记东林及诋毁东林之书、记社事之书、未见诸书。

◆ 1969 年 12 月，陈圣士撰《明末东林党人的言论及其爱国精神》发表于台湾《新闻学研究》第 4 期。未见，存目。

20 世纪 70 年代

◆ 1972 年 10 月，唐君毅撰《论晚明东林顾宪成与高攀龙之儒学》发表于《中国学志》第 6 期。未见，存目。

◆ 1975 年，钱穆著《顾泾阳高景逸学述》一文，刊载于台湾《东方杂志》复刊第 8 卷第 11、12 期。后该文收录于《中国学术思想史论丛(七)》，安徽教育出版社 2004 年出版。

◆ 1976 年 7 月，王止峻撰《东林党与明朝国运》发表于《醒狮》第 14 卷第 7 期。未见，存目。

◆ 1977 年，(明)吴应箕等编的《东林始末》辑本，被列为《中国近代内乱外祸历史故事丛书》之一，由台北广文书局出版发行。

◆ 1978 年，日本沟口雄三著《所谓东林派人士的思想——前近代时期中国思想的展开》发表于《东洋文化研究所纪要》。

◆ 1979 年，吴晗《明史讲座(吴晗遗稿)》由北京师院学报丛书出版。《明史讲座(吴晗遗稿)》收文四篇，系吴晗 1962 年 12 月至 1963 年 1 月于中央高级党校的演讲稿。其中《东林党之争》是四文之一，被吴晗视为明代历史发展过程中十分重要的历史问题之一。

◆ 1979 年，刘志琴《论东林党的兴亡》在《中国史研究》第 3 期刊载。刘志琴观点新颖，激起了东林学界激烈的讨论。

◆ 1979 年 9 月，张正藩撰《从东林书院说到东林学派》发表于《反攻月刊》第 424 期。未见，存目。

20 世纪 80 年代

◆ 1981 年 10 月，江苏省无锡市政府拨款对东林书院进行全面整修，这是自中华人民共和国成立后对东林书院的第一期整修工程。重建仪门、丽泽堂、依庸堂、康熙碑亭、圣域门，修复前庭的庑廊、半亭、石牌坊、东林报功祠，以及道南祠大门、敞厅、享堂等，1982 年 10 月完工开放。

◆ 1982 年，秦寿容撰《东林书院和明末东林党》发表于《江苏教育》第 1 期。此文是应和东林书院第一期修复工程完工而作，主要是东林书院的介绍性论文。

◆ 1982 年，许大龄撰《试论明后期的东林党人》收录于《明清史国际学术讨论会论文集》，由天津人民出版社出版。

◆ 1982 年 9 月 4 日，谢国桢去世。

◆ 1982 年 11 月，中华书局重印谢国桢《明清之际党社运动考》。重印基本维持原样，只校改了个别字句。本次重印另有《重印前言》。

◆ 1982 年，(明)蒋平阶撰《东林始末》经中国历史研究社编，由上海书店出版。

◆ 1982 年 11 月，古清美撰《顾泾阳阐释孔孟与学术之关系》发表于《孔孟月刊》第 21 卷第 3 期。古清美于 20 世纪 80 年代初期还发表有《顾泾阳、高景逸学行述要》(台湾“国立编译馆馆刊”1983 年 6 月第 12 卷第 1 期)、《高景逸的心性之学》(同上，1984 年 6 月第 12 卷第 1 期)。

◆ 1983 年 3 月，江苏广陵古籍刻印社影印《东林列传》，据康熙刊本影印线装本。

◆ 1983 年 5 月，王天有撰《略论万历、天启年间的党争对辽东战局的影响》发表于《历史教学》。该文通过分析东林党议和明末辽东战局的关系来评定东林党在明朝末年军事上的历史作用。全文分为四小节：《萨尔浒之败，浙党应负主要责任》《辽、沈之败，浙党仍负主要责任》《"经抚不和"，"是"在熊廷弼，"非"在王化贞》《孙承宗对辽东危局的补救》。作者认为，明末关键战役之一辽东战事主要断送在了大地主阶层浙、齐、楚等党和阉党之手，而东林党人起了一定的稳定时局、挽救危亡的作用，延缓了后金占领整个辽东，他们的功劳不可一笔抹杀，虽然不能根本改变军事格局，但一定程度上起了积极作用。该文后录入王天有著《晚明东林党议》一书，略有改动。

◆ 1983 年 8 月，李向英著《明末东林党》(《中国历史小丛书》插图本)由中华书局出版。

◆ 1983 年 9 月，陈福滨著《晚明理学思想通论》由台北环球书局出版发行。书中多个章节论及东林派顾宪成、高攀龙、钱一本、孙慎行、黄宗周等人的理学思想。

◆ 1984 年，林丽月于台湾师范大学历史研究所完成博士学位论文《明末东林运动新探》。

◆ 1984 年，王天有撰《万历天启时期的市民斗争和东林党议》发表于《北京大学学报》第 2 期。该文通过翔实的历史文献和深刻的分析探究明末城市阶层民变现象和东林党议二者的性质以及二者之间的关系。全文分为三个部分，叙述东林党人在反对明神宗派矿监税使和与浙、齐、楚、阉党之间的政治斗争过程之中，与城市新兴市民阶层既结合共同抗争腐朽统治又最终分道扬镳的历史事实，揭露东林党人在党议中因失去人民的力量而失败的历史局限性。该文后面部分录入王天有著《晚明东林党议》一书。

◆ 1984 年，瞿林东撰《东林书院与东林党》发表于《文史知识》第 11 期。该文为东林历史的介绍性论文。述自宋代杨时的东林书院之建设至晚明东林党议的大概过程，对东林党作了积极肯定的评价。

◆ 1985 年，李焯然撰《论东林党争与晚明政治》发表于《明清史集刊》第 1 期。该文对东林党总体否定：一是认为东林有"结党"之历史事实；二是否定其历史作用；三是批评其门户斗争之陋习。

◆ 1985 年，商鸿逵撰《明史"三案"究竟》(遗稿)发表于《历史教学》第 6 期。商鸿逵以对明末著名"三案"的历史分析，追究明亡之责。提及"门户之争"评论到："东林党人本多正人君子，而'主梃击、红丸、移宫者，皆东林也’。东林党人好为意气之争，只辨一人一事之是非，不顾国家之大局。”然而商鸿逵更认为，“明末连有神宗之贪财酗酒，又及子、孙之无能不肖。有此三帝，明朝焉能不亡。门户朋党，不是致亡之关键”。追究明末皇帝昏庸无能，乃是有明一代灭亡之因。

◆ 1985 年，步近智撰《明末东林学派的思想特征》发表于《文史哲》第 5 期。作者辨别“东林党”与“东林学派”之间的区别，专著研究东林学派的思想特征，认为东林学派反对封建独裁专制，惠商恤民，反对地主阶级，具有了民主思想萌芽色彩，赋予了学派政治思想新的特征；同时在学术上提倡实学，知行合一，反对门户之见，取长补短，是朱、王学说的一个初步总结。作者对东林学派给予了较高的评价。

◆ 1985 年 10 月，洪焕椿在由中国社会科学院历史研究所、南京大学历史系等联合举办的“中国明史学术讨论会”上，提交论文《东林学派和江南经济》，认为东林党是学术派别，而非政党，所谓的东林党核心人物如顾宪成、高攀龙等人是深恶朋党的。同时该文深入探讨经济和文化之间的内在联系，角度新颖。该文后发表于香港《九州学刊》1987 年 3 月的第 1 卷第 3、4 期上，并收录于洪氏著的《明清史偶存》，南京大学出版社 1992 年出版。

◆ 1986 年，朱文杰整理撰写《顾宪成讲学活动述要》，由东林书院文物保管所出版发行。

◆ 1987 年，赵承中著《东林书院、东林讲会、东林党人》上下篇，分两次分别发表于《文史杂志》1987 年第 1 期和第 2 期。上篇以东林书院的兴衰更替为主要内容，述说顾宪成、高攀龙等人的书院建设，成当时天下之最；下篇以东林讲学和东林党事为主要内容，分别从思想上和政治上展现明末东林风云。

◆ 1987 年，周宪文等编纂的大型学术工程《台湾文献史料丛刊》第 6 辑，录有《幸存录、东林与复社(合刊本)》，由台湾大通书局出版。

◆ 1988 年，葛荣晋撰《东林学派和晚明朱学的复兴》发表于《船山学报》第 2 期。全文分为五章：第一，《东林学派是晚明朱学复兴的代表》；第二，《提倡以天下为己任的“救世”精神》；第三，《主张“性即理”，反对“心即理”》；第四，《主张“以性善为宗”，反对“以无善无恶为宗”》；第五，《提倡工夫论，反对“当下现成良知说”》。作者认为，东林学派是晚明朱学复兴的起点和代表，在天崩地陷的历史时期以天下为己任，反对王学，提倡实学，与王学末流的观点显著不同。

◆ 1988 年，周学军撰《东林党人的作为：政治与经济的背离》发表于《江汉论坛》第 11 期。该文精彩论断迭出，揭露东林党人政治上和经济上的矛盾性，对东林党人的历史作用给出了相对公允的评价。

◆ 1988 年，马涛撰《试论顾宪成融合朱陆两派及其意义》发表于《哲学研究》第 12 期。该文通过分析顾宪成对朱陆两派的融合过程，认为东林学派代表人物顾宪成抨击和斥责陆王学派的仅是其末流所倡导的心体“无善无恶”说，对陆王学说本身是并不否定的。相反，顾宪成对待朱、王两学说自始至终持着调和、互补互通的批评态度，并在当时开启了明清之际理学批判之先河，将理学之发展引入总结时期。

◆ 1989 年 3 月，林丽月撰《“道”、“势”之间——明末东林党的的政治抗争》发表于《国文天地》第 4 卷第 10 期。

◆ 1989 年，伊思·麦穆伦撰《王夫之与东林学派》，赵载元摘译，发表于《船山学报》第 4 期。未见，存目。

◆ 1989 年 12 月，朱文杰著《东林党史话》由上海华东师范大学出版社出版发行。

20 世纪 90 年代

◆ 1990 年，(明)吴应箕著《东林本末》影印本由扬州江苏广陵古籍刻印社出版。

◆ 1991 年 2 月，(清)陈鼎编《东林列传》由中国书店推出缩影本。

◆ 1991 年 4 月，王天有著《晚明东林党议》由上海古籍出版社出版。

◆ 1991 年，中国明史学会和中国社会科学院历史研究所明史研究室联合召开了“纪念谢国桢先生诞辰 90 周年学术讨论会”。

◆ 1991 年，田培栋撰《明后期山陕东林党人的反腐朽斗争》发表于《北京师范学院学报》第 3 期。作者乃陕西人士，故专注于对山陕一带东林党人的活动、作用和历史地位的挖掘研究。根据李倓《东林党籍考》一书的资料统计，作者认为山陕东林党人是三吴东林党集中区域之外最为重要的支持力量。以李三才为代表的山陕东林党人在反对矿监税使、与浙党的斗争中以及阉党对山陕东林党人的迫害中，都具有重要的作用，不可忽视。

◆ 1991 年，步近智撰《东林学派与明清之际的实学思潮》发表于《浙江学刊》第 4 期。作者以五个部分的论述，对东林学派的实学思想进行了深刻的剖析，认为东林学派以“济世”、“救民”的“实念”为其主旨，“不贵空谈”而“贵实用”，倡导“治国平天下”的“有用之学”，开晚明实学高潮之端绪，并由此把实学思潮推向明清之际的鼎盛阶段。

◆ 1991 年 10 月，王庚唐、赵承中撰《建国以来明末东林党研究述评》发表于《中国史研究动态》。该文综合中华人民共和国成立后四十年来大陆关于东林党历史研究的成果，并分析意见之异同，按照东林研究的四个面向，即“东林党事件的历史背景”“东林党的阶级基础”“东林党的历史作用”“东林学派的思想特征”来梳理各家观点，涉及著述既广，评点清晰且全面，是对至 20 世纪 90 年代以来东林研究领域一个较好的总结。

◆ 1992 年，古清美著《明代朱子理学的演变——从薛敬轩、罗整庵到高景逸》，收录于钟彩钧主编的《国际朱子学会议论文》中，由台北“中央研究院”文哲所出版发行。

◆ 1992 年，李纪祥著《明末清初儒学之发展》由台北文津出版社出版发行。书中第二章《东林学术与道德经世》介绍东林学派、东林书院与东林党，论述东林思想的“宗朱”意义以及由道德向经世的转向。书中第四章第一节主要介绍顾宪成的理学思想。

◆ 1993 年，陈辽撰《东林党新论》发表于《盐城师专学报》第 1 期。全文分为五个部分，对东林党的历史作用、政治观点等方面作出了否定评价。他认为东林党和其他党派一样都是争权夺利，并无特殊的社会意义，同时并没有提出救治国家的政纲，自始至终都是停留于人际倾轧的事务上。论文总体否定东林党，认可“东林误国”说。

◆ 1993 年 2 月，于化民著《明中晚期理学的对峙与合流》由台北文津出版社出版发行。书中第五章《晚明理学与心学的合流趋势》主要就东林党人的理学思想和刘宗周的哲学作一系统化的介绍。

◆ 1993 年，何孝容撰《高攀龙理学思想研究》发表于《孔子研究》第 4 期。该文主要研究东林学派代表人物高攀龙的理学思想，认为他宗奉程朱理学，兼采陆王心学，以“主静”为特色，对东林党以及明后期思想都有重要的影响。

◆ 1994 年，邓泽森撰《试论东林党人在晚明政治生活中的作用》发表于《江汉大学学报》第 1 期。论文以古代“士”的身份角度来真切地认识东林党在晚明政治社会中的历史作用，试图去理解东林党身上所蕴藏着的阶级所赋予的落后性与思想上具有的超越性之间的矛盾。

◆ 1994 年，何孝容撰《叶向高与明末政局》发表于《福建论坛》第 3 期。在论文中，作者详细分析了叶向高与东林党之间的关系，认为叶向高并非东林党，也未与顾宪成等“遥相应和”，其主政期间主要走调和路线，并极力声称为门户之外人。同年，作者还发表《论高攀龙的理学思想》一文载于《江海学刊》第 6 期。

◆ 1994 年，东林书院再度整修，开启中华人民共和国成立后的第二期修复工程。此时正恰逢东林书院于明末崇祯年间遭阉党毁后重修的 390 周年。10 月 26 日，在焕然一新的东林书院内，举行修缮竣工典礼暨东林学术研讨会开幕式。参加开幕式的有各地社科院、社科联、高校、文博界的专家学者近 200 人。

◆ 1994 年 10 月 27—28 日，东林书院重修三百九十周年暨东林党学术研讨会召开。这是中华人民共和国成立 45 年来我国史学界、哲学界、文学界、文博界首次相聚召开的专题研讨会。北京大学教授张岱年，著名史学家戴逸、苏双碧发来贺电。中国社科院步近智、刘志琴，南开大学郑克晟，江苏省社科院沈嘉荣，南京大学卞孝萱、李书有，华东师范大学李国钧，江西教育学院李才栋，等等在研讨会上交流论文近 20 篇。会后，于 1998 年 10 月出版《东林党学术研讨会、薛福成学术研讨会论文资料集》，由江苏文史资料编辑部出版发行。

◆ 1994 年，郑克晟撰《明代的江南士大夫与东林党人》发表于《江南论坛》第 6 期。该文对以东林党为代表的江南士大夫过于褒誉，评价过高而略显失实。

◆ 1994 年，王赓唐、张震撰《东林党与东林学派》发表于《无锡文博》第 4 期。该文以程朱的几个基本命题为纲，分析东林学派是如何为东林党的政治主张作出理论支撑的，东林党和东林学派之间并非毫无相关，他们的学术思想不是为了学术而学术，而是有着政治目的。以理论讲学作为拯救天崩地陷时代之武器，务实改革，具有积极意义。

◆ 1994 年，郑文君撰《试论东林党人反对内阁专权的历史意义》发表于《四川大学学报》第 4 期。作者认为东林党人是明朝封建统治阶级内部的政治反对派，代表着中小地主兼工商者的利益。他们为挽救明朝的危亡，反对大地主大贵族统治集团的独裁统治，积极要求进行政治改革，他们的思想对明清之际如顾炎武、黄宗羲等人有重大影响。

◆ 1994 年 12 月，韩大成撰《天启时东林党人失败的教训》发表于《明史研究第 4 辑——庆贺王毓铨先生 85 华诞暨从事学术研究 60 周年专辑》。该文用较大篇幅，通过大量史实文献论证东林党人的门户意气争斗，致使最终失败。

◆ 1995 年，牛建强撰《明后期政界之纷争——兼论东林学派政争之非直接介入》发表于《东北师大学报》第 1 期。论文思索细密，论证严谨，立论角度新颖。作者直追“东林党”和“东林学派”两个概念产生的源头，追讨二者之间的关系，探究这两者是如何产生的以及东林党参与政争的独特方式——舆论的间接介入方式，表明明代后期政界纷争之复杂形势。

◆ 1995 年，何孝容撰《赵南星的政治思想》发表于《河北师范大学学报》第 1 期。论文主要论述东林党首领之一赵南星的政治思想——讲学治国、实行政治改革、安民宽仁等观点。

◆ 1995 年，江苏省无锡市东林党史研究室编纂《东林党与东林学派研讨会综述》发表于《中国史研究动态》第 2 期。该文对 1994 年

“东林党与东林学派学术研讨会”上学者提交的论著进行了概述，分别从“晚明社会与东林党”“东林学派的学术渊源”“对东林党历史影响的估价”三个方面对近年来的“东林学”进行总结。

◆ 1995 年，冷东撰《叶向高与宦官关系略论》发表于《汕头大学学报(人文科学版)》第 2 期。论文以探讨叶向高与宦官的关系为主要内容，同时也提及叶向高与东林党之间的关系。作者认为叶向高非东林党人，他甚至是对东林党人有所嫌恶的，认为他们争名躁进必将招致祸端；而东林党人对叶向高也是多有批评，认为叶氏在关键时刻不给予帮助，致使东林失败。

◆ 1995 年 9 月，顾毓琇撰《高忠宪年谱》发表于《中国文哲研究通讯》第 5 卷第 3 期。

◆ 1996 年 1 月，冷东著《叶向高与明末政坛》由汕头大学出版社出版。

◆ 1996 年 1 月，朱文杰著《东林书院与东林党》由中央编译出版社出版。

◆ 1996 年，[日]小野和子著《明季党社考——东林党与复社》由日本京都同朋社出版。后该书又于 2006 年 1 月由上海古籍出版社再次刊印出版。

◆ 1997 年，夏维中撰《关于东林党的几点思考》发表于《南京大学学报》第 2 期。

◆ 1997 年，吴伟逸撰《东林党争与晚明清流士大夫的历史命运》发表于《安庆师院社会科学学报》第 4 期。作者认为，东林党在明清之际发挥了巨大的历史积极作用，是清议势力的代表，但是他们政治失败的悲剧也表明了时代的悲剧，封建社会早已腐朽不堪。

◆ 1997 年，朱文杰撰《东林书院被毁经过》发表于《东南文化》第 3 期。论文以生动翔实的史料阐述了书院被拆毁的经过，并简述了阉党被清除以后，明清两代书院建筑逐步恢复的情况。

◆ 1997 年，何孝容撰《高攀龙政治思想研究》，在“第七届明史国际学术讨论会”(1997 年 8 月在吉林长春举办)上提出该论文。后收录于 1999 年由东北师范大学出版社出版的《第七届明史国际学术讨论会论文集》。

◆ 1998 年 1 月，步近智、张安奇著《顾宪成高攀龙评传》，由南京大学出版社出版。

◆ 1998 年，邱江宁撰《风雨如晦，鸡鸣不已——从文化角度看晚明东林党人》发表于《浙江师大学报》第 1 期。论文立足于文化角度，从“士志于道”“以身殉道”“道的失落”三个方面分析东林党人的种种政治行为以及最终失败的文化内因。

◆ 1998 年，冷东撰《叶向高与东林党》发表于《东北师大学报》第 1 期。该文对叶向高的“东林党魁”身份进行考辨，认为叶向高并非东林党人，更无党魁之说。作者指出，叶向高在国本之争上确与东林党人保持了一致，但不足以确定叶向高就是东林党人，更需考察两者在其他政务上观点之异同。事实上，叶向高在入阁前与东林党人的政治观点尚多一致，但入阁后，随着政治地位的变化，其与东林党人的分歧日趋明显。叶向高极力斡旋于明末政坛的各种政治势力之间，采取了政治保守主义态度，成为中庸调和派的代表，明显不同于东林党人的理想主义精神。对叶向高历史身份的考辨，填补了叶向高人物研究的空白点。

◆ 1998 年 3 月，谢国桢著《明清之际党社运动考》再次由辽宁教育出版社出版发行。

◆ 1998 年 10 月，江苏省政协文史资料委员会、无锡东林书院文物管理处编《东林党学术研讨会、薛福成学术研讨会论文资料集》，由江苏文史资料编辑部出版。

◆ 1998 年，刘志琴撰《东林悲歌　千古绝唱》载于《东林党学术研讨会、薛福成学术研讨会论文资料集》。作者对东林党既推崇景仰，同时又叹其无能与无奈。该文主要以三个方面为研究焦点：认识东林所处时代的意义；“非君”思潮引发的政治伦理启蒙，东林党在这个思潮中是愚忠的；对东林党人的历史评价和道德评价，认为东林党并未产生积极的历史作用，但是其道德精神崇高，让人既敬仰又痛其顽愚。

◆ 1998 年 5 月，杨儒宾撰《死生与义理：刘宗周与高攀龙的承诺》收录于《刘蕺山学术思想论集》，台北“中央研究院”中国文史哲研究所出版发行。

◆ 1998 年，范金民参加 1994 年东林书院举办的重修 390 周年纪念会暨东林党学术研讨会，于会上提交两篇论文——《东林人士的经济活动及社会实践》和《论东林党人周起元在江南的活动》，都收录于《东林党学术研讨会、薛福成学术研讨会论文资料集》，1998 年出版。两篇论文皆旨在从经济角度分析东林党人的活动，尤其对周起元的裕国恤民多有叙述，以彰其迹。

◆ 1999 年 5 月 8 日，东林书院古碑廊建成。6 月 8 日，东林书院西园初步建成。此次修复为东林书院的第三期整修工程。

◆ 1999 年 6 月，于军撰《关于〈东林列传〉及其影印本有关问题》发表于《东南文化》第 3 期。作者为无锡东林书院馆员，论文主要就《东林列传》影印本问题展开了讨论。

◆ 1999 年，何孝容发表了两篇关于东林派人士的研究论文，即《论高攀龙的用人思想及实践》(《史学集刊》1999 年第 2 期) 和《论赵南星的政治改革思想及实践》(载《纪念南开大学历史所成立二十周年论文集》，南开大学出版社 1999 年版)。前文主要以高攀龙的用人思想及实践为主要内容，指出高攀龙主张广招人才、登用正人、用程朱理学武装士人头脑，对挽救晚明黑暗腐朽的政治起到了一定的积极意义。后文以东林党的另一位主要人物赵南星为例，说明其在政治方面的改革思想及实践措施。

◆ 1999 年，傅武光、古清美等著《高攀龙 · 刘宗周 · 黄道周 · 朱之瑜 · 黄宗羲 · 方以智》(更新版) 由台湾“商务印书馆”股份有限公司出版发行。

◆ 1999 年，《北京图书馆藏珍本年谱丛刊》辑录了东林党诸多人士的年谱：丛书第 53 册，《顾端文公年谱》，影印清光绪本；第 53、54 册，叶向高《蘧编》，影印民国乌丝栏钞本；第 54 册，华允诚编《高忠宪公年谱》，清光绪本；第 54 册，高世宁编《高忠宪公年谱》，清康熙本；第 56 册，《杨忠烈公年谱》，清道光本；第 56 册，左宰辑《左忠毅公年谱》，清道光本；第 56 册，马其昶《左忠毅公年谱定本》，民国本。该丛书于 1999 年由北京图书馆出版社发行。

21世纪初

◆ 2000年，葛荃撰《系统整合与东林党争的必然性》发表于《聊城师范学院学报》第3期。该文从政治文化的角度审视东林党争的“必然性”，借鉴系统整合理论和精英政治理论，分析东林党人的政治定位和倾向，指出决定他们鲜明的党争意识和最终历史宿命的根源在于政治体制。

◆ 2000年，[日]冈田武彦著《王阳明与明末儒学》由上海古籍出版社出版。书中第九章专论《东林学与刘蕺山》。作者认为东林学是“经由王学而产生的新朱子学”，“根源于朱子学，以静深的体认自得之学为要，并重视气节清议”。

◆ 2001年，一场关于“东林是否为党”的激烈论争开始：

樊树志的《东林非党论》和《东林书院的实态分析》于同一年分别刊载在《复旦学报》《中国社会科学》上。两篇论文都持有同一个观点，即东林非党，认为东林只是一个讲学书院，与政治无涉，他的“党”乃敌对派强加所致，实质上并非存在。东林“党”形成的过程暗含政治陷阱，在东林群贤遭遇残酷迫害后，又经过阉党制作诬蔑书籍进而颁布天下，毁誉乃成。清代时，对于东林党的认识就已难辨虚实，后来的学者更是承续清代观点，严格考辨者较少。20世纪末，渐有学者开始提出“东林非党”的言论，但未成气候。2001年，樊树志的两文一经推出便激起了热烈讨论，试图要拨开历史团团迷雾，还东林以本来面貌，还原其“书院讲学”的身份。

樊氏的“东林非党”论引起了东林学界的哗然，不少学者开始予以响应。李庆发表了《“东林非党论”质疑》(《中国典籍与文化》2004年第3期)表示对樊氏观点的质疑；张宪博在《中国社会科学院院报》(2004年5月18日)上发表《东林党、复社与晚明政治》一文，提出相反观点，认为东林书院并非只是讲学，他们同时也清议时政甚至是直接干预，是一个将讲学与社会实践相结合的政治组织。此文虽并未直接表明对樊氏观点的驳斥，但文中论据资料的使用明显是针对樊氏一文的。2006年，张秉国发表了《“‘东林非党论’质疑”的质疑》(《聊城大学学报》2006年第5期)一文表示对樊氏的支持。

◆ 2001年，刘宝村撰《晚明东林学派与无善无恶说之争》发表于《唐都学刊》第3期。“无善无恶说”是东林学派与王学末流学术争辩的关键论题之一，二者之间的论辩也成了晚明思想界的一大公案。该文对双方论辩的缘由、论辩的内容实质等作了一个梳理，以更全面地把握晚明社会及其思想状况。

◆ 2001年11月，葛荃撰《论政治思维定势与东林党人的困境》发表于《天津社会科学》第6期。作者从政治思维的角度挖掘东林党“党见”太深、壁垒过严的深层次原因，认为东林党人“非此即彼”的认知模式和“善恶两分”的绝对化政治思维定势导致了他们行为上的困境以及最终的惨烈结局。

◆ 2001年11月24日，江苏省无锡市召开东林书院建院900周年纪念座谈会，中国明史学会会长商传、国际儒学联合会副秘书长王念宁、中国书院研究中心主任邓洪波等应邀出席会议。

◆ 2001年12月，吴秀玉撰《从高景逸的学术思想探讨明末学风的流变》发表于《宜兰技术学报》第7期。该文探讨东林学派高攀龙的学术思想，认为高攀龙率先倡导回归程朱笃实之风，以期挽救颓风。同时，高攀龙还能不偏执拘泥门户之见，既主张格物向外穷理的工夫，又崇尚主静向内求悟的修养，开辟了明末折中程朱、陆王学风的新路径。

◆ 2002年6月，东林书院再度开启全面整修。这是第四期修复工程，是东林书院历史上最大规模的一次修葺。东林书院此次整修重新疏浚了东轴线旁的弓河，并保留了一段有400年历史的驳岸。

◆ 2002年6月，陈剑鍠撰《高攀龙对“静”的体认——兼及对朱熹未发、已发说的修正》发表于《鹅湖学志》第28期。该文以高攀龙的“静”论为探讨分析的主要内容，认为高攀龙集聚周敦颐的“主静之学”、杨时的道南学脉以及朱熹的未发、已发之说，主张“学必以静为本，方有受用”的观点。高攀龙在不违背宗朱的立场上提出个人见解，能够以朱子为根基而上溯至二程，并在其间游刃有余，再反过来修正朱子。

◆ 2002年9月，《明代野史丛书》之《东林本末》(外七种)由北京古籍出版社出版。此丛书包含七本书，分别是：蒋平阶的《东林始末》、吴应箕的《熹朝忠杰死臣列传》、黄煜的《碧血录》、吴伟业的《复社纪事》、眉史氏的《复社纪略》、戴名世的《弘光朝伪东宫伪后及党祸纪略》和黄宗羲的《汰存录纪辨》。

◆ 2003 年，朱文杰、时建方著《东林旧迹》，由无锡市文化局出版发行。该书主要介绍无锡东林书院的历史发展情况。

◆ 2003 年，葛荃撰《“戒惧”心态与东林党人的政治悲剧析论》发表于《史学集刊》第 1 期。该文独辟蹊径，从东林党人的心理层面分析他们政治悲剧的原因。晚明东林党人在道德修习上追求“慎独”境界，形成了“戒慎恐惧”的政治心态，从而对于他们的政治态度和实际政治选择产生深层的影响。作者认为这就是促成东林悲剧的心态之源。

◆ 2003 年，陈时龙撰《晚明书院结群现象研究——东林书院网络的构成、宗旨与形成》发表于《安徽史学》第 5 期。该文认为东林不是一个独立的书院，而是由环绕在它附近的一大批书院和文会组成，形成巨大的学术交流网络，以克服“无善无恶”论为共同的宗旨，以讲会为最常用的联结方式，从而将东林之思想发扬光大，在晚明时期形成与王学末流势均力敌之势，产生了较大影响。

◆ 2003 年，甘祥满、贺拥军撰《东林学派伦理思想简论》发表于《船山学刊》第 3 期。该文以东林学派的代表人物顾宪成、高攀龙、孙慎行三人的思想学说为分析研究对象，认为东林学派在本体论上抨击无善无恶说、复兴性善说；在工夫论上不讲虚玄，而倡导主敬与慎独的道德修养。同时他们的伦理观是求实务本、知行并重的新型伦理观，为明清之际的实学指明了方向。

◆ 2003 年，张宪博撰《再论“移宫”》，这是作者 2001 年参加“第九届国际明史学术讨论会暨傅衣凌教授诞辰九十周年纪念”会议提交的论文，后收录于厦门大学出版社 2003 年出版的该会议论文集中。该文通过对明末著名的“移宫”一案的深度剖析，指出东林党人政治上的失误以及明代后宫制度的弊症，以此来说明封建专制制度极度强化的皇权最终会削弱其本身。

◆ 2003 年 10 月，曾春海撰《顾宪成、高攀龙的心性论及其教育理念》发表于《哲学与文化》。该文主要论述东林学派顾宪成、高攀龙的学术思想及教育思想。

◆ 2003 年，台湾政治大学哲学研究所蔡龙九撰硕士学位论文《高攀龙易学思想研究》。该文试图探究高攀龙的学术渊源、思想核心、实践精神与事迹等，同时突显他救正心学之“虚”与回归心学本质的意图。论文主要突显高攀龙学术思想的三个重点：一是高攀龙的思想核心并非以继承程朱为主，而是以阳明之心学为体，援程朱之工夫为用。二是他的“易体心学”是他的思想特色，使用“即体即用”的易学，来救正心学。三是强调他的实践精神与作为，高攀龙除了继承程朱工夫论而采静坐之外，更把儒者的使命感运用在他的行为上，乃一真正的“实践之儒”。

◆ 2004 年 1 月，谢国桢《明清之际党社运动考》由上海书店出版社出版。

◆ 东林书院自 2002 年开始的全面整修至 2004 年竣工。修复后的书院占地面积 13000 平方米，建筑面积 2800 平方米，院内粉墙黛瓦，碧水盈盈，基本恢复明清时期布局形制与鼎盛时期的风貌。

◆ 2004 年 5 月 18 日，张宪博撰《东林党、复社与晚明政治》发表于《中国社会科学院院报》。后收录于万明主编的《晚明社会变迁问题与研究》第八章，上海商务印书馆 2005 年出版。

◆ 2004 年，金其桢撰《略论东林学派的实学思想体系》发表于《江南大学学报》第 4 期。该文以东林学派的实学思想为主要内容，认为东林学派在与王学末流和专权阉党的斗争中，先后在教育和学术、道德修养和认识论及治国济世等方面提出了一系列的主张和见解，形成了一个反对空幻虚无、谈空说玄，提倡求真务实、实学实用，致力于治国济民、经世致用的实学思想体系，对明清实学思潮的发展和最终形成起了重要的推动作用。作者参加 2004 年 10 月举办的“纪念东林书院重修 400 周年全国学术活动”时也提出该论文。

◆ 2004 年，李承贵撰《高攀龙的佛教观——兼及高攀龙思想的儒学本色》发表于《江南大学学报》第 4 期。作者以高攀龙的佛教观为切入点，对他的儒学观进行解读，认为高攀龙对佛教片面否定，始终持守儒学，对佛教实有误读之处。作者参加 2004 年 10 月举办的“纪念东林书院重修400周年全国学术活动”时也提出该论文。

◆ 2004年，李庆撰《“东林非党论”质疑》发表于《中国典籍与文化》第3期。该文对樊树志先生的“东林非党论”提出了不同的看法，认为，无论从“东林”人士自己的表述，还是他们在明万历二三十年代及以后的实际活动来看，“东林”都明显是一个政治性的团体，也就是“党”。

◆ 2004年，葛荃撰《晚明东林党人“生命意识”析论——关于士人精神的一种政治文化阐释》发表于《清华大学学报》第4期。论文选取东林党人“以身殉道”的行为为研究点，对其行为背后的生命意识进行分析，认为他们秉承了儒家文化中关于道德理想的优秀传统，在现世的道德追循过程中体味生命的价值和意义。然而，由于“对王权的绝对崇拜和服从”本身就是其道德理想的主题之一，因而他们在循道过程中的“精神超越”又反过来回归于君主政治，从而形成悖论。

◆ 2004年8月，陈福滨撰《高攀龙的心性论及其成德要道》发表于《哲学与文化》第8期。该文以高攀龙的心性论思想为主要研究对象，从多个方面作探讨：明善复性的心性论、格物穷理涵养进学、明体达用修悟并重等，以明其所蕴有的丰富思想内涵及其影响。

◆ 2004年10月，无锡市人民政府隆重举办“纪念东林书院重修400周年全国学术活动”，并随后由时代文艺出版社出版《东林书院重修400周年全国学术研讨会论文集》。本次会议迎来了国内外众多知名学者，收到近40篇学术论文报告，辑录于会议论文集中，展现了东林历史学术研究的最新成果，令人瞩目，具有重要的思想文化价值。

◆ 2004年10月，《东林书院志》经整理由中华书局出版。《东林书院志》作为无锡重要的地方文献，自1881年重刻刊印，一百多年以来经历战祸、动乱，使《东林书院志》存世数量仅几部余。故2004年再次标点整理出版，延续重要历史文献的生命，以免日后有文献无征之叹。

◆ 2004年10月，曾春海撰《顾宪成、高攀龙易学中的天人合德论》发表于《哲学与文化》第10期。该文认为顾宪成、高攀龙针对王学末流“无善无恶”之说，欲重振儒学“性善论”的传统，他们重申本体与工夫，将“讲”与“习”结合，推崇实学，这是他们开展《易》书经解学的诠释立场和思路脉络所在。

◆ 2005 年，张安奇撰《晚明激烈党争中的东林党》发表于《江南文史》第 3 期。论文分为三个部分，论述“东林党”的由来和党争的阶段、党争的实质、党争的主要内容，肯定东林党的正直、开明，反对历史上将明亡归咎于东林党一说，认为东林党在明清之际具有巨大的历史推动作用，应当肯定。

◆ 2005 年 3 月，姚才刚撰《论顾宪成对王学的修正》发表于《鹅湖月刊》第 357 期。该文以东林学派顾宪成的学术思想为主要内容，分析他对王阳明心学及王学末流的批驳、修正，同时作者也指出顾宪成对王学的批驳也有不合理之处。

◆ 2005 年 12 月，于浩等编纂《明清史料丛书八种（全八册）》由北京图书馆出版社出版发行。该书收录诸多明清古籍，与东林历史有关的包括《东林事略》《东林纪事本末》等，还将民国时期商务印书馆辑的线装本《明季稗史续编》丛书收录。

◆ 2006 年，［日］小野和子著《明季党社考》，经李庆、张荣湄译，由上海古籍出版社出版。

◆ 2006 年 5 月，王俊才撰《论东林讲学议政与明末经世致用之学》发表于《燕山大学报》。该文对东林学派开创的经世致用学风给予了高度评价，认为东林学派针对明末的政治黑暗和学术空疏的弊病，以讲学议政，急当世之务，提倡学以致用，对整个 17 世纪的学术思想都产生了重要影响。

◆ 2006 年 5 月，由冯克诚总编、北京师联教育科学研究所编选的《顾宪成高攀龙“东林学派”教育思想与教育文论选读》由中国环境科学出版社、学苑音像出版社出版发行。

◆ 2006 年 6 月，东林书院被列入第六批全国重点文物保护单位。

◆ 2006 年 7 月，谢国桢《明清之际党社运动考》由上海书店出版社再次重印。

◆ 2006 年，张秉国撰《“东林非党论”质疑的质疑》发表于《聊城大学学报》第 5 期。该文是对樊树志“东林非党论”和李庆《“东林非党论”的质疑》两种观点的回应，作者支持樊氏观点，而对李庆的说法给出了个人的分析解读。

◆ 2006 年，北京师联教育科学研究所冯克诚编著《顾宪成高攀龙“东林学派”教育思想与教育文论选读》，由北京中国环境科学出版社出版。该书对顾宪成、高攀龙的教育思想研究颇多。

◆ 2007 年，商传撰《从朋党到党社：明代党争之浅见》，分别在《学习与探索》2007 年第 1 期和《历史教学》2007 年第 7 期刊登。该文纵观有明一代的党争，认为东林党因其独具的政治主张而对士大夫提出了更高的社会责任感，这不同于其他传统朋党，同时它产生的意义更在于形成了士大夫群体这一政治集团。复社与东林党一脉相承，两者都对中国近代党社有着深远的影响。

◆ 2007 年 9 月，周炽成著《复性收摄——高攀龙思想研究》，由人民出版社出版。

◆ 2007 年 10 月 1 日，人民日报《大地》杂志第 19 期刊载李洁非《明末党争摭谈》文章，该文对东林党持赞誉态度，充分肯定其积极的历史价值。首先对其“党”的身份给予了否定，认为是敌人诬蔑之手法；其次，认为东林党人是正人君子，“由于当时政坛，只有东林党人形成自己的基本政治理念，别的派别都是在攘权夺势动机支配下，搞实用主义权术、机会主义政治，相形之下，东林党人看起来似乎就很原则、很执着、很不顺从、很理想主义，总扮演现实的批评者和反对派”；最后，重点推崇其在中国政治史上的价值。

◆ 2007 年 11 月，(清)陈鼎撰的《东林列传》经吕锡生主编，由广陵书社精装出版。

◆ 2008 年，徐光台撰《西方基督神学对东林人士熊明遇的冲激及其反应》发表于《汉学研究》第 3 期。该文表示，明末耶稣会士来华引入西方基督神学，对东林人士熊明遇产生了思想上的冲击，并对晚明政治产生影响。作者通过对熊氏著作《则草》(1620)、《则草二》(1626)等文本进行分析，表明熊氏如何将吸纳的基督神学转化为“格致学”的一部分，来表达自己的政治关切。

◆ 2008 年，葛荃撰《作为政治人格的狂狷、乡愿与伪君子——以晚明东林诸君见解为据》发表于《东岳论丛》第 6 期。该文主要以晚明东林诸君的见解为据，逐次分析狂狷、乡愿和伪君子这三种中国传统政治文化的政治人格类型内涵的价值理念和行为选择特点。

◆ 2008 年，青年学者张永刚发表多篇关于东林党的学术论文：《东林党议与江南社会的变迁》(《湖南民族职业学院学报》2008 年第 1 期)、《东林党议视野下晚明文学的历史分期》(《山东科技大学学报》2008 年第 2 期)、《钟、谭与东林党议》(《湖北职业技术学院学报》2008 年第 2 期)、《东林党议视野下党社一体化的生成》(《北方论丛》2008 年第 3 期)、《东林党议视野下晚明文学观念的演进》(《湖州师范学院学报》2008 年第 5 期)、《东林党议视野下时事文学观念的演进》(《西北师大学报》2008 年第 5 期)。作者专注于从党争所形成的社会政治文化环境和时代风气方面来整体把握晚明文学的主要特点和基本走势，着力梳理出东林党议与晚明文学活动的互动关系，以此了解晚明因党争带来的文学活动新特点、新变化。

◆ 2008 年，吴振汉撰《高攀龙与王国维之死比较分析》发表于《史汇》第 12 期。未见，存目。

◆ 2009 年 1 月，吴振汉撰《明儒高攀龙的思想与殉节》发表于台湾地区《中央大学人文学报》第 37 期。论文构筑高攀龙思想之全貌，赋予他思想史上的新地位。

◆ 2009 年 4 月，柴可辅撰《高攀龙思想研究：理学与心学之接洽——从政治史与思想史两个维度考察》，浙江大学博士学位论文。

◆ 2009 年 4 月，柴可辅撰《纠偏与开新：思想史视域中的东林学派及其思想建构》发表于《学术学刊》。该文表示，以顾宪成、高攀龙为代表的东林学派通过一定程度回溯朱子学而引入“身—心—性—理”的理论架构，同时着眼于“性”，在理之一元涵摄下，以不消泯主体性的方式发展儒学，是理学与心学的接洽，既是对朱子学的继承，同时也是对心学的肯定，从而构成了东林学派之独立学术个性。

◆ 2009 年 8 月，张永刚著《东林党议与晚明文学活动》，由中国社会科学出版社出版。

◆ 2009 年，刘军撰《东林党议与中国古代清议传统》发表于《北方论丛》第 5 期。该文从古代政治清议的角度入手，结合对清议内涵和深层次原因的分析，试图对晚明东林党议的历史价值进行新的认知，并探究东林党议悲剧性结局的根本原因。

◆ 2009 年，萧敏如著《东林学派与晚明经世思潮》，由台湾新北市花木兰文化出版社出版。该书原为作者台湾大学中文研究所的硕士学位论文。

21 世纪 10 年代

◆ 2010 年，文银花编写的《东林书院》由吉林文史出版社出版，乃《中国文化知识读本》丛书之一。该书以优美生动的文字、简明通俗的语言、图文并茂的形式，展现东林书院的历史知识与传统文化精神。全书共分为五个章节：《东林书院的创建与发展》《东林书院的风貌》《东林书院的讲会制度》《东林书院著名学者》《东林书院的千古名联对后世的影响》，主要是介绍东林书院的历史文化知识，传承中国文化，教育青年一代。

◆ 2010 年 5 月，南开大学刘军撰写博士学位论文《顾宪成与晚明东林运动——传统士大夫政治研究》发表。全文以顾宪成及其领导的晚明东林运动为研究对象，旨在通过对以顾宪成为代表的传统儒学士大夫生命形态多样性即学术层面、政治层面、社会层面的考察，来探讨传统社会中知识分子与政治之间的复杂关系。全文共分为六个章节：《顾宪成及其生活的时代》《顾宪成的学术思想》《美政——顾宪成与东林党》《美俗——顾宪成与东林讲学》《顾宪成与晚明东林运动》《士大夫与传统政治》，逐一探讨学术层面的东林讲学、社会层面的东林运动、政治层面的东林党的各类活动，并从政治党争活动的失败得出，传统儒学士大夫政治命运的悲剧色彩。

◆ 2010 年 6 月，陈永福撰《从“癸巳大计”看明末东林党与内阁的对立》发表于《浙江大学学报》。作者打破以往侧重于对东林党的本体研究，开始关注东林党的对立面人物——以王锡爵为代表的内阁群体，利用《辑校万历起居注》《明神宗实录》以及王锡爵周边人物的文集等史料，重塑东林党与内阁之间矛盾事件的过程，多角度考察万历皇帝、王锡爵内阁以及东林党人的主张，从而试图解释外廷与内阁之间的矛盾对抗说法。同时，该文也为填补王锡爵内阁时期的研究空白做了一些基础性工作。

◆ 2010年，张永刚撰《师心与师古的变奏——东林党议视野下性灵文学内在革新理路的雅化》发表于《北方论丛》第6期。论文从党争与文学的关系角度入手，剖析晚明文学从公安派的师心到竟陵派的师古转变之因。作者认为竟陵派的钟惺、谭元春先后纠结于党争，由于受到东林党议所倡导的经世致用之风影响，而为晚明社团复古运动高潮的到来奠定了基础。

◆ 2011年，陈美吟著《高攀龙理学思想之研究(上、下)》，由台湾花木兰文化出版社出版。该书原为作者2003年于中国文化大学的硕士学位论文。

◆ 2011年6月，邓克铭撰《高攀龙之〈论语〉诠解》发表于《鹅湖学志》。该文首先说明高攀龙《论语》诠解中关于“性体”本来圆满自足的含义与消除妄念之方法；其次探讨“学”与“敬”的意义，以及“克己复礼”的解释；最后作一整体性的评价。作者认为高攀龙之《论语》诠解有矫正当时学风之作用，在晚明有特殊的背景与目的。

◆ 2011年6月，吕士朋撰《崇祯初年钱谦益事件与东林内阁的瓦解》发表于《明代研究》第16期。该文介绍崇祯初年钱谦益被革职事件，东林的政治势力因此受到惨重的打击，崇祯朝政随之日益恶化直至亡国。

◆ 2011年8月，《无锡文库(第2辑)：无锡县学笔记等》收入《东林书院志》两种，即《东林书院志》康熙本、《东林书院志》雍正本，由凤凰出版社出版。

◆ 2011年8月，《无锡文库(第2辑)：东林书院重整规条录等》收入《东林书院重整规条录》《修葺东林书院收支报告》，由凤凰出版社出版。

◆ 2011年10月，由梁一波主编的《暨阳名人丛书》之《东林英烈缪昌期》由上海三联书店出版。

◆ 2011年11月，《无锡文库(第4辑)：泾皋藏稿等》收入(明)顾宪成《泾皋藏稿》二十二卷、《顾端文公遗书》、《顾端文公大学通考》一卷、《大学质言》一卷、《大学重定》一卷、《大学意》一卷、《中庸意》一卷、《大学说》一卷、《中庸说》一卷、《语孟说略》二卷，由南京凤凰出版社出版。

◆ 2011 年 11 月 16 日，由无锡市文化艺术管理中心、东林书院文物管理处主编，方志出版社出版发行《风闻百世——东林书院创建 900 周年纪念文集》，其中收录了全国各地专家学者关于东林书院的学术论文 31 篇。

◆ 2011 年 11 月，无锡东林文化研究会为庆祝东林书院创建 900 周年开展征文活动，由王刚毅主编《东林抒怀——纪念东林书院创建 900 周年征文集》出版发行。

◆ 2011 年 11 月 24 日，东林书院开展建院 900 周年大型纪念系列活动。由中共无锡市委宣传部、无锡市文化艺术管理中心、无锡市文广新局主办、东林书院文物管理处承办的“东林书院建院 900 周年纪念座谈会”隆重举行。中国明史学会会长商传、国际儒学联合会副秘书长王念宁、中国书院研究中心主任邓洪波等应邀出席会议。座谈会同时受到全国各地学术界的高度关注和热情参与，各地文史学专家、学者，岳麓书院、白鹿洞书院、嵩阳书院、鹅湖书院、相关研究机构、高等学府、学术团体代表等共 70 多人出席座谈会活动。

◆ 2011 年 12 月 18 日，无锡东林文化研究会在东林书院内正式成立。这是由热衷于东林文化研究的专家、学者和社会热心人士自愿组成的群众性和地方性学术非营利性社会组织。

◆ 2011 年 12 月，田胜平著《东林名贤吴应箕》由安徽黄山书社出版。

◆ 2012 年，柴可辅撰《尊经与结党：东林书院立教的具体形式及与复社的落差》发表于《云南社会科学》第 1 期。该文提出东林书院是“不党之党”，是君子诸人在心性明悟后自觉体认而形成的党类，与复社的组织型约束力不同，东林书院在立教形式上更具有心性理学方面的革弊意义。

◆ 2012 年，陈永福撰《九十年来东林党争研究方法论述评》发表于《中国史研究动态》第 3 期。该文选取东林学研究领域在研究方法上较有代表性的论著，按时间段分三个方面阐述：“20 世纪 20 年代至 20 世纪 40 年代的研究”“20 世纪 50 年代以来的发展阶段论与党社研究”、“20 世纪 70 年代以后的新研究倾向及问题点”。通过对诸多论著的分析探讨，作者认为东林研究应当重视内在视角的研究和整体视角的研究，避免理论的套用和对社会政治大环境的忽视，展开全新的整合。

◆ 2012 年 6 月，《无锡文库(第 4 辑)：高忠宪公诗集等》收入《高忠宪公诗集》《高子文集》《高子别集》《高忠宪公墓志行述》《高忠宪公年谱两种》，由凤凰出版社出版。

◆ 2012 年 6 月，邓克铭撰《东林学派顾宪成之四书说解》发表于《鹅湖学志》。该文以顾宪成讲论四书为主要内容，认为顾氏论学不依循朱子或王阳明既有的格局，而是以抒发个人心得为主，尤其是针对当时学风的偏失，借由四书提出改革之道，具有补偏救弊的时代意义。而其尊重经书与“学”的态度，对明末清初重视经典与知识之学风的转变尤有启发意义。

◆ 2012 年，郑志健著《晚明东林学派孙慎行思想研究》，由台湾花木兰文化出版社出版。

◆ 2013 年，徐美洁撰《论东林学派高攀龙、孙慎行性善论中的道教因素》发表于《贵州文史丛刊》第 2 期。作者认为，东林学派站在纠正阳明后学流弊的立场上，反对性无善无恶说。东林学派的重要学者高攀龙、孙慎行都主张性善说，援引道教中的善恶果报与忠孝成仙思想为他们性善说作补充，有着明显的道教色彩。

◆ 2013 年 3 月，荣骏炎著《东林书院匾额楹联》由扬州广陵书社出版。该书收录了东林书院的匾联 70 余副，内容描述书院历史沿革，概括东林学者理学思想，评价东林学派学术贡献，阐述传统文化思想精髓。并配以相应的图片和说明，极富文化底蕴。

◆ 2013 年，孙秋克撰《从王元翰诗四首探其与东林党之关系》发表于《阅江学刊》第 6 期。

◆ 2013 年，黎晓莲撰《万历年间东林派八股文批评述略》发表于《前沿》第 8 期。万历后期崛起的八股文批评流派主要以东林派为代表，他们社党一体化，结社与讲学相结合，讨论八股文章技法。高攀龙的“静坐说”、“修”与“悟”并重的道德修养论、顾宪成的九大写作规范等，对晚明八股产生了深远的影响。

◆ 2013 年 10 月，刘中兴撰博士学位论文《晚明舆论传播与东林运动》公开发表。作者从社会学角度，运用西方关于“舆论”研究的理论，如拉斯维尔传播模式等概念，以东林运动为考察对象，考察东林党人获取政治信息、传播群体观念形成舆论、以舆论推动运动的过程，揭示东林党人是如何遥执朝政的。该文对东林运动的研究角度较为新颖，试图从多个侧面探讨东林运动的发生。

◆ 2013 年，朱文杰编著的《东林书院丛谈》由方志出版社出版。11 月 27 日，由无锡市文管中心、文联主办，东林书院承办，东林文化研究会协办的《东林书院丛谈》座谈会在东林书院举行。

◆ 2013 年，华枫撰《论"东林发轫者"邵宝对东林学派的前驱意义》发表于《学术交流》第 12 期。作者认为，被称为"东林发轫者"的邵宝，无论是其恢复宋代东林书院的举措，还是"道德至上""适今致用"的教育思想和学术作风，都是东林学派形成之前的重要铺垫，同时也直接开启了东林学派。

◆ 2014 年 8 月，由无锡祠堂文化研究会、东林文化研究会、东林书院管理中心主办的《〈启祯野乘〉与东林》首发式，在东林书院道南祠举行。此书为无锡祠堂文化研究会与上海辞书出版社共同主推，乃《祠堂文化研究丛书》之一，作者为年已八旬的学者张永鑫。经十余年的研究，此书以 40 余万字，为世人呈现出一部清晰的东林史，展现了东林书院、东林运动、东林志士们时代的、历史的、现实的价值。

◆ 2014 年，阚琉声撰《试析陈鼎〈东林列传〉的编纂形式》发表于《湖北社会科学》第 8 期。论文从宏观构架、具体人物传记安排、行文手法等方面对陈鼎《东林列传》的编纂进行了细致分析。总结认为，《东林列传》突出殉节君子，在编纂上"以类相从"，这种组织编排很好地展现了东林人士的丰富事迹。

◆ 2014 年 9 月，刘泽华主编、葛荃著的《中国政治思想通史·明清卷》(中国人民大学出版)梳理了明清政治思想的发展脉络。其中第五章论述"晚明东林党及复社党人关切时弊的政治思想"。

◆ 2014 年 11 月 27 日，无锡市东林书院、无锡东林文化研究会在东林书院举办了"东林书院复兴 410 周年纪念座谈会"。据记载，明万历三十二年(1604)，顾宪成、高攀龙等修复东林书院，重兴书院讲学之风，至 2014 年已是 410 周年。参加该次会议有东林书院、东林文化研究会及东林党人后裔代表。

◆ 2015年1月12日，无锡东林文化研究会在东林书院召开了第一届第四次会员大会。会上提出，要进一步利用好东林文化这一宝贵资源，积极开展东林国学讲座、国学研究、传承等活动；加强与相关大学文史哲院系的合作；把东林文化研究与深化吴文化研究结合起来，与国学研究结合起来，为文化无锡作出新的贡献。

◆ 2015年，阚琉声撰《〈明史纪事本末·东林党议〉与〈东林始末〉关系考》发表于《齐鲁学刊》第1期。谷应泰《明史纪事本末》卷六六《东林党议》部分与蒋平阶《东林始末》一书几乎雷同，作者对学界认为的谷应泰抄袭蒋氏之说持否定态度，经过严密考证提出蒋平阶应是谷应泰编纂《明史纪事本末》的作者群之一，具体负责撰写“东林党议”这一部分的初稿。后因史稿被独立析出印行，改题目为《东林始末》，却未及进行必要的补充，由此造成误解。

◆ 2015年，张圆圆撰《黄宗羲论东林学派和蕺山之学——基于对〈明儒学案〉文本的解读》发表于《江南大学学报(人文社会科学版)》第2期。作者针对黄宗羲《明儒学案》中关于东林学派与刘宗周学术思想的相关论述，分“为东林学派正名”“论东林学派对阳明学的批判与调和”“高度赞扬蕺山之学”三个方面进行具体分析，推断出黄宗羲的这些论述在一定程度上较为客观地实现了对明代理学后期发展的总结。

◆ 2015年，赵承中撰《〈东林党人榜〉颁示日期献疑》发表于《书品》第4期。

◆ 2015年，丁国祥撰《〈留都防乱公揭〉与复社的分化》发表于《江南大学学报(人文社会科学版)》第6期。

◆ 2015年8月，樊树志著《晚明大变局》由中华书局出版发行。该书是樊树志多年来明史研究的结晶，作者提出“晚明大变局”的说法，认为晚明是中国历史发展中至关重要的一环。该书第六章《新气象：文人结社与言论》涉及东林及复社相关研究论题。

◆ 2016年，胡琦撰《气节与道脉之间——东林祠祀争议与清初士风之转折》发表于《汉学研究》第1期。该文梳理明清之际道南祠的发展历程，考察地方社会、官府权力、学术思想、历史记忆等对东林的影响，讨论两种对“东林精神”的不同诠释，即积极应世的“气节”说与强调学术纯粹性的“道脉”说，如何在清初此消彼长。

◆ 2016 年，台湾大学戴秉泓撰硕士学位论文《气质、理义、慎独：孙慎行思想研究》发表。该文以孙慎行的儒家思想作为研究对象，以《困思抄》与《慎独义》版本的考证与文献的整理作为研究之基础，从中观察孙慎行思想发展脉络的演变。总结认为，孙慎行思想重视“实”，不使性理落于虚无。孙慎行思想虽兼有心学和理学的风格，但从工夫路线的修正可发现慎行理学的色彩与经世致用的风格更为浓厚，反映了明清之际学术转型的一种面向。

◆ 2016 年，柴可辅撰《东林视域下的〈天主实义〉与“补儒”困境》发表于《社会科学研究》第 5 期。该文系国家社会科学基金青年项目“东林学与晚明耶教研究”的阶段性成果。该文提出，东林学风之兴与西学入华是明清之际颇为突出的两大社会思潮，东林学派与来华耶稣会士共同践行了中国历史上首次实质性的中西文化思想对话。作者认为，东林对西学作重构性解读，以求同存异之心对待西学的突然闯入。同时，西士试图突破东林视域，却无法供给儒者渗透与涵摄宇宙的有效心灵之径，终陷入“补儒”困境，走向影响力的式微。

◆ 2016 年，张学良、翟奎凤撰《黄道周与明末东林党考论》发表于《闽台文化研究》第 3 期。该文关注黄道周的政治思想与政治行为，围绕“黄道周是否是东林党”“黄道周和东林党的关系”“黄道周的朋党论以及对明末政治的影响”等方面展开论述，总结黄道周的政治理念以及其对明末政治的影响。

◆ 2016 年，刘中兴撰《论晚明东林党的舆论活动及其影响》发表于《安徽史学》第 6 期。该文关注晚明舆论传播与东林运动的关系，认为从万历初年到天启末年东林党人的舆论活动经历了三个阶段，主要围绕官员诠选、官员考察、对阁臣的批判、以学术促清议等方面，通过邸报发抄、印刷刻传和书信交流等方式展开。作者表示，东林党以舆论为载体，形成了与朝廷对峙和对话的政治力量，从而加剧了明政府的党争态势，加速了官僚系统的分裂，不利于政治局面的稳定。但也肯定其对社会风气的有利影响，尤其是对士大夫坚守气节起到了鼓舞作用。

◆ 2017 年 1 月，《东林文化丛书》首发式于无锡东林书院举行。该套丛书由无锡东林文化研究会于 2016 年年初起开始编撰，历时一年而成。首发的三本分别为《东林先贤励志故事选》《东林诗词选注》《中国优秀传统文化治国理政语录》。

◆ 2017 年 1 月，李文辉著长篇小说《东林党》，由江苏文艺出版社出版。

◆ 2017 年，任翌撰《明代“前东林”时期学术思想探源——以安希范思想渊源为主》发表于《江南论坛》第 1 期。该文对早期东林学人安希范的学术思想作深入探究。

◆ 2017 年，陈晓峰撰《范凤翼“东林人物”辨》发表于《北方论丛》第 1 期。

◆ 2017 年，郑美华撰《周起元与东林党关系考辨》发表于《福建史志》第 2 期。该文主要对周起元“是否是东林党”相关问题作了一些考辨。

（高晓敏　编撰）

后　记

因专业所系，《明儒学案》是我案头必置的几本常用书之一。明代的思想学术较宋儒更加精微邃密，黄宗羲以迈世天姿，对其悉心体究，牛毛茧丝，无不辨晰，将有明一代的学术，寻源溯委，支分派别，条理粲然，遂成此储道之宝山，学人之津筏。但在这卷帙浩繁的巨著中，最令我心灵震颤的则是黄梨洲几近泣血而成的《东林学案序》。东林贤士一堂师友，冷风热血，洗涤乾坤，当明清龟鼎将移之际，以血肉相撑拒。序文情感之激烈、气韵之沉雄，在诸学案中无有出其右者。东林志士于乱世之中，清议论政，以德道沐染世风，以义理纲纪世道，其凛然不可侵越的形象时时萦回于脑海。但同时也注意到这样的事实：梨洲沛然情感是伴着对时议的辩驳中流出的。不但如此，东林党祸之说，并未因梨洲激辩而熄。自明季迄今，学界对东林评价悬殊，几近云泥。而围绕着东林进行的事实的考证、性质的判断、产生与发展原因的分析、学术思想的定位、精神气节的把握等，更是言人人殊。同时，对东林的研究，又是了解明末社会政治，乃至探寻明清鼎革原因的重要课题。因此，综汇学界研究东林的成果，成其档案，便是一件颇有意义的工作。畏友陈文新教授别具慧眼，精心遴选学界热点，成《中国学术档案大系》丛书以惠学林。当多年前文新兄知我学之所涉，嘱撰《东林学术档案》时，因多年来一直萦回脑际的梨洲序文沉毅悲愤的置辨鼓舞着我，学界关于东林党抑或非党的热议吸引着我，更由于与文新兄多年的相惜之情催促着我。于是欣然承命。但其后因诸事纷扰，一直未能静心疏理。因久负文新兄之苦心，隐隐歉疚一点一点地侵蚀了起初的热情。为避免成不了此局，于是请我的研究生高晓敏相助，并得到了文新兄俯允。如今，终于交出了这份延宕多年的书稿，但其心境与以往结稿时的轻松颇有些不同，其中固然有延宕多年的歉疚一时难释原因，更因为有对时贤往哲著作的体会能否到位的忐忑。书中的不足与失允之处尚祈诸作者与读者批评指正。参与写作初稿的还有王逊仝丹、潘瑞锴、刘正浩、邵俊杰、孔佑文、张沁玮、肖瑶等，在此对他们的热情相助表示诚挚的谢意！

周　群

2017 年 7 月 10 日于远山近藤斋